本书为华中师范大学中央高校基本科研业务费项目"农村土地集体所有权的中日比较研究"（CCNU22HQ028）、湖北省社科基金一般项目"集体产权与乡村治理：制度创新、权利实现及协同发展"（HBSKJJ2024164）的阶段性成果。

华中师范大学政治学一流学科建设成果文库 | 新时代乡村治理研究丛书

集体产权与乡村治理

历史、现况及展望

肖盼晴 著

New Era Rural Governance Studies Series

中国社会科学出版社

图书在版编目（CIP）数据

集体产权与乡村治理：历史、现况及展望 / 肖盼晴著. -- 北京：中国社会科学出版社，2025.6. --（新时代乡村治理研究丛书）. -- ISBN 978-7-5227-5310-2

Ⅰ. F321.32；D638

中国国家版本馆 CIP 数据核字第 20253UM581 号

出 版 人	赵剑英	
责任编辑	李 立	
责任校对	谢 静	
责任印制	李寡寡	

出　　版	中国社会科学出版社	
社　　址	北京鼓楼西大街甲 158 号	
邮　　编	100720	
网　　址	http://www.csspw.cn	
发 行 部	010-84083685	
门 市 部	010-84029450	
经　　销	新华书店及其他书店	
印　　刷	北京明恒达印务有限公司	
装　　订	廊坊市广阳区广增装订厂	
版　　次	2025 年 6 月第 1 版	
印　　次	2025 年 6 月第 1 次印刷	
开　　本	710×1000　1/16	
印　　张	13.5	
字　　数	230 千字	
定　　价	68.00 元	

凡购买中国社会科学出版社图书，如有质量问题请与本社营销中心联系调换
电话：010-84083683
版权所有　侵权必究

华中师范大学政治学一流学科建设成果文库总编委会

总编委会负责人：徐　勇　陈军亚

总编委会成员（以姓氏笔画为序）：

丁　文　韦　红　文　杰　田先红

江　畅　江立华　牟成文　闫丽莉

刘筱红　张大维　张立荣　张星久

陆汉文　陈军亚　冷向明　郑　宁

袁方成　唐　鸣　徐　勇　徐晓林

徐增阳　符　平　雷振扬

序　言

本书是笔者在 2018 年以来发表的有关集体产权与乡村治理论文的基础上整理而成。在中国乡村社会中，集体所有权与农村治理历来是维系农村经济和社会秩序的基石。自改革开放以来，随着市场经济的深入发展和土地政策的调整，集体所有权与农村治理的关系也经历了深刻的变化。本书旨在探讨集体所有权与农村治理的历史关系、现状以及未来的发展趋势，以期对中国乡村的可持续发展提供一定的思考和建议。

一　集体所有权与乡村治理的关系变迁

集体所有权作为中国农村土地制度的核心，对中国乡村社会的结构与发展具有重要影响。这一制度的确立，不仅是对农村土地资源管理的一种创新安排，也是对农民利益保护的一种制度化体现。它通过将土地归村集体所有，并由集体经济组织代表全体成员行使所有权和管理权，旨在防止土地过度集中，确保农民的土地使用权，从而维护社会稳定和促进农村发展。在乡村治理体系中，集体所有权不仅是一种经济制度，更是一种社会治理机制。集体经济组织的角色不只限于土地的管理和分配者，它还涉及提供公共服务、维护村庄秩序等多方面的社会职能。这种治理模式在历史上对于保障资源的合理配置和社会秩序良性运转起到了重要作用。然而，随着改革开放的深入推进，农村社会经济结构和土地管理体系发生了显著变化。特别是人户分离的趋势加强和集体产权权能的拓展，对集体所有权与农村治理的传统关系提出了新的挑战。这些变化不仅影响了土地资源的有效利用，也对乡村社会的稳定与发展提出了新的要求。

本书致力于深入剖析集体所有权与乡村治理间的相互作用及其历史演进。

一方面，从历史视角审视集体产权在促进乡村社会良性治理中的机制，特别是在公共水资源等关键资源领域的协商治理逻辑。进一步总结了集体产权治理的内生惯行，并探讨这些惯行对当代集体产权治理的启示。依据奥斯特罗姆的研究，在地域规则、保障措施、惩罚措施等制度框架下，许多共有产权未遭受"公地悲剧"，反而呈现良性治理，形成了高效、合理、可持续的发展模式。根据其研究可知，以地域团体为核心的自治管理是实现共有资源有效利用的关键。然而，她所分析的案例主要集中在具有较强自治传统和社区凝聚力的区域，这些地区的治理模式多建立在"小政府，大社会"和地方自治的理论基础之上。对于那些自治传统较弱、社区成员联系松散的区域，如何实现共有产权的良性治理，即"公地喜剧"，仍是一个待解的课题。基于此，本书通过"深度中国农村调查"，探讨在自治传统不强、社区联系较弱的背景下，共有产权良性治理的可能性，以及排他性较强的村落之间如何实现有效协商，从而形成公共规则等问题。本书基于实证案例研究，结合中国的实际治理经验，分析共有产权良性治理的实现逻辑，为相关领域的研究和实践提供一定的借鉴。

另一方面，随着权能拓展的推进和人地分离趋势的强化，集体所有权和乡村治理将面临新的问题。本书将通过实地考察和案例分析，深入分析股份权能改革背景下集体产权的结构变迁、农村集体成员权的权利结构与功能实现、共益权的实现困境与出路，以及在产权科层视角下集体成员权的实现机制等关键问题。通过上述系列研究，旨在为中国农村土地制度改革和乡村治理现代化提供理论支撑和实践指导，促进农村社会的和谐发展，进而推进乡村治理的现代化进程。

二　家户制传统在集体产权治理中的再利用

中国的家户制传统具有悠久的历史，不仅构成了社会的基本组织单元，也是传统社会最主要的产权形态之基石。在这一以家户为核心的家产体系之下，家庭成员共同享有并使用财产，从而构筑了一种独特的共有产权架构。随着时代演进，这种传统的产权形式在农村集体产权治理领域的再利用与创新，对于应对当下农村集体产权治理的诸多挑战，以及推动农村社会的稳定与进步，扮演着至关重要的角色。深入探讨家户制传统，不仅旨在揭示家产体系在其历史发展过程中所展现的连续性与创新性，而且为当前农村集体产权治理所面临的问题提出切实可行的解决策略。通过这一过程，以期进一步促进农村社会的稳健发展，并推动农村集体产权治理体系的完善与强化。

首先，在探索中国社会结构的深刻脉络中，家户与国家构成了其最为核心和强大的组织形态。如徐勇教授在《中国家户制传统与农村发展道路——以俄国、印度的村社传统为参照》中所指出，国家的根基深植于家户之中。[①]那么，在这一框架下，家户内部成员间如何通过克己与不争来维持其稳定性，并实现有效的"家治"？在对外关系中，家户又是如何与国家相互作用，以补足国家治理中的不足之处？家产制在其中扮演了何种角色？这些问题长久以来一直是笔者关注的焦点。值得一提的是，20世纪上半叶，日本在其对华侵略扩张的过程中，依托满洲铁道株式会社开展了针对中国农村的大规模调查，该调查持续了四十余年，即被实务界和学术界广泛关注的"满铁调查"。尽管"满铁调查"资料在本质上服务于日本的军国主义侵略，但从其提纲设计、调研内容和翔实程度等方面看，该资料具备一定的学术价值。这套资料不仅有助于世人更清晰地认识日本侵华的真实情况，也是了解当时中国农村状况的宝贵的第一手资料[②]。自2016年加入华中师范大学中国农村研究院以来，笔者有幸深入接触到这一浩如烟海的资料，并参与了深度中国农村调查，这期间在华北农村进行了近三个月的驻村调研。这一过程进一步激发了笔者对于家产制权利结构及其在国家治理中作用的探索兴趣。本书旨在通过对满铁华北农村惯行调查资料的深入考察，结合笔者本人参与的深度中国农村调查，对上述问题进行深入探讨。通过这一过程，以期更加深入地理解家户与国家之间的复杂互动，进而揭示家产制在维系中国社会结构中的关键作用。在此基础上，分析中国传统社会结构的内在逻辑及其对当代社会的持续影响。

其次，在以户赋权的社会结构背景下，团体与个体之间的张力不断加剧，这一趋势导致了成员财产性权利的隐性化及管理性权能的虚化等问题的日益凸显。随着社会进步及个人权利意识的提升，家户内部成员对于财产权的需求日益明晰和迫切，而传统的家产制度在响应这些需求方面往往显示出其局

---

① 参见徐勇《中国家户制传统与农村发展道路——以俄国、印度的村社传统为参照》，《中国社会科学》2013年第8期。

② 参见徐勇《"满铁"调查改变中国农村研究》，2018年8月22日，https：//www.sohu.com/a/249384333_176673，2024年3月18日。

限性。特别是在农村集体产权治理领域，这种团体与个体间关系的不协调，以及成员财产性权利的保障等，成为迫切需要解决的重要问题。在这一背景下，相关立法和政策的发展趋势也逐渐倾向于"去家产化"，以寻求更加有效的权利保护机制。"去家产化"有利于成员权利的实现吗？在农村集体产权改革的进程中，如何平衡家户制传统与个人权利保护之间的关系，成为不可回避的议题。针对这一问题，本书旨在通过对农村承包经营户内成员共有权的结构特征及其功能的深入分析，探索在现代社会背景下，通过制度设计与实践创新，如何有效解决上述团体和个体之间的冲突与矛盾。本书不仅关注理论探讨，也致力于实践层面的前沿考察，旨在为农村集体产权治理提供新的视角和解决方案，以期达到团体利益与个人权利的和谐共存。

最后，深入分析集体成员、以户确权机制以及宅基地共有权之间的复杂关系。探讨基于成员身份的宅基地使用权，以及以户确权背景下户内共有权的独特特征。在这一理论框架下，进一步通过对房地一体化、复合型共有权以及层分化错位等概念的细致分析，揭示在三权分置政策背景下，复合型共有权如何有效发挥其功能等问题。进而探讨在国家层面上的制度设计及其对于"集体—个体"层面实践路径的影响，为农村宅基地治理提供创新的思路与方案。通过这一系列的分析，以展示在当前社会经济背景下，如何通过灵活而精确的制度设计，以及对传统社会结构的深入理解，来解决农村宅基地治理中房地权利结构的冲突与矛盾。通过上述研究，旨在为理解农村宅基地共有权的复杂性提供新的视角，也为国家和地方政府制定相关政策提供一定的理论支持和实践指导，进而促进农村宅基地治理的创新，实现农村土地资源的合理利用和农民权益的有效保护。

三 集体产权与乡村治理现代化的协同实现

如同其他改革一样，农村集体产权制度改革也时常面临"政府干、农民看"的尴尬困境。为了推动乡村治理的现代化，深入理解集体产权改革如何培育"积极成员"成为重要问题。在制度设计层面，通过扩大成员的选择权、参与权和决策权，可以形成"积极成员"生成的机制。然而，在科层传导过程中，却未产生理想的效果。这使得集体产权制度改革难以实现其目标。集体产权制度改革在促进乡村治理现代化的过程中，既展现出正向作用，也遇到了如权利叠消与分化、治理主体异质多元化、治理规则虚置化等反向阻碍。

因此，有必要从个体、集体和国家三个层次寻求应对策略。在个体层面，探讨教育、培训和信息传播等手段能否提升农村居民的产权意识和治理能力，进而促使其成为积极的乡村治理参与者？当前的动员手段有何局限性？在集体层面，探讨如何通过完善集体决策机制、加强集体经济组织的建设和管理，以及优化集体资产的运营和利用，提高集体经济的效益，从而增强集体的凝聚力和发展动力。在国家层面，关注政策内容、执行环境对集体产权改革和乡村治理现代化产生的影响。这包括分析政策制定和执行过程中如何更好地考虑到乡村特有的社会、经济和文化背景，以及如何通过政策激励和监管机制，引导和促进集体产权制度的健康发展。

此外，在集体产权权能拓展方面，需要分析权能拓展对共同富裕的正向作用以及可能的阻碍，并探讨实现共同富裕的具体路径。集体产权改革与公共服务供给之间的互塑协同也是当前背景下亟须关注的热点问题。这不仅需要理解其价值域互塑和现实性运行的复杂性，还要探索互塑式协同的核心路径，以实现高质量的公共服务供给。此外，探讨农村集体产权制度改革与可持续发展之间的关系也至关重要。其中包括股权配置的封闭性、产权交易的开放化对可持续发展的影响，以及产权改革进程中"内生式发展"的困境及其突破路径。这些因素是推动集体产权与乡村治理现代化协同实现的关键。

鉴于上述研究目标，本书汇集了作者自2018年起对集体产权治理及其效应、家庭承包制度在现代产权治理中的创新应用与再利用、集体产权改革所引发的挑战与新问题等领域的一些思考，旨在为中国农村土地制度改革及乡村治理现代化贡献理论见解与实践指导。本书所探讨的主题不仅包括如何有效应对集体产权改革中遇到的挑战、促进农村社会和谐发展，还包括通过集体产权改革推动农村经济增长、实现共同富裕的途径，以及如何通过提升公共服务质量来推进乡村治理的现代化与实现可持续发展。这些问题的探索与解决，对推动中国乡村社会全面发展与农村治理现代化具有深远的理论和实践意义。然而，需要指出的是，这些议题并非静态，而是处于不断发展与变化之中。因此，未来的研究需要紧贴现实需求，在已有研究成果的基础上，不断深化探索。

2024年3月22日于武汉

目录

上篇 传统与现代：集体产权治理的历史变迁

第一章 集体共有产权良性治理的实现逻辑 …… 6
第一节 集体产权的权利整合 …… 9
第二节 集体产权的权能行使 …… 11
第三节 集体产权良性治理的实现逻辑 …… 13

第二章 公共水资源的协商治理规则及逻辑 …… 19
第一节 公共水资源治理规则的制定 …… 21
第二节 公共水资源利用秩序的实现逻辑 …… 25

第三章 集体产权的权能重构与规则变迁 …… 30
第一节 "纵—横"产权结构的重构及成员权利的变化 …… 34
第二节 集体产权的功能转向及其成员权利的实现 …… 36
第三节 "规则—程序"的构建及其成员权利的保障 …… 38

第四章 农村集体成员权的权利结构与功能实现 …… 42
第一节 扩权赋能之下成员权的内容分化 …… 43
第二节 自益权的拓展与共益权的困境 …… 47
第三节 责任型共益与成员权功能的实现 …… 50

第五章　农村集体成员共益权的实现困境与出路 ………………… 54
第一节　集体成员权的排他性特征 ……………………………… 56
第二节　产权改革对集体成员权的影响 ………………………… 58
第三节　股权固化：成员权封闭排他性的增强 ………………… 60
第四节　外部主体准入：异质开放场域的形成 ………………… 62
第五节　权利分置与责任共担：集体成员共益权的实现路径 …… 63

第六章　产权科层视角下集体成员权的实现机制 ………………… 67
第一节　拓权抑或缩权：自益权与共益权的"此长彼消" ……… 70
第二节　叠消到互促：自益权与共益权的共拓机制 …………… 75

中篇　延续与创新：家户制传统在集体产权治理中的再利用

第七章　传统家产制的结构特征及功能分析 ……………………… 85
第一节　权能分割：授权与限权并存 …………………………… 86
第二节　功能分化：家户与国家相连 …………………………… 90
第三节　家户共产：生存者权保障 ……………………………… 94

第八章　农村承包经营户内共有权的结构与功能 ………………… 98
第一节　以户赋权背景下团体与个体的冲突与矛盾 ………… 100
第二节　农村承包经营户内成员共有权的结构特征 ………… 103
第三节　农村承包经营户内成员共有权的功能分析 ………… 105

第九章　农村宅基地户内共有权的结构与功能 …………………… 108
第一节　集体成员、以户确权与宅基地共有权 ……………… 111
第二节　"房地一体"、复合型共有与层分化错位 …………… 115
第三节　"三权分置"背景下复合型共有的功能何以实现？ … 118

下篇　产治互促：集体产权与乡村治理的现代化的协同实现

第十章　集体产权改革培育"积极成员"的实现路径 …… 127
- 第一节　制度设计："积极成员"的生成机制 …… 129
- 第二节　科层传导："消极成员"的成因分析 …… 132
- 第三节　层级辅助："消极到积极"的实现路径 …… 138

第十一章　集体产权制度改革推动了乡村治理的现代化吗？ …… 144
- 第一节　产权制度改革对乡村治理现代化的正向促进 …… 148
- 第二节　产权制度改革对乡村治理现代化的反向阻碍 …… 150
- 第三节　产权制度改革如何促进乡村治理现代化？ …… 154

第十二章　集体产权的权能拓展何以促进共同富裕？ …… 158
- 第一节　权能拓展对共同富裕的正向促进效应 …… 162
- 第二节　权能拓展背景下共同富裕的阻点分析 …… 165
- 第三节　权能拓展促进共同富裕的实现路径 …… 169

第十三章　集体产权改革与公共服务供给的互塑协同 …… 176
- 第一节　价值域互塑：促进共同富裕的时代坐标 …… 179
- 第二节　现实性运行：割裂协同关系的治理困境 …… 182
- 第三节　互塑式协同：高质量公共服务供给的核心路径 …… 186

第十四章　农村集体产权制度改革与可持续发展 …… 191
- 第一节　股权配置的封闭性：影响可持续发展的内因 …… 193
- 第二节　产权交易的开放化：影响可持续发展的外因 …… 197
- 第三节　产权改革进程中"内生式发展"的困境及突破路径 …… 199

上 篇

传统与现代：集体产权治理的历史变迁

在传统社会中，集体产权治理是一种常见的形式。人们通常居住在小规模的地域或家族中，共同拥有和管理土地、水源、森林等资源。这种治理形式基于共同利益和责任的原则，通过成员之间的协商和共识来实现资源的合理利用与分配。传统的集体产权治理在很大程度上依赖于地域社会的凝聚力和共同价值观的约束，以确保资源的公平分配和可持续利用。然而，随着现代化的进程加快，集体产权治理面临着新的挑战和变革。经济的发展和城市化的加速使得社会结构发生了巨大的变化，人们的生活方式和价值观也发生了转变。这导致了集体产权治理的传统形式面临着诸多问题和困境。例如，资源的竞争和不公平分配、决策的权力集中和缺乏透明度等。在这种背景下，现代社会开始探索新的集体产权治理模式，以适应社会的变化和需求。

在探讨地域性共有资源治理的学术领域内，众多学者提出了各式各样的理论和观点。其中，哈丁的"公地悲剧"理论是一个极具影响力的观点，他认为公共资源的有效管理依赖于市场或国家的干预。哈丁概括了两种解决方案：第一种是通过分割共有地，实现其私有化；第二种是由政府出台规则，对共有地的使用进行规范、监督和管理。这一理论在全球范围内引发了广泛的讨论和反思。

与哈丁的观点形成鲜明对比的是奥斯特罗姆的研究。奥斯特罗姆认为，以地域社群为核心的自治性治理模式同样能够高效地管理共有资源，从而避免"公地悲剧"。她的研究为自治性治理的有效性提供了理论依据，并引发了学术界对于如何在自治传统较弱、社群成员联系不紧密的地区实现共有资源良性治理的深入讨论。这一讨论尤其聚焦于如何通过地域社群的自我管理实现"公地喜剧"，即共有资源的可持续利用和治理。在这一学术讨论的背景下，集体产权治理成了一个跨越社会、经济和政治多个维度的关键议题。特别是在当代社会，随着社会结构的变迁和经济发展的快速推进，集体产权治理面临着前所未有的挑战和机遇。在这种情况下，对历史时期村落内部集体产权治理的规则及其文化背景的深入研究，对于理解和应对现代集体产权治理的挑战具有十分重要的意义。这些传统规则不仅蕴含着丰富的历史和文化价值，而且对于探索和设计现代集体产权治理的策略和模式提供了宝贵的参考。鉴于此，本篇将基于深入的实地调研，系统性地分析集体产权治理的内在逻辑和外部环境的互动，重点探讨传统治理规则及其在现代社会中的演变过程。同时，本篇还将着重分析集体产权治理面临的新挑战，并探讨有效的应对策略，旨在为集体产权的可持续治理提供理论支持和实践指导。通过这种方式，我们不仅能够深化对集体产权治理多维度特征的理解，还能够为解决相关问题提供更加创新和有效的方案。

其一，集体共有产权良性治理的对内规则和对外规则。一方面，考察传统时期村落内部集体产权的规则内容、特征及产生机制。通过深度调研，对传统时期村落内部土地、水源等集体共有资源的利用规则和实施情况进行深入了解。通过对不同地区和社群的案例研究，探讨不同背景下村落共同体如何在国家权力介入不深且无统一权威的情况下实现公共资源的有效治理。进而讨论这种治理模式的实现逻辑是什么、对当下的公共资源治理有何借鉴意义。此外，通过深入调研和案例分析，探讨现代集体产权治理中面临的问题和挑战。随着社会结构和价值观的变化，传统的集体产权治理模式可能面临着资源竞争加剧、决策缺乏透明度等问题。如何应对这些问题，推动集体产权治理的良性发展和资源的公平合理分配，是一个亟待解决的问题。另一方面，考察集体内外公共水资源的协商治理规则及逻辑。分析彼此之间联系微弱、封闭的村落共同体如何通过内部规则和社会合作机制，实现公共资源在多个村落间的合理利用和公平分配。在此基础上，总结传统治理模式的实现逻辑，以及对当下的公共资源治理的借鉴意义。

其二，集体产权制度改革对产权权能结构的冲击。当前，中国农村集体产权制度的改革已成为农村改革议程中的一个核心议题，并被党中央置于土地制度改革的战略高度。至今为止，中国已经启动并实施了多轮农村集体产权制度的试点改革，这些改革试点遍布全国绝大多数县（市、区），直接影响了数亿农民和涉及数千万亿元的集体资产。这项深远的改革旨在通过赋予农民更广泛的财产性权利，使他们能够从集体财产中获得更多的经济收益，从而推动农村经济的发展和提升农民的生活水平。在党的十八大、十九大、二十大等关键会议上，中央政府对农村土地制度和产权制度改革进行了一系列重要的规划和决策，体现了对这一领域改革的高度重视和坚定决心。随着社会结构的演变和价值观的更新，集体产权治理模式面临着新的挑战，如资源竞争的加剧和内生规则的效力减弱，这些问题凸显了现代集体产权治理的复杂性。其中，平衡集体利益与个体权益的关系成为集体产权治理中的一项重大挑战。在资源有限的背景下，如何合理分配资源，既能满足集体的整体需求，又能保障个体成员的权益，这是一个需要精心解决的难题。此外，由于不同地区在自治传统、社会结构以及资源需求上的差异，集体产权治理面临着多样化的要求和挑战。针对这些问题和挑战，本篇旨在深入分析现代集体产权治理所面临的主要问题和挑战，同时审视当前改革的内容及其取得的成效。基于这一分析，提出针对性的对策和建议，为集体产权治理的优化提供理论依据和实践指导，为解决集体产权治理中的困难和挑战，以及进一步推动农村改革和发展提供有益的参考和支持。

其三，农村集体成员权的权利结构与功能实现。近年来，随着改革的不断深化，集体成员的自益权得到了显著的保障和加强，表现为成员在集体经济组织中的财产性权益和决策权益得到了实质性的提升。然而，随着这一进程，一系列新的挑战和问题也随之显现，尤其是集体成员共益权的实现困境成为改革进程中的一个突出问题。集体成员权是具有复杂性的一种权利结构，其核心在于平衡和协调成员的自益权和共益权。在农村集体产权制度的改革过程中，虽然权能的拓展为成员的自益权实现提供了有力支持，但同时也导致了成员的身份性权利和财产性权利的进一步分离，加剧了自益权与共益权之间的张力和矛盾。这种矛盾不仅对农村治理体系产生了重大冲击，也成为当前农村集体产权改革中亟须解决的关键问题。在学界和实践领域，虽然已经对集体成员权利保护提出了一些意见和建议，《中华人民共和国农村集体经济组织法》（以下简称《农村集体经济组织法》）也体现了对集体成员权利保护的重视，但在共益权实现机制方面的完善仍显不足。因此，本篇将从理论和实践两个层面出发，对扩权赋能背景下的集体成员权内容分化、集体成员共益权的实现困境，以及集体成员权的实现路径等关键问题进行深入的探讨和分析。通过对这些问题的系统性研究，为农村集体产权制度改革提供理论支持和实践指导，从而为推动农村社会的和谐发展和治理体系的优化提供有益的参考和启示。

第一章
集体共有产权良性治理的实现逻辑[*]

地域性共有资源的治理一直是一个世界性的难题,此问题在中国农村的表现尤为突出。针对地域性共有资源的治理学界主要有"公地悲剧""反公地悲剧""公地喜剧"等观点。奥斯特罗姆打破了前人在此问题上的国家理论和私有化理论模式,认为以地域团体为中心进行自治性的管理可以实现共有资源的有效利用、解决共有资源治理的困境。地域共同体依据内生规则,在决策制定、资源分配、利益协调等方面发挥着重要作用。对内规则是指在集体产权治理中,集体成员之间达成的共识和约定,旨在维护集体利益和促进公平公正,以有效避免冲突和纠纷的发生,提高决策的效率和公正性。此外,对内规则还可以激励集体成员的参与和合作,增强集体的凝聚力和竞争力。因此,集体产权治理的对内规则对于集体的可持续发展和成员的福利具有重要意义。但是,在自治传统较差、成员之间联系较弱的区域,地域团体能否实现、如何实现共有产权的良性治理等问题还有待于进一步探讨。本章将以深度中国农村调查资料为基础,对上述问题进行回应,并为当下的地域性共有资源的治理提供借鉴。

关于产权的分类存在二分法[①]、三分法[②]、四分法[③]等多种分类方法。本

---

[*] 本章以《实质公平:共有产权良性治理的实现逻辑——以安徽唐湾村公山治理为个案》为题,发表于《学习与探索》2018年第8期。

[①] Gordon 和 Ostrom 的二分法,即私有产权和共有产权(参见 H. Scott Gordon, "The Economic Theory of a Common-Property Resource: The Fishery", *The Journal of Political Economy*, Vol. 62, 1954, pp. 124–142)。

[②] Demsetz 和埃格特森的三分法,即国家产权、共有产权和私有产权(参见 Harold Demsetz, Kenneth Lehn, "The Structure of Corporate Ownership: Causes and Consequences", *The Journal of Political Economy*, Vol. 6, 1985, pp. 1155–1177;[冰岛]思拉恩·埃格特森《经济行为与制度》,吴经邦译,商务印书馆2004年版)。

[③] Alchian 的四分法,即私有产权、政府产权、非实在产权和共同产权(参见[美]阿曼·A. 阿尔钦《产权:一个经典注释》,载[美]罗纳德·H. 科斯等《财产权利与制度变迁:产权学派与新制度学派译文集》,刘守英译,上海人民出版社1994年版,第121—145页)。

章采用三分法，以地域性团体的共有产权为探讨对象①。如前所述，针对共有产权的治理主要存在着"公地悲剧""反公地悲剧""公地喜剧"三种观点。1968年哈丁提出了"公地悲剧"②。哈丁认为解决"公地悲剧"不可能依靠地域内的居民实现管理，只能依靠市场或者国家。其出路只有两个：一是将共有地分割实现私有化；二是由政府制定共有地的利用规则并进行监督、管理③。哈丁的观点在世界范围内引起了强烈的反响。学界成立了国际共有权研究学会专门研究共有产权的危害性④。哈丁理论对政府决策也具有重要的影响。20世纪60—70年代，很多国家相继出台一系列的法律和政策，否定、分解传统地域性共同所有权、共同利用权，以防止共有资源的过度利用，通过立法政策将地域共同体共有的森林、草场、渔场等自然资源国有化，使其置于政府的统一管理之下，或者是分割给个人实现私有化使其进入高度利用的状态⑤。

但是，私有化和国有化并未完全解决共有产权的利用中所存在的问题。1983年开始，由多国学者组成的共有资源管理研究会，深入世界各地进行调研，发现共有产权并非一定导致"公地悲剧"，由此对哈丁理论产生了怀疑。有学者指出，作为哈丁理论典型案例的英国共有草场，并非像哈丁所说的那样，所有者不确定、每个人都可以无限制地利用共有资源，其实际情况是其利用者仅限定为共同体成员⑥。还有观点认为共有草场的利用模式，分散了共同所有者的风险，是一种有效、可行的制度⑦。日本学者平松也批判了哈丁的观点，认为哈丁有关共有牧场的理解是不正确的⑧。

---

① 即产权分为国家产权、私人产权和共有产权。国家产权是指国家作为产权的权利主体所拥有的产权；私人产权是指私人所拥有的产权；共有产权是指地域性团体的居民所拥有的产权，团体居民的数量是有限的，其共有资源的产权具有有限边界。

② 参见 Garrett Hardin, "The Tragedy of the Commons", *Science*, Vol. 162, 1968, pp. 1243 – 1248。

③ 参见 Garrett Hardin, "The Tragedy of the Commons", *Science*, Vol. 162, 1968, p. 1245。

④ 参见高村学人『コモンズからの都市再生——地域共同管理と法の新たな役割』ミネルヴァ書房2012年版，第5页。

⑤ 参见高村学人『コモンズからの都市再生——地域共同管理と法の新たな役割』ミネルヴァ書房2012年版，第4页。

⑥ 参见 S. Ciriacy-Wantrup, R. Bishop, "Common Property as a Concept in Natural Resources Policy", *Natural Resources Journal*, Vol. 15, No. 4, 1975, pp. 713 – 727。

⑦ 参见 Dahlman, Carl, *The Open Field System and Beyond: A Property Rights Analysis of An Economic Institution*, Cambridge University Press, 1980。

⑧ 参见平松紘『イギリス環境法の基礎研究－コモンズの史的変容とオープンスペースの展開』敬文堂1995年版。

1998年，美国教授黑勒提出了"反公地悲剧"。他认为共有产权不仅存在着过度利用的情况，同时也存在着低效利用、无效利用的情况。因为共有产权存在着很多权利人，为了防止其他共有人过度利用共有资源，每个共有人都有权相互设置使用障碍阻止其他人使用该资源，从而导致共有资源无法得到有效的利用，于是就发生了"反公地悲剧"[①]。共有产权是向每个共有人开放，鉴于权利是相互排斥的，公共产权的利用容易造成过度利用或者利用不足的问题[②]。如表1-1所示，对于共有产权的治理，学界提出了不同的观点。质疑哈丁理论的阵营中，最具影响力的是奥斯特罗姆。她通过自己对各国的调查发现，对于地域公共资源的利用来说，比起国家利用公权力对其进行管理，或者将公共资源分割实现私有化，按照市场规律来进行管理等这些"公"或"私"的管理方式来说，"共"的管理方式更能有效地实现共有资源的可持续利用。即以地域团体为中心进行自治性的管理可以有效地实现共有资源的有效利用[③]。在奥斯特罗姆理论的基础上，日本学者进而提出了"公地喜剧"的主张，认为与地方公共团体的"公"、私人或营利公司的"私"相比，地域性团体的"共"的管理更有利于共有财产的可持续利用，具有积极的意义[④]。

表1-1　　　　　　　　　　共有产权的治理方案[⑤]

主张者	理论	公地类型	治理机制
哈丁	公地悲剧	小规模	共有地私有化
奥尔森	集体行动的逻辑	中上规模	加强国家控制
奥斯特罗姆	公共事务管理理论	小规模	成员自主治理

[①] 参见 Michael Heller, "The Tragedy of the Anticommons: Property in the Transition From Marx to Markets", *Harvard Law Review*, Vol. 111, 1998, pp. 621–688。

[②] 参见陈新岗《"公地悲剧"与"反公地悲剧"理论在中国的应用研究》，《山东社会科学》2005年第3期。

[③] 参见高村学人『コモンズからの都市再生——地域共同管理と法の新たな役割』ミネルヴァ書房2012年版，第1页。

[④] 参见高村学人『コモンズからの都市再生——地域共同管理と法の新たな役割』ミネルヴァ書房2012年版，第7页。

[⑤] 本表由作者根据哈丁、奥尔森、奥斯特罗姆等人的观点自制。

奥斯特罗姆经调查发现在各地域团体的部落规则、保障措施、惩罚措施等的规制之下很多共有产权不仅没有出现公地悲剧，反而实现了良性的治理，形成了有效、合理、可持续的发展格局。她认为，以地域团体为中心进行自治性的管理也可以有效地实现共有资源的有效利用[①]。但奥斯特罗姆所探讨的案例大多是拥有较好自治传统、凝聚力较强区域，多是建立在"小政府，大社会"和地方自治路径上的理论探讨，比如高山草场的伐木与保护规则、韦尔塔的用水规则、地下水的开采规则、渔场的作业规则等，大多是拥有长期自治传统的地区。对于自治传统较差、成员之间联系较弱的区域，地域团体如何实现共有产权的良性治理、实现"公地喜剧"的问题还需进一步探讨。笔者调研的安徽省唐湾自然村1949年以前为杂姓村，血缘关系联系微弱；村内无权威、共同活动少，地缘联系也不强，是典型的"分散""自利"的长江小农村庄。在唐湾对于村内公山的利用并不完全符合奥斯特罗姆所阐述的设计原则，但是对于公山的利用却形成了非常好的秩序，并未出现"公地悲剧"和"反公地悲剧"的现象。鉴于此，本章将通过对安徽省唐湾自然村的深度调研，尝试依据中国的实际治理经验对共有产权良性治理的实现逻辑予以分析。

第一节　集体产权的权利整合

唐湾自然村位于今安徽省宿松县，1949年以前，唐湾自然村是"小政府、小社会"的治理格局。国家权力没有深入村内，内生自治传统也较差。1949年以前，唐湾自然村为杂姓村，血缘关系不密切。其中曹姓5户、张姓10户、朱姓2户、杨姓1户、车姓2户、方姓3户，人数最多的为张姓，但张姓非同一血缘关系。村内土地占有较为平均，无地主，也无所谓的政治、经济的权力中心。村内有耕地210亩，水田、旱地各半。土地占有较为平均，最多者二十亩，其余农户在十亩以下。土地改革划定成分时，全村共有6户贫农，1户雇农，其余全为中农，无富农、地主。1949年以前的唐湾虽然存在

---

① 参见, Elinor Ostrom, *Governing the Commons*: *The Evolution of Institutions for Collective Action*, Cambridge: Cambridge University Press, 1990。

以保甲制为代表的正式治理结构，但国家力量极少涉入村落的内部治理。村内地缘联系也比较微弱，村民之间的共同合作关系较少，多是一家一户独立地进行生产劳动。总体来看，该村的自治传统较差。但是，对于村落共有产权的管理，特别是公山的管理和利用中形成了一套因地制宜的治理规则。众所周知，在现代技术尚不发达的传统时期，木柴是村民生活的必需品，村内的公山是村民获得生活用柴的主要场所。唐湾有近百亩的公山，当地所称的公山多是高约三四十米的小山坡。唐湾在自我约束和互相监督的状态下，对自然资源进行自主治理和有效利用，形成公山的高效、合理、可持续的发展格局。

产权是以所有权为中心的一束权利，包括占有、使用、收益和处分等多项权能。其中，所有权是所有人对所有物的使用价值和交换价值予以全面支配的权利。在唐湾通过分类利用和权能分割实现了公山的产权的整合。

唐湾的公山按照自然条件的不同分为四类。第一类是杂草丛生无法种植的公山。这类公山的土质贫瘠，几乎无产出，所以一般无人管理，平时村落内的居民可以自由上山。第二类是土质略好的公山。这类公山只能生长灌木和小树木，无法种植经济苗木，更不能进行农业生产，专门供村内人砍柴用。此类公山有人管理，村民不得随意上山砍柴，由本村落内集体决定利用的时间。第三类是土质较好的公山。这类公山上适合种植经济苗木。此类公山由村落统一种植树木，长成之后，砍伐出售，供本村落的公共事务支出所用。唐湾有近三分之一的公山土质较好，适合生长大的树木，由村落统一管理利用。看山佬购买树苗，然后村内每家各出一位劳力栽种树苗。栽种之后，由看山佬看护管理，待长成木材后，看山佬负责出售，扣除自己工资之后剩余的部分属于村落的共同收入，用于赛龙舟、灯会等共同支出。第四类是土质很好、其中部分土地可以种植农作物的公山。这类公山多是分配给某一农户使用，但是使用公山的农户要为村庄提供相应的劳务，比如，看坟山、办清明等。

在公山的利用中实现了权能质的分割。权利边界明晰是行使所有权的前提和基础。唐湾的公山对外具有清晰的边界，外村人不得进入本村的公山范围内砍柴或者割草。对内具有明确的所有者。唐湾的公山属于本村村民共同所有。虽然23户农户都是所有者，平等地享有所有权，但是拥有的是隐性份额，不能要求进行分割，可按照集体的规约平等地利用公山。所有权是所有人对所有物为全面支配的物权，而这种支配权并不止于抽象的存在，是表现为若干具体的形式，即所有权的权能。在唐湾，将公山的所有权的权能分割为占有、使用、收益、处分四项，通过权能的分割实现产权的整合。

第二节 集体产权的权能行使

在公山权能的行使中通过委托管理、公平利用、平均分配、限制处分，使实质公平原则贯彻公山治理的始终，达到了集体产权良性治理的效果。

一是委托管理。占有权能是特定的所有人对标的物为管领的事实，是行使物的支配权的基础与前提①。可以说，共有人在占有权能上的公平是实现共有物公平支配权的前提和基础。唐湾通过委托管理的方式，实现了权利人之间占有上的公平。如前所述，唐湾的公山按照自然条件的不同分为四种不同的类型，分别实施不同的管理和利用方式，实现了占有权能的公平分配。土质贫瘠、几乎无产出的公山一般无人管理，平时村落内的居民可以自由上山。除此之外的另外三类公山，村民不得随意进入，为了保证占有权的公平，全体村民共同选择了代管人同时也是监督者，当地称为看山佬。在唐湾对于第二类和第三类的公山，由看山佬负责看护和管理。全村23户每户派一名代表共同确定看山佬的人选。唐湾大约在明朝中后期建村，村落的地域范围小、村民之间彼此熟识。看山佬是村民公认的"公道人"，提名之后，若无人反对即可确定看山佬的人选，无须签订合同。看山佬要不定期巡山，防止有人到公山偷砍树木，另外还要负责购买树苗、通知村民出工等工作。看山佬可以处罚违反公山利用规则者，罚金一般是粮食，可归为己有。除了委托管理之外，其他权利者也都具有监督权。唐湾的规模较小，村中如果有破坏公山利用规则的行为，易被其他村民察觉，而被谴责甚至是排斥。若看山佬不负责任，经其他22户村民一致同意可以将其辞退。由此可见，公山的占有权能并未具体量化到各个权利人，而是采取委托管理的方式，实现占有权能的公平公正。

二是公平利用。使用权能是依所有物的性能或用途，在不毁坏所有物本

---

① 参见梁慧星、陈华彬《物权法》，法律出版社2010年版，第131页。

体或变更其性质的情形下对物加以利用,以满足生产和生活需要的权能[1],是所有权权能的重要组成部分。共有物使用权能的公平,与权利人利益获得的公平性息息相关。唐湾在公山的利用中做到了分类利用、集体决策、公平分工,实现了使用权能行使中的实质公平。公山的使用权能的行使由权利人集体决策,保证起点的公平性。第三类公山主要是村民砍柴之用,由权利人共同确定公山的利用规则。砍柴的时间是固定的,一般是秋后收完庄稼,农历八月中下旬,当地人称作"开轮"。每年仅进行一次,一次持续五到七天,除此以外的时间,各家各户均不允许私自砍伐。春天树木要发芽,夏天树木还在生长,冬天会落叶,所以秋后是最好的时机。在砍柴的前两三天,看山佬通知各家各户开会商量决定集体砍柴的事宜。每户派一位代表参加即可,大家开会商量去公山砍柴的具体时间,并要讲好规则。其中最重要的是强调要"砍了大个,长小个",即只允许砍伐长大的树木,不允许砍还没长大的小苗。公山砍柴与村民的利益都息息相关,村民一般都会自觉遵守。集体去公山砍柴之时,按照各户劳动力的数量和质量确定出工的人数,保证过程的公平性。以户为单位,按照每户的人口数和劳动力的实际状况分配"刀数",即确定需要参加砍柴的劳动力的数量。人口数多但劳动力少的农户,分配的刀数不一定多。一般是"五口一张刀",即家中有五位或五位以下劳动力的话派一名劳力去公山砍柴。若全家都不在家的话,则要请人代替,家中男劳力不在家,且没找到可以代替之人,家中女劳力也可以去参加。"开轮"当天一早村民在村口集合,相互间协商砍柴的区域。看山佬会再次强调砍柴的规则,特别是不能破坏小树。在这样规模较小的集体中如果有村民偷懒,很容易被发现,所以在劳动过程中村民自觉性较高。

三是平均分配。收益权能是收取由所有物所生的新增经济价值的权能。收益权能行使中的公平性直接关系最终结果的公平性。公山的新增经济价值主要体现在公山上的种植物及其他产出物的经济价值。对于共有产权来说,共有者的收益权能否有效地行使,主要取决于集体分配政策的合理与否。在唐湾,对于公山的收获物的分配是按照村落公共事务的需要、各户的人口数和实际需要进行分配,保证分配过程和结果的实质公平。首先,村内土质较好、适合生长木材的公山,主要是用于本村落的公共事务支出。土质很好、

---

[1] 参见梁慧星、陈华彬《物权法》,法律出版社2010年版,第132页。

其中部分土地可以生长农作物的公山分配给某一农户耕种，但是使用公山的农户要提供相应的劳务。唐湾的杨家因为家庭贫困，村里人出于救济的目的，让其耕种村里公山上的土地，无须支付地租。仅仅是在清明的时候，请全村人吃顿便饭。这种方法不仅实现了公山的有效利用，同时也实现了对生活困难的村民的救济。其次，村内土质略好，可以生长灌木和小树木的公山，是村民生活用柴的主要来源地。每年砍完柴之后按照村落的总人口，把木柴分为重量相等的若干堆，分别编号。由看山佬安排人负责称重，平均分成若干堆，最后按照每户的人口抓阄分配。每户派家中一名成员代表去抓阄，家中有几口人就可以抓几次阄，这样可以保证柴的分配的实质公平。

四是限制处分。所有权的处分权能主要是指依法对所有物进行处置，从而决定所有物的命运的权能。处分权是所有权内容的核心，是所有权最主要、最基本的权能，也是实现商品交换的重要前提[1]。在唐湾，公山的处分权受到严格的限制，在"全员一致"的情况下才可行使，保证处分权能行使中的实质公平。唐湾的公山如果要出售给外村或者与外村互换部分公山时，必须23户一致同意才能决定，即使其中一户不同意，集体的决议也不能达成。唐湾的公山如上所述按照自然条件，被划分为不同的种类，用途也各不相同。例如，有部分公山要被用作墓地，以安葬本村去世的村民。随着时间的推移，墓地的面积需要扩展时，必须23户村民共同商量确定如何在公山上划定墓地的范围。另外，四类公山之间的用途发生变化时，也需要全体村民按照"全员一致"的原则来决定。如果其中一户反对的话，也不能改变用途。

第三节　集体产权良性治理的实现逻辑

对于共有产权来说，"私"或"公"的管理方式并不是最优的选择。一是因为过分强调个人主义的所有权有害公益[2]。个人主义所有权是利用个人利己心来增加社会生产总量的制度，促进了社会的进步与平等观念的产生，但

---

[1] 参见梁慧星、陈华彬《物权法》，法律出版社2010年版，第133页。
[2] 参见梁慧星、陈华彬《物权法》，法律出版社2010年版，第126页。

是在满足社会日益增长的需要方面却无能为力[1]。二是因为国家权力的介入会增加治理的成本。如果政府能够准确地估算共有资源的总量、无误地安排资源的使用、监督等各项工作并对违规者实行制裁，可以实现共有资源的有效利用，但是创立和维持这样一个机构需要很高的成本[2]。唐湾的公山利用规则说明以地域团体为中心进行自治性的管理可以实现共有资源的良性治理。但是，其规则却不完全符合奥斯特罗姆所阐述的设计原则[3]。在唐湾这样"分散"的村庄，其共有资源良性治理的实现逻辑是值得深入探讨的重要问题。

其一，整合产权是实现良性治理的基础。整合产权可以有效地防止"公地悲剧"和"反公地悲剧"的发生，是实现良性治理的基础。"公地悲剧"主要是因为产权虚置、不明晰，需要明晰产权[4]。明晰权利边界和权利人的范围是实现实质公平的基础。共有资源要实现有效的利用必须界定清晰的边界，从共有资源中提取一定资源单位的个人或家庭也必须予以明确规定。可以说，明晰产权是实现实质公平的起点。公山对内、对外都具有明确的产权边界、明确的权利者，并且按照自然条件的不同将其分为四类，分别实施不同的管理和利用方式，可以有效地防止公山的过度利用，也可以避免利用不足的问题。"反公地悲剧"是因为产权支离破碎，故需要整合产权。产权是以所有权为中心的一束权利，所有权具有绝对性和排他性。共有产权存在着多位权利所有者，为了达到某种目的，每个权利人都有权阻止其他人使用该共有资源，或相互设置使用障碍其他权利人利用该资源，其结果就会导致资源的闲置和使用不足，就会发生所谓的"反公地悲剧"。从唐湾公山的所有权来看，村民仅有隐性份额，在利用过程中，对公山的所有权的权能进行了质的分割，即公山的所有权归村落共同所有，成员无明确的份额，村落集体享有占有、处分权能，而成员个体享有公山的使用、收益权能。实现权能质的分割之后，

---

[1] 参见甲斐道太郎『所有権思想の歴史』有斐閣1979年版，第198页。
[2] 参见张振华《集体选择的困境及其在公共池塘资源治理中的克服——印第安纳学派的多中心自主治理理论述评》，《行政论坛》2010年第2期。
[3] 奥斯特罗姆所阐述的设计原则包括：清晰界定边界，占用和供应规则与当地事件保持一致，集体选择的安排，监督，分级制裁，冲突的解决机制，对组织权的最低限度的认可等几项条件。
[4] 参见陈新岗《"公地悲剧"与"反公地悲剧"理论在中国的应用研究》，《山东社会科学》2005年第3期。

可以有效地避免"反公地悲剧"。

其二，实质公平是形成集体行动的要因。集体规则的实质公平有利于吸引成员个体参与集体行动，提高个体的积极性。规则如果只重视形式的合理性，则容易造成实质的不公正。形式与实质的区别在于是否具有自主性或自治性，形式合理的制度并不能保证其自身的正当性和合法性[1]。形式上的理性就只保障了当事人形式上的权利，但偶然情况就有可能造成实质上的不公正[2]。由此可见，形式合理的规则缺乏自主性和自治性，容易造成实质的不公正。另外，从共同体的发展规律来看实质平等是集体行动形成和维持的关键因素，实质公平转为形式公平之后，共同体也随之走向了解体，集体行动难以达成。在唐湾公山的占有、使用、收益、分配等各个环节都是以实质公平为基本原则，权利人可以预见自己的收益。加之，唐湾的规模较小，在产权与利益高度相关的情况下，有关公山的管理和利用形成了自治、有序的良好秩序。可以说，实质公平是形成和维持集体行动的重要因素。

其三，权能行使中的实质公平是实现良性治理的关键因素。在唐湾公山的治理过程中，实质公平原则贯穿于行使占有、使用、收益、处分四项权能的全过程，是实现良性治理的关键因素。

首先，占有权能的行使未明确到各权利人，而是共同委托看山佬代为管理，实现"人人有份、专人代管"的格局，在占有权能的行使中实现了成员间的实质公平。另外，要走出"集体行动困境"，必须对成员提供一种非集体性的、区别对待的"选择性激励"，对成员违背集体收益的行为作出相应的惩罚[3]。唐湾公山的管理和利用中看山佬具有重要的地位与作用，可以直接惩罚违反规则者，并且可以将收到的罚金或者实物据为己有。这样在惩罚违反规则者的同时，奖励了规则执行者——看山佬。如此一来，既提升了监督者的积极性，也会对被监督者起到震慑作用。

其次，使用权能的行使有严格的集体规则，并且成员个人能够直接参与

---

[1] 参见［德］马克斯·韦伯《论经济与社会中的法律》，张乃根译，中国大百科全书出版社1998年版，第25页。

[2] 参见［美］本迪克斯《马克斯·韦伯的思想肖像》，刘北成等译，上海人民出版社2002年版，第429—430页。

[3] 参见［美］曼瑟尔·奥尔森《集体行动的逻辑》，陈郁等译，上海人民出版社1995年版，第70—74页。

对规则的修改，实现了使用权能行使的实质公平。唐湾规模小，有利于各成员参与集体决策，并在实行过程中互相监督。产权单位的规模比较小，直接实行的参与式治理成效会较高①。在规模较小的集体中，由于个人的贡献对公共物品的生产有较明显的影响，同时"搭便车"又易为他人察觉，团体中个体之间容易产生友谊或社会压力，人们较愿意在这种情况下与他人合作创造公共物品②。在公山的利用、监督、分配等过程，每户都能参与其中，保障了集体决策的民主性。全村23户都可平等地参与公山利用规则的制定、共同选举看山佬。另外，集体出工时不是按照各户的人口数，而是按照劳动力的数量分配"刀数"，在使用权能的行使中实现了成员间的公平。

　　再次，收益权能的行使充分考虑到了各家各户的人口数和实际需要，并做到了集体利益与个人利益之间的协调统一，实现了收益权能行使中的实质公平。利益是自治和治理的基础，利益相关是自治形成的首要条件③。而集团规模的大小与成员个人利益的获得息息相关。小集团成员数量较少，集团中成员从集体物品获得的个人收益超过了成本，更容易自动地达成集体行动④。集团越大，它提供的集体物品的数量就会越低于最优数量，理性的、寻求自身利益的个人很难会为利益而采取行动⑤。1949年以前，木柴是村民生活的必需品，唐湾所处的地形较为平坦，公山成为村民生活用柴的主要来源地，与村民生活息息相关。如果使用公山的收益只以户为单位来分配，而不以个人为单位分配的话，拥有成员较多的家庭在使用公共土地时不仅没有优势，反而显现出较为明显的劣势。从唐湾公山的利益分配规则来看，除部分用作公共事务的支出之外，其余多是按照各户的实际人口数和实际需要，平均分配公山上的收获物，可以避免上述不公平的发生，实现实质的公平。

---

　　① 参见邓大才《产权单位与治理单位的关联性研究——基于中国农村治理的逻辑》，《中国社会科学》2015年第7期。
　　② 参见［美］曼瑟尔·奥尔森《集体行动的逻辑》，陈郁等译，上海人民出版社1995年版，第64—68页。
　　③ 参见邓大才《村民自治有效实现的条件研究——从村民自治的社会基础视角来考察》，《政治学研究》2014年第6期。
　　④ 参见［美］曼瑟尔·奥尔森《集体行动的逻辑》，陈郁等译，上海人民出版社1995年版，第64—68页。
　　⑤ 参见［美］曼瑟尔·奥尔森《集体行动的逻辑》，陈郁等译，上海人民出版社1995年版，第29—30页。

最后，处分权能的行使以"全员一致"为原则，保障了共有人公平的参与决策权，实现了处分权能行使中的实质公平。公山的处分权归全村 23 户共有，基于全体成员的合意才可行使处分权能。共有权制度则是为了将特定财产保留在某一团体内部，从整体到部分都体现着客观的团体结构，主要是遵循客体物的客观用途，服务于物的特定功能和目的，对于其成员而言更多地意味着义务而非权利[1]。唐湾公山的治理中，成员个人的处分权被严格地限制，若要处分公山的产权，必须达到"全员一致"，才能形成集体决策，充分尊重了成员个体的意愿，实现了处分权能行使中的实质公平。

从唐湾的公山治理来看，自治传统较差、成员之间联系较弱的区域，也能实现共有产权的良性治理。其经验对当下的共有资源治理也具有重要的借鉴意义。

一方面，对于地域共有资源的利用来说，比起"公"或"私"的管理方式，"共"的管理方式更能有效地实现共有资源的可持续利用。理性的权利人可以通过在团体内部的合意，在自我约束和互相监督的状态下，对共有资源进行自主治理和有效利用。唐湾公山的管理和利用中依靠成员之间自由、平等、独立的合意，形成集体的意志，利用村落的"共"的属性的管理，形成了公山有序的、可持续的利用和发展格局。当前，地域性共有资源多由政府管理，规则也由政府制定。但是在很多情况下，国家政策相对于个别地域的共有资源来说，其管理制度过于笼统或僵化，不能与当地情况紧密结合。政府设置的资源保护和监督机制往往由于资金、人力、技术等不足而难以付诸实施。但如果依靠市场规制，容易造成公共资源的过度开发。因此，适当放开地域性共有资源的管理权限，允许地域性团体构建合理的利用规则，参与共有资源的管理，有利于地域性共有资源的有效、可持续利用。这是中国改进地域性共有资源治理方式的探索方向。

另一方面，实质公平原则在实现共有产权良性治理的过程中具有重要作用。实质公平原则有利于产权的整合。共有人的产权并不只是抽象的存在，更多地表现为若干具体的形式。按照实质公平原则对所有权的各项权能进行质的分割，可以有效地实现共有产权的整合，实现共有资源的有效利用，防

---

[1] 参见陈晓敏《论大陆法上的集体所有权——以欧洲近代私法学说为中心的考察》，《法商研究》2014 年第 1 期。

止"反公地悲剧"和"公地悲剧"的发生。另外,实质公平是形成和维持集体行动的要因。理性的权利人能否预见自己从共有资源的产品中得到多少份额、在什么条件下才能得到这些份额、是否公平,这些都会影响其参加集体行动的动机,而这些都与实质公平原则息息相关。可以说,权能行使中的实质公平是实现良性治理的关键。因此,在地域性共有资源的治理中,应重视实质公平原则的贯彻,只有这样才能促进集体行动的形成和维持,进而实现共有产权的有效、可持续利用。

第二章
公共水资源的协商治理规则及逻辑*

乡村振兴战略是中国农村全面实现小康的重要举措，而农村公共资源的治理问题，是乡村振兴战略中不容忽视的重要一部分。近年来在村民自治单元的探索中，撤村并组、扩大行政村规模，使很多联系并不紧密的自然村被强行并入同一行政村，导致跨自然村或涉及整个行政村的公共资源治理成为难题。集体产权治理的对外规则和效应对于实现资源可持续利用和经济发展具有重要意义。通过集体所有者的共同管理和监督，可以避免资源过度开发和滥用的问题，从而保护生态环境和维护生态平衡。此外，集体产权治理还可以提高资源利用效率和经济效益。通过集体决策和协作，可以实现资源的优化配置和合理利用，从而提高生产效率和经济效益。如何实现跨自然村，特别是在排他性较强的自然村之间如何实现公共资源的有效治理，是乡村振兴过程中亟待解决的重要问题。笔者在调研中发现玉龙雪山脚下的数个村寨，在国家权力渗入不深、无统一的民间权威、日常联系也很微弱的情况下，各村通过协商的方式建立了"轮水班"制，实现了公共水资源的有序治理。其经验对于当前的跨自然村的公共资源治理具有重要的借鉴意义。

如前章所述，公共资源在治理过程中会遭遇诸多障碍，对有限的公共资源进行保护的同时，实现其公平、公正分配与利用的目标，一直是国外学术界十分关注的课题。有关公共资源治理的研究颇多，大多是从治理效果出发，主要存在"公地悲剧"论、"反公地悲剧"论、"公地喜剧"论三种不同的观

---

* 本章以《理性一致：公共水资源的协商治理规则及逻辑——以云南省大具乡的"轮水班"为个案》为题，发表于《山东社会科学》2019 年第 1 期。

点。水是农业社会最为重要的公共资源，是农业的基础和命脉。学界有关公共水资源的治理也主要是关注国家"公"的治理和私人"私"的治理，关于中国传统公共水资源的治理的研究主要有国家控制论和士绅主导论两种观点。国家控制论主张中国是强制性治水[1]，国家政权在用水过程中起主导作用，确定水资源分配的基本原则[2]。农业灌溉主要由村社、省或中央政府负责[3]。由于大规模修建水利工程的需要，东方社会形成了中央集权的官僚机构[4]。与此相对，士绅主导论认为传统社会主要是地方士绅等社会权威担任民间水利灌溉事务的组织者、管理者与仲裁者[5]。20世纪90年代以后，学界有关中国公共水资源治理的研究也开始关注地域公共团体的治理，进而提出了共同体治水论。共同体治水论认为，在中国传统的公共水资源管理中，地域的水利治理组织，以及与村落、国家之间的关系，用水者自主联合形成的各种水利组织，在用水分配、水利工程管理、用水纠纷的调解等方面发挥重要作用[6]。

通过以上关于公共资源治理和水利治理相关研究的梳理可以看出学界的研究具有以下特点。第一，有关公共资源的治理，学界开始关注以地域团体为中心进行的自主管理，研究成果颇多。但是多数研究关注的是自治传统好、同一团体内部的管理机制。而对于彼此之间联系微弱、无自治基础的数个团体之间能否实现公共资源的有序治理缺乏深入的研究。第二，有关中国公共水资源治理的研究，多是关注国家力量和地方权威，对基层多样化的地域居民自主治水的实证研究不多。虽然有少数研究关注到了个案，但多是关注同

---

[1] ［美］卡尔·A. 魏特夫：《东方专制主义》，徐式谷等译，中国社会科学出版社1989年版，第16—19页；［德］马克斯·韦伯：《中国的宗教：儒教与道教》，康乐、简惠美译，广西师范大学出版社2010年版，第93页。

[2] 参见萧正洪《历史时期关中地区农田灌溉中的水权问题》，《中国经济史研究》1999年第1期。

[3] 参见《马克思恩格斯全集》第28卷，人民出版社1973年版，第263页。

[4] 参见［美］卡尔·A. 魏特夫《东方专制主义》，徐式谷等译，中国社会科学出版社1989年版，第16—19页。

[5] 参见张仲礼《中国绅士——关于其在19世纪中国社会中作用的研究》，李荣昌译，上海社会科学院出版社1991年版，第59页；瞿同祖《清代地方政府》，法律出版社2003年版，第282—330页；萧公权《中国乡村：19世纪的帝国控制》，张皓、张升译，九州出版社2018年版，第311—382页。

[6] 参见［日］森田明《清代水利社会史研究》，郑樑生译，"国立"编译馆1996年版，第346—385页；钱杭《"均包湖米"：湘湖水利共同体的制度基础》，《浙江社会科学》2004年第6期；［美］杜赞奇《文化、权力与国家：1990—1942年的华北农村》，王福明译，江苏人民出版社2010年版，第22—31页；［美］黄宗智《长江三角洲的小农家庭与乡村发展》，中华书局1992年版，第31—39页。

一共同体内部，或者是联系紧密、往来频繁的熟人社会的水资源治理，对于彼此排斥、互相封闭的数个村落共同体之间的公共水资源治理关注不多。由此可见，不管是有关公共资源治理的研究，还是有关公共水资源治理的研究，很少关注联系微弱、排他性强的数个村落共同体之间的公共资源治理的问题。笔者在对营盘村的调研中发现，在传统时期，排他性强、联系微弱的数个村落共同体之间，对于雪山融水这一季节性紧缺资源，没有国家"公"的介入，没有实现"私"的管理，也没有成立专门的水利管理组织，而是通过相互协商的方式化解了用水纠纷，并制定了"轮水班"的规则，建立了良好的用水秩序。那么，在国家权力介入不深且无统一权威的背景下，彼此之间联系微弱、封闭的村落共同体之间如何通过协商达成"轮水班"的协议，其实现逻辑是什么、对当下的公共资源的治理有何借鉴意义，本章将以营盘村等四个村寨的"轮水班"为个案进行考察，进而对上述问题展开讨论。

第一节　公共水资源治理规则的制定

一　用水纠纷

营盘村位于今云南省玉龙纳西族自治县，地处玉龙雪山脚下、金沙江畔的大具坝区。受地域环境等因素的影响，各个村寨的村落共同体特征非常明显。各村都有明确的村寨边界，有严格的村民资格标准、严格限制外来人口的迁入，并且严格禁止对外出售土地[①]。村与村之间的联系微弱，且具有较强的排他性。当地多是村内通婚、村内帮工、村内商品交易，村与村之间联系较少。各村对于资源的开采和利用都具有非常清晰的界限，不得越界获取资源，否则将会引发村寨间的纠纷。在国家权力渗入不深的年代，村与村之间多是用集体械斗的方式解决问题。

营盘村地处的大具坝区属于干热河谷区。虽然有金沙江流经，1949年以前，国家未修建水利设施，受地势所限无法利用金沙江的江水，当地人饱受

---

① 有关中国村落共同体的有无，日本学界自20世纪40年代起，以"戒能—平野"论战为基础展开了激烈的讨论。学界主要是从村落的界限、村民的资格、村落的公共事业等方面探讨了中国农村村落共同体性质的有无。

"水在河底流、人在岸上愁"的缺水困扰。特别是小春时节,即2—4月农业生产用水较多,降水少,雪山融水成为重要的水源。有一股雪山融水先后流经水伙头村、大沟头村、培当村和营盘村四个村寨,是当地重要的水源。但雪山融水量有限,不能完全满足四个村寨的用水需求,容易引发村寨之间的纠纷,甚至是严重的群体性械斗事件。有一年,水伙头村凭借地处上游的优势,把水源堵住,导致营盘村无法用水。为了抢水源,两村发生了大规模的械斗,营盘村一位村民在械斗中被打成重伤。但是,面对雪山融水这一紧缺资源,械斗没有化解村与村之间的纠纷,反而使事态恶化,严重影响了村民正常的生产生活,不得不促使各村共同寻找解决的方案。

二 村内一致

在皇权不下县的传统社会,营盘村等村寨的经营权集中于村民手中,由村民实施各种自治功能。村庄内部的团体性很强,其民主程度也较高。村内秩序的维持、公共设施建设等村政事务由头人负责。头人是由村民选举产生,其资格不能世袭,也不能转让。头人多数情况下仅承担管理和代理的职责,村中大小事务由村民集体协商决定。有效的协商可以通过集体决议,形成更好的解决方案而带来村民都乐于接受的结果。营盘村与水伙头村发生械斗事件之后,两村互相阻止对方用水,严重影响了两村村民的正常生产生活用水,附近的培当村和大沟头村也深受影响。营盘村负责维持村内秩序的头人吹响牛角,召集全体村民开会商议对策。全村六十多户,每户至少安排一人参加。集会是在营盘古街开放的环境中进行。集会时全村人都可以参与讨论或者围观其他人的讨论。村民在形式上和实质上都是平等的,每个人都可以提出自己的意见。头人在其中发挥的是组织、号召的作用,最后的决议由村民集体做出。村民基于合意达成的协议对全体村民具有约束力。

只有形成对问题的一致理解,才能推进协商的进程。械斗事件发生后,对于如何处理,当时村内分为两种不同的意见。一部分人主张用武力解决问题,为被打伤的村民报仇。另外,一部分人主张用协商的方式解决问题,号召共同使用同一水源的其他三个村寨一起协商制定用水规则,以防止此类事件的再次发生。为此村民争论不休。经过多次协商之后,村民普遍认为用武力虽然可以一时解决问题,但是以后遇到天旱缺水的年份,还是会发生类似的事件,将会严重影响村民的正常生活。没有水源不能按时育苗、插秧的话,一年的生活将没有保障。在协商中哪种方案对本村最有利、怎样才会使村民获得长远利益，这成为探讨的焦点问题。经过多次讨论之后，多数村民认为为了村寨的整体利益和长远利益，有必要与其他三个村寨协商制定用水规则，防止此类事件再次发生才是最重要的。在此次械斗中朱家人是为本村的利益而受伤，作为补偿，以后可以优先用水。最终营盘村决定不再以暴力的方式解决纠纷，而是通过四个村寨的协商制定用水规则。

三　对外协商

协商是一种决策前的讨论，有助于提高决议的质量，增强决议的合法性。营盘村村内达成一致后，开始积极推动四个村寨之间的协商。小春是育苗、插秧的重要时节，因为用水纠纷，各村之间互相堵截水源，严重影响了农业生产，若用水纠纷不能化解，则四个村的育苗、插秧工作都将无法开展。为了农业生产的需要，四个村寨都迫切希望商定用水规则，村内讨论形成一致意见之后，由头人、老民作为代表，进行村与村间的协商。有着不同视角和利益的人们，一起来解决某个问题，必须以对问题的一致理解为起点[①]。这四个村寨平时来往较少，但是对于协商的目的却有着一致的理解，即以实现公共水资源的有序利用为目标，具有协商的基础和条件。协商之初村民形成的共识可概括如下：一是械斗不能解决问题，只会增加双方的损失；二是水源是几个村寨共有，应制定适当的利用规则，以最大限度地满足各村的用水需求，实现互惠；三是为了维持良好的用水秩序，也应制定相应的处罚措施。

经过械斗之后，多方俱伤，生产生活用水还是困难。在此状况之下，村民迫切希望通过讨论而做出最佳的选择。基于达成的共识，四村开始商讨具体的用水规则。为了满足各村的需要，实现互惠，各村希望轮流用水，即"轮水班"，以防止争水、抢水等现象的发生。当时围绕三分水、七分水、十分水，即三天轮一次水班，还是七天一次或十天一次水班，四个村寨展开了激烈的讨论。通过面对面的交流，四个村寨的代表人各自发表自己的看法，试图通过对话的方式说服对方，以实现理性的一致。村民的共同目标是最大限度地满足生产用水的需要，不再因用水纠纷耽误正常的农业生产。在此基

---

① 参见［美］詹姆斯·博曼《公共协商：多元主义、复杂性与民主》，黄相怀译，中央编译出版社2006年版，第50页。

础上,各村分别阐述自己的理由和看法。三天或者七天轮一次水班的话意味着每个村寨一次水班只能用一天或者两天水,很多村民认为育秧、插秧时水量不够。另外,营盘村属于当地大村,人口多,用水量明显多于其他几个村寨。"轮水班"的时间一样的话,营盘村村民觉得不公平。水伙头村认为本村处于上游有利位置,应该优于其他村寨用水,若无优待的话,村民很难遵守既定的规则。

械斗虽然能临时解决问题,却会损害困难群体的利益,而与此相比,协商能够通过为困难群众提供更好的保护,而使结果在分配正义方面更加公正[1],经过反复讨论之后,最后综合考虑农业生产的需求、村寨规模、地理位置等多方面的因素,四个村寨制定了"轮水班"的规则。营盘村十天轮一次水班,一次四天四夜[2],改变了处于水源下游的弱势地位。由水伙头村负责给轮到水班的村寨放水。因为水伙头村处于最上游,愿意共享水源,其余三个村寨同意了该村的放水权,并且该村每个水班有四天四夜的用水权。可以说,协商的最终结果基于相同的理性而融合,而不是根据不同理性达成共识[3],基于共同的用水需求最终达成了用水协议。协商使决议带来更广泛的共识,产生了更加合法的决议[4]。"轮水班"规则制定之后,各村按照顺序放水,未再发生大的纠纷。

协商性秩序的约束者之间具有较强的依赖性,相互依赖导致相互制约,秩序约束者才可能为了长远利益而做出让步[5]。四个村寨通过协商实现理性一致,制定了互惠的用水规则。但为了使规则持续发生效力,制定了相应的惩罚措施。"轮水班"时水伙头村按照顺序给每个村放水,而用水的村寨专门安排一人负责监督,主要是看是否有外村人偷偷放水。有一次,营盘村"轮水

---

[1] 参见[美]约·埃尔斯特主编《协商民主:挑战与反思》,周艳辉译,中央编译出版社2009年版,第24页。

[2] 四个村庄按照时间用水,水伙头村放水四天之后,大沟头村再放水三天,然后培当村再放水三天,最后营盘村再放水四天,之后再是水伙头村放水。

[3] 参见[美]詹姆斯·博曼《公共协商:多元主义、复杂性与民主》,黄相怀译,中央编译出版社2006年版,第78页。

[4] 参见[美]约·埃尔斯特主编《协商民主:挑战与反思》,周艳辉译,中央编译出版社2009年版,第24页。

[5] 参见晏俊杰《协商性秩序:田间过水的治理及机制研究——基于重庆河村的形态调查》,《学习与探索》2017年第11期。

班"时外村有人偷偷放水，头人老民召集全村人到偷放水的农户家中，把家中值钱的东西都拿走。因为该农户违约在先，该村的其他人也不敢袒护。在此惩罚措施之下，无人再敢偷放水。

第二节 公共水资源利用秩序的实现逻辑

基于上节的考察可知，以营盘村等四个村寨的"轮水班"制为个案，发现排他性强、联系微弱的四个村落共同体之间通过协商的方式实现了紧缺公共资源的有效治理。那么，其实现的协商治理的内在逻辑是什么，"轮水班"的协议为何可以持续发挥作用？以下将对此问题展开深入的探讨。平等对话是理性相近变为理性一致的重要手段。

在"轮水班"的协商中，协商主体间的理性一致是最终达成协议的关键因素，而共同利益、相近理性、平等对话，在实现理性一致的过程中发挥了重要作用。

首先，共同的利益是协商的起因。相近的地域产生共同的利益，而共同利益促使形成相近的理性。其一，相近的地理条件形成了人们生产、生活的共同空间，包含了一定的共同利益，需要地域相近的人们共同参与、共同维护和治理[1]。营盘村等四个村寨地域相近、文化相似，同样面临"水在河底流、人在岸上愁"的缺水困扰，用水纠纷严重影响了村民的正常生活，急需建立用水秩序。其二，相近地域内的人们情感相通、习俗相同、价值相似以及行为方式大体一致。人们通过长期彼此的互动，基于共同的利益和相近的文化，对同一问题容易形成相近的理性，为自治的萌芽提供了条件。共同利益是进行理性对话的前提，除非个人都拥有足够相似的利益，否则不会出现任何可靠的交流[2]。其三，不同的地域、文化和利益需求，需要不同的治理方式。对于无统一权威、联系微弱的数个村落来说，

---

[1] 参见邓大才《村民自治有效实现的条件研究——从村民自治的社会基础视角来考察》，《政治学研究》2014年第6期。

[2] 参见［美］约·埃尔斯特主编《协商民主：挑战与反思》，周艳辉译，中央编译出版社2009年版，第73页。

协商是最好的决策方式。无论对于决议的质量，还是对决议的合法性来说都是利大于弊①。

其次，因共同利益而形成的相近理性是协商的基础。协商的过程应包括包容、对话和理性判断②，而包容是协商主体进行对话的前提，若无包容则不可能达成协议。对问题持有一致的理解才能在协商中互相包容。可以说，对问题的一致理解是协商的基础。有着不同视角和利益的人们，一起来解决某个问题，必须以对问题的一致理解为起点③。在协商之前四村达成了共识，决定放弃械斗，而采用协商的方式建立稳定的用水秩序，这成为四个村寨进行用水协商的起点和基础。

再次，平等对话是理性相近变为理性一致的重要手段。协商主体间的对话是实现理性一致的重要手段，而对话是理性的、公开的交流。协商是一种面对面的交流形式，它强调理性的观点和说服，而不是操纵、强迫和欺骗。在通过对话形成共识的过程中，对话参与者的利益均在考虑之列，参与者提出的各种要求都能够成为商谈的对象。面对复杂的问题，每个人都希望通过讨论而做出最佳的选择④。虽然营盘村在势力范围上处于优势、水伙头村在地理位置上处于优势，但双方都未因此而胁迫对方，而是权衡利弊，进行平等的对话，在协商中充分利用理性，实现偏好的转换。此外，在开放的公共集会上进行讨论和对话，理性的质量可能提高⑤。村民经村内协商和村外协商等两个阶段，通过自由平等的对话、讨论、辩论等方式，互相包容彼此的观点，在此基础上做出理性的判断，实现理性的一致。

最后，协商主体间的理性一致是达成协议的关键因素。协商的最终结果

---

① 参见［美］约·埃尔斯特主编《协商民主：挑战与反思》，周艳辉译，中央编译出版社2009年版，第23页。

② 参见［美］詹姆斯·菲什金、［英］彼得·拉斯莱特《协商民主论争》，张晓敏译，中央编译出版社2009年版，第148页。

③ 参见［美］詹姆斯·博曼《公共协商：多元主义、复杂性与民主》，黄相怀译，中央编译出版社2006年版，第50页。

④ 参见陈家刚《协商民主中的协商、共识与合法性》，《清华法治论衡》2009年第1期。

⑤ 参见［美］詹姆斯·博曼《公共协商：多元主义、复杂性与民主》，黄相怀译，中央编译出版社2006年版，第24页。

是基于相同的理性而融合，而不是根据不同理性达成共识①。可以说，理性一致是达成协议的关键因素。营盘村等四个村寨基于相近的地域、共同利益，使其具有进行协商的可能，经过平等的对话，实现了理性的一致。最终综合考虑农业生产的需求、村寨规模、地理位置等多方面的因素，制定了"轮水班"的规则，实现了理性融合，建立了良好的用水秩序。其中，理性一致是达成协议的关键因素。

营盘村等四个村寨通过协商达成的"轮水班"协议具有以下几个特点，从而可以规制公共理性，维护协商的成果，实现公共水资源的良性治理。

第一，"轮水班"协议具有互惠性，因此可以规制公共理性，维持理性的一致。互惠性是在考虑他人利益的前提下把自己的要求合法化②。营盘村等四村的用水体系中，村寨之间相互依赖，所有农户均有用水需求，在用水中，村寨之间需要相互配合。在协商形成的秩序中，可能对某一当事人不利，但从长远来看，协商带来的收益最大。四村都有共同的用水需求，具有十分相似的利益，通过"轮水班"的形式，各村轮流用水、互不干涉，既能满足本村的需求，也能顾及邻村的用水需要，实现互惠。因此，使各村放弃械斗，自觉遵守用水规则。

第二，"轮水班"协议具有公共性，因此在四个村寨中具有"合法性"，成为四村普遍遵守的规则。合法性不是源自个人意志，而是源自集体的理性反思③。所有将受到这一决策影响的人或其代表都参与，并同意该集体决策，才会使其具有集体的约束力④。四个村寨共同参与制定的"轮水班"协议具有公共性，因此可以在四个村寨中发挥效力。"轮水班"规则的制定首先经历了村内的集体协商，进而由头人、老民作为代表与外村进行协商。相关关系者都公开、平等地参与了村内协商和村外协商的讨论，所有的理由被民众周

---

① 参见［美］詹姆斯·博曼《公共协商：多元主义、复杂性与民主》，黄相怀译，中央编译出版社2006年版，第78页。

② 参见［美］詹姆斯·博曼《协商民主时代的来临》，载陈家刚主编《协商民主与政治发展》，社会科学文献出版社2011年版，第63页。

③ 参见陈家刚《协商民主中的协商、共识与合法性》，《清华法治论衡》2009年第1期。

④ 参见［美］约·埃尔斯特主编《协商民主：挑战与反思》，周艳辉译，中央编译出版社2009年版，第9页。

知和理解，最终达成的合意才具有强制性①，因此最后制定的"轮水班"规则对于协商的参与者具有普遍的约束力。

第三，有效的问责机制是"轮水班"协议实行的保障。协商性秩序的约束者之间具有较强的依赖性，相互依赖导致相互制约，秩序约束者为了长远利益而做出让步②。为了使"轮水班"规则持续发生效力，需要相应的惩罚措施，例如，在"轮水班"期间若有人偷水，家中财物将会被受损村寨的头人带人上门全部拿走，本村人也不会袒护。在此强硬的规则约束下，"轮水班"得以长久实行，未再因用水发生纠纷。

营盘村等四个村落都具有十分明显的村落共同体特征。但是，排他性强、联系微弱、国家权力介入不深的四个村寨，却通过协商的方式建立了"轮水班"的规则，实现了雪山融水这一紧缺资源的有序利用。其经验对当下的公共资源的治理具有重要的借鉴意义。

协商自治并非仅产生于小范围的"熟人社会"，排他性强、彼此封闭的多个村落共同体之间，面对紧缺资源也能通过协商实现有序治理。对于国家权力渗入不深、无统一的民间权威、日常联系微弱的数个村落来说，协商是最好的决策方式，可以形成更好的解决方案而带来帕累托最优。但协商自治的实现需要三个基本条件。一是相近的地域和共同的利益。并不是所有的公共资源均可通过协商实现有效的治理，若无共同利益，则不会拥有相近的理性；若地域相距太远则文化和思维方式差距大，且难以展开面对面的对话，难以通过协商形成理性一致。因此，相近的地域和共同的利益是实现协商的前提与基础。二是具有广博知识和丰富经验的领导者。合理的公共政策需要广博知识和丰富经验的领导者组织和引导人们就"共同体长久和总体利益"展开讨论③，形成理性一致，进而达成协议。三是互惠与问责。协商形成的秩序从长远来看能使各方获利，被约束者才可能做出让步。因此，互惠是协议达成目的和意义之所在。有效的问责机制可以保证协议的正常运行。协议后形成的秩序维系需要相关关系者能够进行自我监督，并通过内部约束机制对违规

---

① 参见［美］詹姆斯·博曼《公共协商：多元主义、复杂性与民主》，黄相怀译，中央编译出版社 2006 年版，第 34 页。

② 参见晏俊杰《协商性秩序：田间过水的治理及机制研究——基于重庆河村的形态调查》，《学习与探索》2017 年第 11 期。

③ 参见陈家刚主编《协商民主与政治发展》，社会科学文献出版社 2011 年版，第 47 页。

行为进行惩罚，只有这样才能维护协议的持续效力。

村落的治理分为自律性的自治和他律性的管理。协商可以形成更好的解决方案而带来利益最优化，而且通过相关关系者自主协商形成的自律秩序，更易被遵守。1949年之后，国家权力深入乡村社会，村与村之间的公共事务主要由政权体系主导，不仅加重了行政负担，也使各项矛盾层出不穷，难以调和。近年来在村民自治单元的探索中，撤村并组、自治单元上移，使很多联系并不紧密的自然村被强行并入同一行政村，使得跨自然村或涉及整个行政村的公共资源治理成为难题。通过营盘村等四村"轮水班"规则的协商过程可以看出，在乡村治理中协商自治可以在跨自然村或涉及整个行政村的公共资源治理中发挥基础作用。村民在这类公共事务中利益高度相关且地域相近，便于通过协商的方式形成理性一致。在此基础上，为国家权力的整合提供一定的秩序基础，从而实现公共资源的良性治理。

第三章
集体产权的权能重构与规则变迁*

近年来，农村集体产权制度改革被视为"三农"工作的重要内容之一。在党的十八届三中全会的决策中，明确提出了保障农民集体经济组织成员权利的要求，积极发展农民股份合作，赋予农民对集体资产股份的占有、收益、有偿退出、抵押、担保和继承权。此后，中央经济工作会议、中央农村工作会议、中央一号文件以及党的十九大报告相继提出，要进一步深化农村集体产权改革，完善承包地的"三权"分置制度。为了推进改革，2015年开始国家启动了农村集体资产股份权能改革试点，将以集体所有土地为主体的集体资产和资源"折股到户、量化到人"。2018年，农村集体产权制度改革的试点县增加到300个，并选择50个改革基础较好的地市和个别省开展整市、整省试点①。这次集体产权改革被视为继土地改革、集体化和家庭联产承包后的第四次重大改革。产权与治理具有很强的关联性②。权能的拓展将增强农民在集体事务参与和决策中的主体地位，有利于推进乡村自治水平的提升。并且，资源配置的优化和效率的提升将促进农村经济向质量效益型转变。但与此同时，集体产权改革也会给乡村治理体系带来巨大的冲击。那么，集体产权改革会给乡村治理带来怎样的冲击，权能拓展将带来怎样的治理效应，这是农村集体产

---

* 本章以《从总有到共有：集体产权权能重构及治理效应》为题，发表于《财经问题研究》2020年第2期。

① 2017年12月1日，全国农村集体资产股份权能改革试点工作总结交流会上，时任农业部副部长叶贞琴指出，2018年农村集体产权制度改革试点范围继续扩大，将试点县增加到300个。同时，还将选择50个改革基础较好的地市和个别省开展整省整市试点，并鼓励地方结合实际扩大改革覆盖面，力争到2021年底基本完成改革。

② 参见邓大才《产权单位与治理单位的关联性研究——基于中国农村治理的逻辑》，《中国社会科学》2015年第7期。

权改革浪潮中亟须从理论上加以明确的重要的问题。从理论上明确集体产权改革对乡村治理的影响机制，才能顺利推进改革并促进农村的可持续发展。

产权是一个跨学科的重要概念，是"一组权利"的集合，用以呈现权利制度体系以及由此调整权利主体与他人间的法律和经济关系①。产权以所有权为中心，而所有权以单独所有为基本原则，但现实中存在着诸多人共同所有的情况。多人共有产权按照大陆法系传统民法理论可以分为总有、合有、共有等三种形态。其中，总有是指财产的管理、处分权能属于集体，成员享有使用、收益的权能的一种所有形态②，在三种形态中其团体性最强，是对集体产权的各项权能进行了纵向的、质的分割，成员个人的权利要受到集体的规制和制约。合有是基于共同的目的、在一定的期间内共同利用所有物的一种形态。共有是共有者拥有明确的份额，虽互相牵制、制约，但没有其他共有者的同意也可以转让自己的份额的一种形态。与总有和合有相比，共有的团体性最弱、个人主义最强。

中国农村的集体所有权是多人共同所有的一种所有形态，关于其性质学界存在着诸多争议。自20世纪80年代开始有学者主张劳动群众集体是法人，集体所有权是法人所有权③。到了90年代这成为学界的通说④。但2000年以后，学界的观点发生了转向，越来越多的学者认为集体所有权的形态为总有或者新型总有⑤，日渐成为学界的有力学说⑥。与此同时，法律上关于农村集

---

① 参见蒋红军、肖滨《重构乡村治理创新的经济基础——广东农村产权改革的一个理论解释》，《四川大学学报》（哲学社会科学版）2017年第4期。

② 参见我妻荣等『我妻・有泉コンメンタール民法総則・物権・債権（第3版）』日本評論社2013年版，第458页。

③ 例如，佟柔主编《民法概论》中国人民大学出版社1982年版，第111页；王作堂等编著《民法教程》，北京大学出版社1983年版，第68页；李由义主编《民法学》，北京大学出版社1988年版，第216页等著作中持此观点。

④ 《中华法学大辞典》（民法学卷）中认为，农村集体所有权的主体不是农村集体组织的成员，而是农村集体组织，各集体经济组织具有法人资格［参见佟柔主编《中华法学大辞典》（民法学卷），中国检察出版社1995年版，第334页］。

⑤ 参见韩松《我国农民集体所有权的享有形式》，《法律科学》（西北政法学院学报）1993年第3期。

⑥ 例如，梁慧星《中国物权法草案建议稿：条文、说明、理由与参考立法例》，社会科学文献出版社2000年版，第271页；渠涛《民法理论与制度比较研究》，中国政法大学出版社2004年版，第377—378、402页；孟勤国《物权法如何保护集体财产》，《法学》2006年第1期；小川竹一「中国集団の土地所有権と総有論」島大法学2006年49巻4号，第37—90页；小川竹一《中国集体土地所有权论》，牟宪魁、高庆凯译，《比较法研究》2007年第5期；韩松《论总同共有》，《甘肃政法学院学报》2000年第4期；李永燃、李永泉《我国农民集体土地所有权的性质与构造——以日本民法上的入会权为借鉴》，《西南交通大学学报》（社会科学版）2010年第4期等论文、著作中都对此有所论述。

体所有权的规定也发生了数次变化。《中华人民共和国物权法》（以下简称《物权法》）制定之时，有提案认为集体所有权的构造应该"参考总有理论"[1]。最后《物权法》第59条第1款中用了"成员集体所有"这一说法，采用了与总有相类似的立场[2]。但之后在《中华人民共和国民法典》（以下简称《民法典》）起草过程中对于集体所有权的性质界定存在诸多争议，主要是聚焦于"总有说"和"法人说"。最终2017年施行的《中华人民共和国民法总则》（以下简称《民法总则》）第99条规定，农村集体经济组织依法取得法人资格，意味着农村集体所有权的改革将向法人化的方向发展。并且2018年修订之后的《中华人民共和国农村土地承包法》（以下简称《农村土地承包法》）将农村土地"三权分置"的制度法制化。因此，从最新立法动向来看，集体所有权的性质呈现由总有向共有转变的趋向。

产权与治理的关系是学界关注的重要问题。随着集体产权改革的不断深入，学界有关集体产权与乡村治理关系的研究成果颇多，根据研究的侧重点的不同可以大体归为以下三类。

一是自治动因论，此类观点认为产权制度影响自治动力。例如，唐贤兴认为农民个人产权的成长和自由的增多，使农民、农村社会、国家之间的关系发生了重大变化[3]。徐勇认为农民相对独立的经济利益是村民自治产生并持续运作的基本动因[4]。项继权认为乡村产权结构与治理结构的关联不仅决定于财产的所有权和占有权的性质，也受制于产权的存在形式及财产的经营和使用方式[5]。吴晓燕认为不同的产权安排形塑了产权所有者不同的自主性与权力空间[6]。邓

---

[1] 参见梁慧星《中国物权法草案建议稿：条文、说明、理由与参考立法例》，社会科学文献出版社2000年版，第271页。

[2] 参见王利明、周友军《论我国农村土地权利制度的完善》，《中国法学》2012年第1期。

[3] 参见唐贤兴《产权与民主的演进：当代中国农村政治调控的变化》，《政治学研究》1997年第3期。

[4] 参见徐勇《中国农村村民自治》增订本，生活·读书·新知三联书店2018年版，第85、128—129页。

[5] 参见项继权《集体经济背景下的乡村治理：南街、向高和方家泉村村治实证研究》，华中师范大学出版社2002年版，第368、388页。

[6] 参见吴晓燕《农村土地产权制度变革与基层社会治理转型》，《华中师范大学学报》（人文社会科学版）2013年第5期。

大才等认为产权改革促进村民自治的有效实现[1]。张佩国等认为土地产权改革给农村基层治理带来了契机[2]。李增元认为深化改革、重构新型农村集体产权制度是走出当代农村社区治理困境的重要途径[3]。印子认为集体产权变迁与基层治理结构之间并非线性的因果逻辑，反而呈现出复线的循环关联[4]。

二是权力结构论，此类观点认为产权结构影响权力结构。例如，项继权认为集体经济的发展会使社区公共权力的配置及运作方式发生变化[5]。邓大才认为村庄的权力结构是由产权的集中性、稳定性决定，产权集中性和稳定性的不同组合形成不同的村庄权力结构和治理模式[6]。袁方成认为农村生产资料的所有权制度决定和支配着乡村社会和社区整个产权结构及权力结构[7]。陈柏峰认为土地制度改革是一个农村各阶层利益的再分配与重组过程[8]。王德福等认为土地流转可能导致村庄社会结构进一步瓦解，对基层治理、农村秩序的稳定造成不利影响[9]。

三是经济基础论，此观点认为产权制度是乡村治理创新的经济基础。例如，唐贤兴认为由农村承包责任制到股份合作制的发展过程中，农民产权主体的地位确立，自由度也增大[10]。蒋红军等认为农村产权制度决定着多元治理

---

[1] 参见邓大才、张利明《规则—程序型自治：农村集体资产股份权能改革的治理效应——以鄂皖赣改革试验区为对象》，《学习与探索》2018年第8期。
[2] 参见张佩国、徐晶《乡村产权实践与基层治理困境——基于沪郊农村调查的反思》，《探索与争鸣》2014年第5期。
[3] 参见李增元《集体产权背景下的农村社区治理：困境及出路》，《理论与改革》2014年第2期。
[4] 参见印子《农村集体产权变迁的政治逻辑》，《北京社会科学》2018年第11期。
[5] 参见项继权《集体经济背景下的乡村治理：南街、向高和方家泉村村治实证研究》，华中师范大学出版社2002年版，第368、388页。
[6] 参见邓大才《产权发展与乡村治理：决定因素与模式——以粤、湘、鄂、鲁四村为考察对象》，《中州学刊》2014年第1期。
[7] 参见袁方成《治理集体产权：农村社区建设中的政府与农民》，《华中师范大学学报》（人文社会科学版）2013年第2期。
[8] 参见陈柏峰《土地流转对农民阶层分化的影响——基于湖北省京山县调研的分析》，《中国农村观察》2009年第4期。
[9] 参见王德福、桂华《大规模农地流转的经济与社会后果分析——基于皖南林村的考察》，《华南农业大学学报》（社会科学版）2011年第2期。
[10] 参见唐贤兴《产权与民主的演进：当代中国农村政治调控的变化》，《政治学研究》1997年第3期。

主体的行动空间和行动策略,是乡村治理创新的重要经济基础[①]。黄宗智等认为适度规模的家庭农场对传统小农经营的替代具有重建社区的作用[②]。陈荣卓等认为产权改革中构建的社区腐败治理机制,有利于强化农民集体土地所有权和集体经济监督权[③]。王敬尧等认为集体产权的改革会带来村庄治理主体变迁,是一个村庄治理结构重塑的过程[④]。

通过以上梳理可以看出,有关集体产权的争论在理论上发生了重大转向。在实践中随着法律的修订和改革试验的推进,农村集体产权的产权结构也将发生重大变化,产权权能将进一步拓展,势必会给农村治理带来巨大的冲击。目前,学界虽然从多角度对产权与乡村治理的关系进行了探索,但是很少有研究从权能拓展层面考察治理的效应。基于此,本章主要围绕权能拓展将会带来怎样的治理效应这一问题展开讨论。

第一节 "纵—横"产权结构的重构及成员权利的变化

农村集体资产股份权能改革后,集体产权的产权结构被重构,由原先纵向的、质的分割的产权结构变为横向量化与纵向分置相交错的产权结构,实现了由总有向共有的产权结构变化。"纵横交错"产权结构导致集体成员的权利随之发生变化。

1949年以后,经过互助组、合作社、人民公社等几个阶段,逐渐在中国农村社会建立起了形式上类似于总有团体的共同体。20世纪80年代后,在全国范围内逐渐确立了农村土地承包经营制,形成了"两权分离"的产权结构。集体成员对土地等集体财产,在不可分割的共同占有基础上,通过承包经营

---

① 参见蒋红军、肖滨《重构乡村治理创新的经济基础——广东农村产权制度改革的一个理论解释》,《四川大学学报》(哲学社会科学版)2017年第4期。
② 参见黄宗智、彭玉生《三大历史性变迁的交汇与中国小规模农业的前景》,《中国社会科学》2007年第4期。
③ 参见陈荣卓、刘亚楠《农村集体产权改革与农村社区腐败治理机制建构》,《华中农业大学学报》(社会科学版)2017年第3期。
④ 参见王敬尧、王承禹《农地制度改革中的村治结构变迁》,《中国农业大学学报》(社会科学版)2018年第1期。

方式实现个人权利。集体产权的管理处分权能与使用收益权能实现了纵向的分割。学界的主流观点认为这样的产权结构是"总有权或者新型总有权"。2015年后，第一批农村集体资产股份权能改革试验区通过权能重构使过去农村集体资产的产权结构由"总有"变为"共有"。首先，通过清产核资彻底清查集体所有的资产，明晰了集体产权的边界和范围并登记造册。其次，根据本村实际情况，经过民主决策界定成员资格，明确资产共有者的人数和基本情况。第一批的29个试验区以生存保障为基本原则，确定集体产权共有者的范围。最后，股权量化明确各成员的份额。村集体向成员颁发股权证书，作为成员按份共有集体资产、参与管理决策和进行收益分配的凭证[1]。权能重构之后集体所有权由"总有权或者新型总有权"变为成员的"共有权"。

一方面，总有到共有的产权结构变化，最显著的影响是扩大了集体成员的自主支配权。支配权是直接对其客体予以作用，并排除他人干涉的权利[2]。所有权是最完全的物权，是指所有权人在法律限制的范围内，对于所有物为完全支配的物权，也被称为全面支配权[3]。总有到共有的产权结构变化，扩大了集体成员的自主支配权，主要表现在以下两个方面。一是集体资产被横向量化之后，集体成员明确了自己的份额，获得了"接近所有者"的权利，可以在法律允许的范围内，行使对持有份额的自主支配权。二是集体资产的权能被纵向分置，成员可以在法律允许的范围内行使对自己股份的管理处分权。全国第一批29个集体资产股份权能改革试验区中有28个赋予了农民对集体资产股份的占有、收益、有偿退出及继承权。其中，有18个试验区还赋予了农民对集体资产的抵押权和担保权。另外，新修订的《农村土地承包法》为集体资产的权能纵向分置提供了法律保障。例如，第17条规定承包方可以依法互换、转让土地承包经营权，依法流转土地经营权；第36条规定承包方可以自主决定依法采取出租（转包）、入股或者其他方式向他人流转土地经营权。可见，"总有到共有"的产权结构变化意味着农民实际控制部分经济资源，享有独立的利益，其自由支配权明显扩大。

---

[1] 天津市宝坻区、山西省潞城市、辽宁省海城市、上海市闵行区、福建省闽侯县等试验区的改革试点方案都对此做了相关规定。
[2] 参见王泽鉴《债法原理》第1册，中国政法大学出版社2001年版，第8页。
[3] 参见梁慧星、陈华彬《物权法》第6版，法律出版社2016年版，第113—115页。

另一方面，产权的权能重构之后，成员与集体财产之间有了直接的利益关系，增加了成员参与集体事务的动力，而贯穿其中的规则为成员参与集体事务的管理提供了有力保障。首先，有效利益是有效自治的必要条件[1]。村民只有通过集体获取了利益、更好地满足利益要求，才会对自治组织产生向心力[2]，愿意参与集体事务。集体产权的横向量化明确了成员的份额，成员可以股东身份参与集体资产的管理、处分，使农民与集体的关系从利益相关迈向了利益对应，进而通过固化到户、静态管理实现了利益永享[3]。利益引导下增加了集体成员参与集体事务的动力。其次，利益引导下促进了民主权的拓展。民主跟着利益走，民主实际上是一种利益保障和均衡机制[4]，股权配置促进了集体成员民主权的实现。通过权能重构，集体成员成为股权持有者，在利益的激励下，以股东身份参与集体事务的决议、监督集体事务的执行。再次，权能重构的每个步骤都制定有严格的规则，充分保障成员的民主参与。权能重构的过程需要全体成员的共同参与，在整个过程中依靠既定的规制，成员可以行使选举权，参与选举集体经济组织的相关管理机关。最后，成员具有决策权，可以参与集体的各项决策。例如，清产核资的结果经集体经济组织成员大会三分之二以上成员讨论通过；股东界定是按照群众认可的原则，经村民大会或村民代表会议表决通过后张榜公布；股权设置由村集体经济组织成员大会讨论决定。

第二节　集体产权的功能转向及其成员权利的实现

权能重构之后集体产权的功能发生了较大的转变。最重要的变化是由以"利用"为中心转变为以"所有"为中心，更加重视公平。权能重构之前，

---

[1] 参见邓大才《利益、制度与有效自治：一种尝试的解释框架——以农村集体资产股份权能改革为研究对象》，《东南学术》2018年第6期。

[2] 参见徐勇《中国农村村民自治（增订本）》，生活·读书·新知三联书店2018年版，第85、128—129页。

[3] 参见邓大才《利益、制度与有效自治：一种尝试的解释框架——以农村集体资产股份权能改革为研究对象》，《东南学术》2018年第6期。

[4] 参见徐勇《基层民主：社会主义民主的基础性工程——改革开放30年来中国基层民主的发展》，《学习与探索》2008年第4期。

集体成员在不可分割、共同所有基础上，以户为单位承包经营本集体的土地。通过权能的纵向分割，以"利用"为中心实现成员个人的利益。但是在此种产权结构之下，重视集体资产的"利用"关系，却忽视了"所有"关系。作为集体资产的所有权主体的农民集体，其内涵和外延都不明确。权能重构之后，"总有或者新型总有"的产权结构转变为"共有"，在维持集体土地所有权的基础上，通过股份量化明确了成员的份额，以"所有"为中心实现个人权利。

另外，权能的纵向分置引入了市场机制，使集体产权在重视公平的同时兼顾效率。制度设计必须兼顾公平性和效率性这两个要件①。总有权的产权制度安排是为了保障团体成员的共同生存，成员的权利具有公平性，但不利于财产的最大化利用和财产流转。总有权的权能结构强调土地是一种优先保障社会大众平等生存的社会性资源，其蕴含着保障生存的社会公平价值理念②，更多的是强调政治上的公平，而非经济效率。而权能重构后总有权变为共有权，进而通过权能的纵向分置剥离了困在集体产权上的成员权，并召回了市场机制，兼顾了公平、效率这两大要件。

"公平—效率"导向下集体成员自主支配权的内涵和实现方式发生变化。权能重构后使集体成员以"所有"为中心实现自己的权利，行使自主支配权。股份持有者可以"所有者"的身份，在法律允许的范围内管理、处分自己的所持份额。另外，成员个体逐渐突破"家户"团体的限制，可以行使自己对集体财产份额的支配权。土地承包经营权的初始取得采取了以农户为单位的方式，成员的权利隐蔽在"户"这一"团体"之中。但通过集体产权的权能重构，集体资产被折股量化到成员个人，并且修订后的《农村土地承包法》③为此提供了法律保障。成员的自主支配权将逐渐突破"家户"团体的限制，向个体化的方向发展。

权能重构后集体成员可以利用市场机制追求自身利益的最大化，而市场机制的引入使农村社会由封闭变开放，集体成员参与权的广度随之增加。产

---

① 参见平井宜雄『法政策学——法制度設の理論と技法（第2版）』有斐閣1995年版。
② 参见黄鹏进《农村土地产权认知的三重维度及其内在冲突——理解当前农村地权冲突的一个中层视角》，《中国农村观察》2014年第6期。
③ 修订后的《农村土地承包法》第16条规定，农户内成员依法平等享有承包土地的各项权益；第24条规定，土地承包经营权证或者林权证等证书应当将具有土地承包经营权的全部家庭成员列入。

权是以所有权为核心的一束权利,所有权的功能在于保障人们为了获得较高的收益的预期而充分利用资源①。随着经济社会的不断发展,人们对物的利用呈现出多层次化的需求。权能重构之后,集体成员可以"所有者"的身份,在法律允许的范围内通过转让、赠予、抵押、担保、继承等方式管理处分自己的股份。新的利益主体随之与村庄发生联系,使乡村治理的内容由封闭变开放,治理对象多样化、复杂化,集体成员参与权的广度也将随之增加。

"公平—效率"功能导向下形成了多元、多层次的利益结构,导致民主权的内容出现分化。其中一个表现是所有权者与利用权者的民主权的区别更加明显。集体成员可以基于成员身份参与集体的民主决策,而非集体成员虽然可以基于股权的受让获得收益分配权,但对集体经济组织内的相关事务不享有民主表决权,在村庄内也不享有选举权和被选举权。另一个表现是政治和经济方面的民主权由合一逐渐分离。权能重构之后,市场机制的引入使村庄治理方面政治与经济事务的分化将日益明显。一般情况下,村民和集体经济组织成员是包含关系,集体经济组织成员是村民的一部分,村民不一定是集体经济组织成员。所以,村民有可能只享有基于政治资格的自治权,但不享有经济方面的参与、决策权。

第三节 "规则—程序"的构建及其成员权利的保障

集体产权权能重构的过程中制定了一系列的规则和程序,不仅保证了权能重构过程的顺利进行,也形塑了"规则—程序"型自治②,为成员权利的实现提供了有力保障。

集体产权权能重构的每一步骤都制定有详细的规则和程序,构成了有效自治的基本框架和规范。在改革的开始阶段,中央和省市的相关部门出台框

---

① 参见李国强《所有权的观念性——近代私法上所有权的历史性格》,《现代法学》2009年第4期。

② 参见邓大才、张利明《规则—程序型自治:农村集体资产股份权能改革的治理效应——以鄂皖赣改革试验区为对象》,《学习与探索》2018年第8期。

架性的指导规则，各个试验区据此制定具体的执行性规则。例如，2014年，农业部制定《积极发展农民股份合作赋予农民对集体资产股份权能改革试点方案》。2016年，中共中央、国务院根据试验区改革的开展情况发布了《关于稳步推进农村集体资产制度改革的意见》，对集体产权改革的基本原则、目标、实施方案等做了进一步的规定。在中央的指导规则之下，各省市也出台了相关政策。各个试点区县市根据中央和部、省的指导性规则，相继制定了改革试点的总体性方案以及具体工作的执行性规则。在改革的推进阶段，各个村庄结合本村的实际情况，通过村民的民主讨论、民主表决制定具体的改革细则和规则。之后，集体产权权能重构的每个步骤的实施严格按照民主决议达成的"规则—程序"进行。

"规则—程序"的规制保障了成员的参与权，促进了成员民主权的充分行使和有效拓展。民主是一种公共权力的制度安排，在这种制度安排中，人们有平等参与公共事务决策和管理的权利[1]。民主作为一种公众参与性活动，必须根据一定规则和程序运作，没有规则，民主就无法正常运作；程序不完备，民主亦难以真正实现[2]。集体产权的权能重构是严格按照既定的规则和程序进行的。改革之初，中央和部、省制定指导性规则，各试验区相继制定清产核资、成员界定、股权配置等具体工作的执行性规则，各个村庄结合本村的实际情况，通过民主讨论、民主表决制定具体的实施细则和规则。改革中，每一步骤都按照既定的程序和规则推进。规则和程序贯穿始终，是成员参与权和民主权有效实现的重要保障。

法人的治理规则和程序保障了成员权利的实现。《民法总则》第99条规定农村集体经济组织依法取得法人资格。根据中央和各省制定的指导性规则以及各地的执行规则，将集体资产进行拆股量化的村庄要建立与股份合作制产权制度相适应的集体经济组织法人治理结构。从实际情况来看，股份合作社法人是多数村庄的改革方向[3]。集体经济组织成员基于股权量化成为股东，

---

[1] 参见项继权《集体经济背景下的乡村治理：南街、向高和方家泉村村治实证研究》，华中师范大学出版社2002年版，第368、388页。

[2] 参见徐勇《中国农村村民自治（增订本）》，生活·读书·新知三联书店2018年版，第85、128—129页。

[3] 广西壮族自治区梧州市长洲区、福建省闽侯县、重庆市梁平县、四川省成都市温江区、陕西省西安市高陵区、天津市宝坻区等改革试验区的实施方案中都对此做了规定。

而全体股东组成的股东大会是集体经济组织的最高权力机构,负责决定各项重大事项。通过股东大会,集体成员可以参与集体事务的决策和管理。另外,股东大会选举产生的理事会,负责执行集体的各项决议。监事会负责监督各项集体事务的开展。这样的机构设置不仅保障了成员参与权与民主权的实现,还可以通过股东大会间接地实现成员对自己份额的支配权。由此可见,在法人的治理结构中,集体成员以股东身份可以参与集体经济组织法人的决策、管理和监督等各个方面。可以说,法人治理结构为集体成员自主支配权、参与权和民主权的实现提供了机制保障。

综上所述,随着学说的转向和法律的修订,实践中农村集体产权改革也在不断推进。试点结束后,农村集体资产股份权能改革也即将在全国范围内推开。那么,权能拓展将会带来怎样的治理效应?通过本章的考察可以看出,集体产权的权能重构对农村治理体系形成了巨大的冲击。集体产权结构的变化改变了以前"人人有份,而又人人无份"的状况,股份的横向量化加上权能的纵向分置,集体成员自主支配权扩大。产权结构的变化进而导致由公平到效率的功能转向。"公平—效率"功能导向下集体成员自主支配权的内涵和实现方式发生转变。集体成员参与权的深度、广度不断增加。民主权的内容出现分化。另外,集体产权权能重构的过程中制定了一系列的规则和程序,为集体成员权利的实现提供了机制保障。可以说,利益、规则和程序是影响产权治理效应的三个重要因素。其中,利益是诱因,是引导人们参与治理的动力因素。规则和程序相辅相成,是实现有效治理的保障因素。

深化改革、重构新型农村集体产权制度,充分利用集体产权权能重构的自治效能和治理效应,是走出农村治理困境的重要出路,但权能拓展的治理效应的发挥有一定的限度。如本章所述,在"总有"的产权结构下,强调土地是一种优先保障社会大众平等生存的社会性资源,其蕴含着保障生存的社会公平价值理念,更多的是强调政治上的公平,而非经济效率。在"总有"团体内,成员之间获得形式上的平等,拥有平等的参与权和民主权,但自主支配权受到集体的严格控制,个人受制于集体。而在"总有"的产权结构下,集体的规制减弱,个人的自主支配权增加。公平和效率是制度制定中应重视的两大要件。集体所有权重公平,而股份化重效率,如何处理集体所有权的坚持与股份化改革之间的关系尤为重要。重公平轻效率的功能导向,会使集体成员的自主支配权受到挤压。而若无集体管制,放任成员个体追求利益的最大化，即重效率而轻公平，虽然成员的自主支配权扩大，但参与权与民主权难以实现。既不重公平也不重效率会产生较差的治理效应，集体成员的自主支配权、参与权和民主权都将难以实现。相反，重视公平的同时兼顾效率，即在"公平—效率"导向下，会产生相对较好的治理效应。因此，在权能拓展中应兼顾公平与效率这两大因素，并应重视利益的诱导作用，以及规则、程序的保障功能。只有这样才能在坚持集体所有的前提下，通过权能拓展发挥更好的治理效应，走出农村治理的困境。本章的探讨主要关注的是集体产权的权利结构的变化。但集体产权制度改革的影响不止如此，随着改革的深入，也必然会对集体成员权的结构和内容产生重大冲击，这也是本书将要继续探讨的重要问题。

第四章
农村集体成员权的权利结构与功能实现[*]

  党的十八届三中全会强调建立一个拥有明确权属、流畅流转和严格保护特征的现代产权制度。近期，全国范围内实施的集体产权制度改革，通过激活土地承包经营权中蕴含的财产功能，实现了政治与社会保障功能的有效转化，标志着一次重大的创新和飞跃。此项改革不仅会对集体产权的结构和功能带来深远的影响，而且代表了继土地改革、集体化、家庭联产承包制之后的第四次重大变革已经在全国范围内展开。此项改革目前已覆盖全国约80%的县（市、区），影响着9亿农民和数万亿元集体资产。这一体制创新的广泛性和深远性不言而喻。此次集体产权改革的核心在于权能的重新构建，它不仅是一次对农村治理体系的深刻变革，也极大地扩展了集体成员的自主决策权。如前章所述，通过股份制的横向量化和权能的纵向分置，集体产权结构从共有向股份制转变，实现了从公平导向到效率导向的功能转变。在"公平—效率"功能导向下，集体成员的自主支配权、参与权的内涵和实现方式，以及民主权的内容都经历了显著的变化和扩展，为农村治理体系的创新开辟了新的道路。然而，改革实践中也暴露出一些问题。例如，在强调权利的同时忽视了责任，导致集体成员权的结构出现了分化。尽管财产性权利作为自益权的实现得到了加强，但集体责任承担作为共益权的实现却面临困难。在集体产权改革的背景下，如何平衡集体成员的自益与共益，确保集体成员权功能的全面实现，成为亟须解决的关键问题。

---

  [*] 本章以《产权改革背景下农村集体成员权的权利结构与功能实现》为题，发表于《华中农业大学学报》（社会科学版）2021年第3期。

作为一项前所未有的重大改革，集体产权制度的变革必将对集体成员权的权利结构和功能实现产生深远的冲击和影响。因此，本章将深入探讨在集体产权改革过程中如何有效减少自益权与共益权之间的张力，以及如何保障集体成员权功能的全面实现，旨在为农村治理体系的优化提供理论依据和实践指导。从整体来看，关于产权界定的作用，学界从理论和实践两个维度深入论证了产权越清晰就越有效率这一规律，认为产权的一个主要功能是外部性的内在化激励，清晰的产权界定可以降低交易费用，使资源配置实现最优[1]。经济的发展关键在于有效率经济组织的出现，而产权确立和明晰化则是有效率组织得以出现的前提[2]。财产是自由的保证[3]，无论是财产权还是公民权都不能单独成为人的本质，只有两种权利之间建立联结才可能更好地实现人的现代性[4]，产权的清楚界定是资源有效配置的基础。没有清晰的产权界定，就无法进行顺畅的市场交易，也就无法有效地配置资源[5]。从理论上看，关于产权功能和集体成员权的结构学界对以下三点已基本达成共识。一是明晰产权可以使资源配置实现最优，二是集体产权改革促进了集体成员权的实现，三是集体成员权包含自益和共益两大功能。但从改革实践看，产权的明晰并未产生明显的参与效应，农民对集体事务冷漠参与的态度直接影响了产权改革的效果和集体成员权功能的发挥。如何在集体产权改革过程中塑造"自益兼及共益"的集体成员权是当前亟须在理论和实践中探讨的重要问题。

第一节 扩权赋能之下成员权的内容分化

农村集体成员权是农村土地公有公用阶段的产物，在"人地同体"背景之下，集体成员的财产性权利与身份性权利未出现明显的分离。随着"人地

---

[1] 参见钱龙、洪名勇《农地产权是"有意的制度模糊"吗——兼论土地确权的路径选择》，《经济学家》2015年第8期。

[2] 参见［美］道格拉斯·诺斯、罗伯斯·托马斯《西方世界的兴起》，厉以平、蔡磊译，华夏出版社2009年版，第4页。

[3] 参见［美］詹姆斯·布坎南《财产与自由》，韩旭译，中国社会科学出版社2002年版。

[4] 参见佟德志《西方财产权与公民权矛盾结构的历史与逻辑》，《天津社会科学》2014年第3期。

[5] 参见刘守英、路乾《产权安排与保护：现代秩序的基础》，《学术月刊》2017年第5期。

分离"现象的增多，集体成员权的内容开始出现分化。特别是大力推行的集体产权改革对集体成员权的结构和内容产生重大冲击，集体成员权内容的分化日趋明显。

一 农村集体成员权的双重属性

农村集体成员权具有身份性和财产性的双重属性，是包含自益与共益两方面功能的复合性权利。从宏观层面放大到国家角度，财产性权利和身份性权利从经济与政治两个方面规定了人权的基本结构，既体现了人们在经济领域的地位，也规定了公民在政治领域内的基本资格[1]。其中，私有财产权是一种最为基本的个人权利，如果公民不拥有私有财产权，那么拥有的只是特权而不是权利[2]。从微观层面缩小到农民集体角度，集体成员权是农民基于集体成员的身份资格，在集体财产、事务等方面所享有的各种权利的统称。

首先，农民集体成员权的身份性特征要求成员在集体中享有权利的同时，承担基于成员身份的责任。20世纪50年代，农业合作社运动中农民通过土地、农具等向合作社出资成为最初的集体成员。人民公社成立之后，原合作社的社员成为公社社员，此后入社不再是以出资为主要条件，而是以婚姻、出生等为依据。此阶段集体财产的权利人与集体责任的承担者基本一致。人民公社解体之后，开始实行以户为单位的家庭承包责任制，从集体获得承包地、分配征地补偿款、参与集体福利的分配都是以集体成员资格为前提。但集体土地的所有权与用益物权相分离，集体财产的权利主体与集体事务的责任主体不再完全重合。

其次，以财产性权利为主要内容的自益权是农村集体成员权利的核心，也是实施集体土地所有制的目标，主要是指集体成员依据集体的财产分配方案从集体取得财产、财产权利或者福利的权利[3]。例如，依据集体的土地承包经营方案取得土地承包经营权；按照宅基地分配方案取得宅基地使用权等。无论是《物权法》颁布前各地普遍施行的"大稳定、小调整""三年一小调、五年一大调"的承包地调整政策，还是《物权法》颁布后"人增地不增，人

---

[1] 参见佟德志《西方财产权与公民权矛盾结构的历史与逻辑》，《天津社会科学》2014年第3期。
[2] 参见蒋永甫《西方宪政视野中的财产权研究》，中国社会科学出版社2008年版。
[3] 参见韩松《论农民集体土地所有权的集体成员受益权能》，《当代法学》2014年第1期。

减地不减"的土地调整方式，或者集体产权改革后的土地股份制，其共同目标都是满足农民的生存所需，实现集体成员自益、自利的目的①。可以说，集体土地所有权的社会保障功能大于经济功能②。成员的财产性权利是以具有集体成员身份为前提，也是集体产权社会保障功能的重要体现。

最后，以承担集体责任为主要内容的共益权是实现集体成员自益权的重要保障。集体成员权兼具自益和共益两方面的功能，二者相辅相成，共同实现集体成员权的功能和目标。农村集体成员权中的自益权能是核心，多属于实体性权利；而以身份性权利为主的共益权主要是指参与管理的权能，多属于程序性权利③。集体成员基于成员资格享有对于集体财产受益权的同时，通过集体内部法定的或者惯行的程序、规则，承担集体事务的决策、管理方面的责任，实现集体成员权共益的功能④，既有利于集体财产的有效管理和增值保值，又会促进集体成员权自益功能的发挥⑤。

二 农村集体成员权内容的分化

农村集体成员权是农村土地公有公用阶段的产物。如表4-1所示，1949年以后，在户籍制度和土地制度等多方面因素的作用下，农村社会经历了"人地同体"到"人地分离"的变化过程。在合作化时期集体成员既没有退出权，也无法加入其他集体，"人地同体"程度高，集体成员的身份性权利与财产性权利尚未明显分离。在"集体至上"的理念之下，财产性权利受到集体的严格制约，成员的自益权未受重视。

---

① 参见曹正汉《土地集体所有制：均平易、济困难——一个特殊村庄案例的一般意义》，《社会学研究》2007年第3期。
② 参见温铁军《农地制度安排与交易成本》，《读书》2004年第9期。
③ 参见[日]松冈义正口述《民法总则》，熊元楷、熊元襄、何勤华编，上海人民出版社2013年版。
④ 自益权与共益权之间的界限并不是绝对的，某些共益权是作为自益权的手段而行使，从而导致此种权利兼具自益权和共益权的特点。例如，成员之间的互惠权、查阅会计账簿权、要求公布本集体财产状况权等，不仅是成员行使其监督权利的表现，也是成员保护个人利益不受侵犯的表现，这样的权利行使兼及自益和共益两方面的特征。
⑤ 参见王雷《农民集体成员权、农民集体决议与乡村治理体系的健全》，《中国法学》2019年第2期。

表 4-1　　　　　　　　　集体成员权的内容与结构变迁①

年份	1949—1955	1956—1957	1958—1983	1984 年至今
人地关系	以自然原因为主的人地同体		国家强制力规制下的人地同体	多重因素下的人地分离
土地制度	私有私用	公私混合	公有公用	公有私用
户籍制度	初步形成		严格限制	规制放缓
资格认定	惯行	惯行+户籍	户籍	户籍为主
权能分割	一权统一			两权分离到三权分置
权利内容	财产性权利受到制约			财产性权利增强
权利结构	自益权与共益权未明显分离			自益权与共益权逐渐分离

20 世纪 80 年代开始以户为单位实行家庭承包责任制，土地所有权和承包经营权两权分离。其中，土地承包经营权、宅基地使用权均具有明显的身份属性，是成员财产性权利的基础和主要来源。经过改革，农民获得了从集体土地所有权中分离出的承包经营权，同时也逐步获得了离开土地的自由。加之，户籍的束缚越来越小，很多农民常年外出务工或者举家长期生活在城镇。家庭承包责任制的实施促进了人口的流动，而这种前所未有的单向度社会大流动使"人地分离"的现象日益显著，传统小农经济体制走向解体，农民与土地渐行渐远②。在此背景下，"人地分离"现象日益明显，集体成员的身份性权利与财产性权利开始分化。

近年来，"三权分置"改革和集体产权改革对集体成员权的权利结构产生重大冲击。土地承包经营权被分割为基于成员身份的承包权和以实现财产功能为目的的经营权，可流转的是土地财产性权利③。同时，集体产权改革丰富

---

① 本表由笔者自制。
② 参见朱冬亮《农民与土地渐行渐远——土地流转与"三权分置"制度实践》，《中国社会科学》2020 年第 7 期。
③ 参见陈锡文《关于解决"三农"问题的几点考虑——学习〈中共中央关于全面深化改革若干重大问题的决定〉》，《中共党史研究》2014 年第 1 期。

了成员权利的内容，大部分试验区赋予了成员抵押、担保、有偿退出及继承等方面的权利[1]。通过扩充集体成员的权能，使其具有更多的选择，可以根据自身的需要确定土地的经营方式和土地收益的分配办法。同时，集体成员权的结构和内容呈现出复杂化的趋势，财产性权利与身份性权利明显分离，且两者之间的张力越来越大，势必影响成员权功能的发挥。

第二节　自益权的拓展与共益权的困境

如上所述，扩权赋能给集体成员权的内容和结构带来巨大冲击。集体内权利主体与责任承担主体不一致的情况越来越多，导致成员共益权的实现陷入困境。

一　成员自益权的拓展

根据为谁的利益而设可将权利分为共益权和自益权，后者指成员为自己利益而行使的权利。权利在本质上是法律保障主体能够依法实现利益的意志自由，这一本质的外化形式就是权能，不存在无权能的权利，也不存在离开权利的权能[2]。农民集体成员的自益权主要包括土地承包经营权、宅基地使用权、征地补偿分配权、生产经营设施使用权、分红权等财产性权利。其中土地承包经营权是其最主要的内容。1949年以来，农村集体土地所有权经历了"一权统一"到"两权分离"、再到"三权分置"的变迁过程。集体成员身份的界定和股权的设置与管理，亦即成员权的获得和财产权能的实现是集体产权改革的两大重点。农村集体产权改革使集体产权由原先"总有"的产权结构变为"共有"的产权结构，成员权利也随之发生变化[3]。其中，最显著的变化是成员自益权的拓展。主要表现在以下两个方面。

---

[1] 参考华中师范大学中国农村研究院收集、整理的有关农村集体产权改革的评估资料，以及农业部农村经济体制与经营管理司《全国农村集体资产股份权能改革试点工作交流座谈会材料汇编》（2016年11月汇编，未刊稿）。

[2] 胡凤：《三权分置背景下土地承包经营权的分离与重构》，《西北农林科技大学学报》（社会科学版）2017年第3期。

[3] 肖盼晴：《从总有到共有：集体产权权能重构及治理效应》，《财经问题研究》2020年第2期。

一方面是集体成员财产性权利的明确。集体产权改革中通过清产核资、成员界定和股权量化等步骤使权能细化、权利更加对应，成员收入明显增加。各试验区的普遍做法是通过清产核资明晰集体资产的范围和数量，并登记造册。根据本集体的实际情况，经过民主决策界定成员资格，确定权利人的地位和范围。股权量化明确各成员的份额，赋予农民永久性的股权和分红权利，并向成员颁发股权证书，成为其参与管理决策和进行收益分配的凭证[①]。如上所述，集体产权改革通过明晰集体产权的数量、范围和权利者，清晰的边界和权利关系提高了产权的利用效率，增加了集体成员的财产性收入[②]。

另一方面是集体成员财产性权利的拓展。随着经济的发展和城镇化的推进，农村"人地分离"、土地闲置的现象越来越严重。对此，集体产权改革的主要目标是赋予农民更多的财产性权利，使其从集体所有财产中获得更多的财产性收益。各试验区积极赋予成员占有、收益权；有条件地赋予退出权、继承权，稳慎赋予担保权、抵押权。全国第一批改革试验区中有 28 个试验区赋予了成员对集体资产股份的占有、收益、有偿退出及继承的权利，其中 18 个试验区还赋予了成员抵押权和担保权[③]。产权的权能拓展使成员具有更多的选择，可以根据自身的需要确定土地的经营方式和土地收益的分配办法。

[①] 天津市宝坻区、山西省潞城市、辽宁省海城市、上海市闵行区和福建省闽侯县等试验区的改革试点方案都对此作出相关规定。

[②] 例如，随着改革的推进，至 2017 年，浙江省德清县的数据显示，股金分红经历了显著的增长，从最初的 7 个村庄的 181 万元增至 33 个村庄的 550 万元，实现了 370% 的增长率。在广东省南海区，集体经济的总收入增长达到了 56.9%。同时，广西长洲区的农村集体总资产增长率为 72.5%，其集体经济总收入的增长率也达到了 56.9%，而农民人均纯收入的增长率达到了 32.4%。在云南大理市，2017 年全市农村集体经济组织的经营性收入、发包收入以及投资收益相比 2016 年增长了 5.1%。在山东昌乐县，15 个贫困村在改革完成后，当年便实现了分红，从而基本上实现了贫困户的脱贫目标（参见四川省社会科学院《农村集体资产股份权能改革试点评估报告》，中国农业科学院农业经济与发展研究所《闽、赣、陕、鲁、晋五省农村集体资产权能改革终期评估报告》、农业部农村经济体制与经营管理司《全国农村集体资产股份权能改革试点工作交流座谈会材料汇编》，以上为 2017—2018 年受农业部委托单位所做的集体资产股份权能改革终期评估报告，皆为未刊稿，本书下文不再作特殊说明）。

[③] 除湖南资兴外，其余 28 个试验区赋予了成员对集体资产股份的占有、收益、有偿退出及继承的权利，其中北京大兴、河北承德、辽宁海城、上海闵行、江苏苏州、黑龙江方正、浙江德清、安徽天长、山东昌乐、河南济源、广东佛山、重庆梁平、四川成都、贵州湄潭、西藏曲水、陕西西安、甘肃陇西、新疆沙湾等 18 个试验区还赋予了成员抵押权和担保权（参见农业部农村经济体制与经营管理司《全国农村集体资产股份权能改革试点工作交流座谈会材料汇编》）。

二 成员共益权的困境

共益权属于程序性权利，行使的目的是实现成员对集体责任和义务的承担，例如，决策、监督、大会召集等权利的行使，是为了实现农民集体的有序运转和集体资产的保值增值。集体产权改革以增强成员财产性权利为主要目的，促进了成员自益权的实现。可以说，共益权是实现自益权的途径和保障，自益权是共益权行使的目的和动力。但扩权赋能后，外部主体的介入使集体异质性增加，自益权与共益权之间的张力越来越大，成员的参与、决策和监督等方面的权利行使和责任承担方式受到巨大冲击，最直接的后果是导致成员以身份性权利和责任承担为主要内容的共益权陷入困境。如何缩小自益权与共益权之间的张力，是集体产权改革重塑成员权的权利结构后所面临的新课题。共益权的困境主要体现在以下两个方面。

一是权责错位。集体所有权是一种功能性概念，服务于团体的共同利益，旨在将一定的财产保留在一定范围的共同体内部，为成员提供生活保障[1]。为此，各试验区对于股权多采取"生不增、死不减、可继承"的审慎管理方式。因特殊情况需要调整的，必须经过股东（代表）大会讨论决定，有的试验区明确规定只能集体内流转[2]。随着时间的推移，成员身份性权利与财产性权利分离的现象将会越来越多。首先，股东取得的股份可以继承，但按照《集体经济组织章程》和其他相关规定，继承取得的只有经济方面的分红权，并不承担集体管理的相关责任。其次，在"生不增、死不减"的调整政策下，新取得户籍的人员不一定能获得股东身份。最后，因继承取得的股份在股东权利方面也会相应受到限制，集体中拥有完整股东权的成员会越来越少，权责错位的现象将会日趋严重。

二是权责分离。扩权赋能改革使集体产权的权利主体与集体事务的责任

---

[1] 参见刘连泰、刘玉姿《作为基本权利的集体土地所有权》，《江苏行政学院学报》2015年第1期。

[2] 例如，北京大兴区、内蒙古阿荣旗、江苏吴中区、浙江德清县、广西长洲区、甘肃陇西县、四川温江区、山西潞城市、山东昌乐县、宁夏金凤区、湖北京山市、云南大理市、天津宝坻区等改革试验区，都明确规定了股权静态管理的原则［参见农业部农村经济体制与经营管理司《全国农村集体资产股份权能改革试点工作交流座谈会材料汇编》，中国人民大学评估组《天津宝坻区集体资产股份权能改革试点评估报告》，大理市明确规定股份转让不能突破本集体的范围（四川省社会科学院《农村集体资产股份权能改革试点评估报告》）］。

主体相分离，同一时空内集体财产的权利人与集体事务的管理人不再完全重叠，甚至是不一致的情况越来越多①。例如，福建闽侯县实行"股权托管制"，继承人若非本集体成员，则只享有股份分红的权利，而不承担管理集体事务的责任②。再者，股权转移中受让人的民主权利并没有增加（例如，对于选举仍只有一个投票权），但转让人失去了股东身份，同时也失去了与集体的利益牵连，则会缺乏参与集体事务的动力。另外，对于继承或者赠与的对象，集体成员具有自主决定权，股权可能会越来越集中，也可能会越来越分散。可能会演变为：已转让股份的集体成员退出集体资产的经营管理决策，而有股份收益权的股份受让人因没有集体成员的资格，即使想要实现收益的保增值却无相应的管理权。

第三节 责任型共益与成员权功能的实现

如上所述，集体产权的权能拓展使农民集体由封闭变开放，集体成员权利内容的分化和集体内主体的多元化导致权责错位和权责分离的问题日益突显，使集体成员共益权陷入困境，影响了集体成员权功能的实现。对此，最重要的是实现权利到责任的转变以及责任机制的建立，通过构建责任型共益权，走出当前改革的困境。

一 权利到责任的转变

权利与责任密不可分，享有权利就应该承担相应的责任。集体产权改革重视成员权利的实现，而忽视了集体责任承担的问题，"权利到责任"的转变是集体成员共益权实现的前提和基础。

从空间维度来看，集体产权的权能拓展使集体的开放性和异质性增加，导致同一空间内的权责分离。对此，应按照成员自治的原则界定不同类型的

---

① 参见黄增付《资本下乡中的土地产权开放与闭合》，《华南农业大学学报》（社会科学版）2019年第5期。
② 参考华中师范大学中国农村研究院收集、整理的有关农村集体产权改革的评估资料，以及中国农业科学院农业经济与发展研究所《闽、赣、陕、鲁、晋五省农村集体资产权能改革终期评估报告》。

成员资格，在赋权的同时明确其责任范围。例如，德清县将集体经济组织社员划分为持股社员（社员股东）和不持股社员（社员非股东）两类，把合作社股东划分为社员股东和非社员股东，明确各类主体的权责范围①。另外，应在纵向上对集体成员的身份性权能和财产性权能进行区别，明确集体成员共益权的责任属性及其具体内容。集体成员基于成员资格以自己的利益为目的而行使的股份管理、收益、处分等财产性权利属于自益权，以集体的利益为目的行使的系列权利属于共益权，其本质目的在于通过权利的行使来承担集体责任。如此，即使集体成员突破集体边界转让股份收益权，但保留与其对应的身份性权利，以承担集体内的相关责任（例如选举、决策等民主管理方面的责任）。

从时间维度来看，股权的固化管理与成员的动态变化导致权责错位的情况日趋严重。第一批试验区大多采用静态的股权管理方式，虽然便于管理，但股权固化与成员动态变化之间的矛盾日趋严重。典型问题是新成员的权责难以准确定位。对此，有些试验区实行动静结合的股权管理方式，村集体只实行保障股的动态管理，即单一型股权实行动态管理，复合型股权实行静态管理，并且每隔一段时间对集体成员进行重新审核和备案。动态股权管理模式可能会降低集体资产的利用效率，但可保证新增成员有一份平均份额的股份②。同时，动静结合的股权管理方式可以使一定期间内集体财产的权利主体与责任主体相对应，有效解决成员动态变动所带来的权责错位问题。

二 责任机制的构建

集体产权的权能拓展加强了集体与外部的联系。而外部主体的加入使集体经济组织内出现了成员股东、成员非股东和股东非成员等不同类型的主体，应该分别享有不同内容和不同性质的权利。那么，从权责对等的角度来看，三类主体需承担不同的责任。可以说，责任机制构建是实现"责任型共益"，

---

① 参考华中师范大学中国农村研究院收集、整理的有关农村集体产权改革的评估资料，以及四川省社会科学院《农村集体资产股份权能改革试点评估报告》。

② 对于调整周期和调整方式由各集体的成员民主决定。对此，有的试验区采用与村民委员会的换届周期同步，或者按照以往承包地"三年一小调、五年一大调"的做法，取得了较好的效果。例如，河北双滦区西地村对于股东新增直系亲属五年调整一次；西南营村经全体股东（代表）大会通过五年调整一次。

减小自益与共益间张力的关键之所在。

一是责任意识的激发。选择和参与是影响责任性的两大重要因素。责任性的激发是共益权实现的前提和基础。各地因经济发展状况的不同，对集体土地所有权的功能属性定位也不同，从而对权能拓展存在着不同要求。一般来说，经济发达地区的农民对农地权能拓展的意愿强于欠发达地区，且实施条件相对较好；而经济欠发达地区缺乏成熟的实施条件和环境，农民将集体土地转换成财产性收益的期待性相对较弱[1]。按需拓展集体产权有助于激发成员的责任意识，即权能拓展的方式和内容由农民集体通过民主决策的方式，在现行法律、政策的范围内作出决定。如此一来，通过拓展参与和自由选择激发成员的责任意识。

二是责任内容的分置。即分别明确股东非成员、成员非股东、成员股东等主体的权利和责任范围。农村集体经济组织和农民集体虽在多数情况下重合，但准确来说前者是后者的代表主体和意志表达主体[2]，是抽象概念的实体化。股东非成员因为受让成员股份而加入集体经济组织，但不具有成员资格，则只承担集体经济组织内的责任。成员非股东因其财产性权利已经转让，只承担农民集体内的相应责任。与其相比，成员股东具有"成员+股东"的双重身份，既要承担农民集体内的责任，也要承担集体经济组织内的责任。

三是监督性责任的共担。集体经济组织与农民集体之间互相影响、利益高度重合。虽然不同主体的权责内容有较大的差异，但因利益相关，权利分置之下监督性责任须共担，即成员股东、成员非股东和股东非成员等主体共同承担监督集体事务运行和管理的责任。集体成员基于成员身份，成员股东和外来主体基于股东身份，分别对农民集体和集体经济组织内的事务承担监督性责任，以保障集体秩序的良好运行。

综上可知，学界普遍认为集体产权改革有利于实现集体资源最优配置，有利于集体成员权功能的发挥，但从集体产权改革现状来看并非如此。集体产权改革通过清产核资、成员认定和股份量化等步骤，以财产性权利为主的

---

[1] 例如，笔者在广东蕉岭调研时，很多村民对拓权赋能的做法表示不理解，认为没有必要或者不需要，甚至有些乡镇干部也认为是"多此一举"，不符合农民的实际需要，并且程序太烦琐、复杂，难以理解和执行。

[2] 参见于雅瑟《"特别法人"架构下我国农村集体经济组织改革发展路径研析》，《海南大学学报》（人文社会科学版）2020年第6期。

成员自益权得到保障和实现。但拓权赋能使集体成员的身份性权利和财产性权利日益分离,以致自益权和共益权之间出现明显的张力。最突出的表现是集体产权改革后产权结构由封闭变得开放,使集体成员身份多样化、集体事务的管理复杂化,从而导致成员共益权的实现陷入困境。虽然从国家上层制度设计和地方实施方案来看每个步骤都有集体成员的参与。但由于权责分离、权责错位,集体产权改革未产生明显的参与效应,成员对集体事务还是"冷漠参与",使集体成员的共益权陷入困境。对此,关键在于实现"权利到责任"的转变以及责任机制的建立。可以说,"权利到责任"的转变是集体成员共益权实现的前提和基础,而责任意识的激发、责任内容的确定和责任共担机制的建立是构建责任型共益权、走出当前改革困境的关键之所在。为此,需进一步明确共益权的内容、特征,以及当前困境的原因及解决策略,也是未来在理论上需要进一步细化和深入探讨的重要问题。

第五章
农村集体成员共益权的实现困境与出路*

产权始终是农村土地制度改革的核心议题。产权制度设计不仅决定土地所有权权属和权益的配置，还决定社会制度和社会意识形态属性①。如前章所述，农村集体产权制度改革后所形成的新的产权结构和利益分配体制必将会对农村既有的治理体系产生巨大冲击。但由于改革的紧迫性和创新性，如何应对集体产权改革中产生的一系列问题，在理论上尚缺乏深入、细致的研究。集体成员权是复合型权利，主要包括共益和自益两方面的功能。农村集体产权的权能拓展使成员自益权得以实现，但也使集体成员的身份性权利和财产性权利日益分离，自益权和共益权之间的张力越来越大。最突出的表现是产权改革后农民集体由封闭变开放，集体成员身份多样化、集体事务管理趋于复杂化，对农村治理体系产生重大冲击。自益权属于实质性权利，是实现成员权经济功能和社会保障功能的主要途径；而共益权属于程序性权利，以实现成员责任的承担为主要目标。集体产权的权能拓展使农民集体由封闭变得更加开放，外部主体的准入和参与对既有的乡村治理体系产生重大的冲击，导致集体成员以程序性权利为主的共益权陷入困境，亟须理论上进一步的关注和探讨。

农村产权改革主要从结构、能力和监督三方面为村民自治创造了有利条件，为村民自治提供了合作基础。土地制度改革是农村各阶层利益的再分配

---

* 本章以《农村集体产权改革背景下成员共益权的实现困境与出路》为题，发表于《南京农业大学学报》（社会科学版）2021年第4期。

① 参见朱冬亮《农民与土地渐行渐远——土地流转与"三权分置"制度实践》，《中国社会科学》2020年第7期。

与重组过程①。集体产权改革过程中设计的利益机制和制度机制共同决定村民自治的有效性,也提高了全体成员对集体的关心和参与程度②。土地产权改革使农村自治组织剥离经济职能,回归自我管理职能,使得农村治权逐步从村干部手中分散到村民手中③,有助于保障农民的话语权和监督权④,促进村民自治的有效实现。可选取户籍和自治两个标准,适当限制具有户籍事实的成员权权能⑤。完全排除自治,无异于剥夺其意思表达的权利,此亦与私法自治的理念不符。但也不应过分强调村民"自治"而忽视法律的限制⑥。有关集体成员权的内容和结构的研究,多数学者认为集体成员权是复合性权利,是自益权和共益权等具体权能集合在一起的"权利束"⑦,兼具身份性和财产性的特点,不仅具有自利性,还兼及共益性的特征⑧。集体成员权的实践非私法性与制度私法性之间存在"逻辑悖论"⑨,集体成员权不是最大化经济利益的工具⑩,应坚持集体成员权优先的原则⑪。

学界多是关注集体产权改革之初所带来的积极效应,以及集体产权改革背景下如何赋予农民更多的财产性权利等问题。集体成员权包括两大主要内容:一是以实现成员财产性权利为主要目的的自益权,二是以实现成员身份

---

① 参见陈柏峰《土地流转对农民阶层分化的影响——基于湖北省京山县调研的分析》,《中国农村观察》2009 年第 4 期。

② 参见陈荣卓、刘亚楠《农村集体产权改革与农村社区腐败治理机制建构》,《华中农业大学学报》(社会科学版) 2017 年第 3 期。

③ 参见王慧斌、董江爱《产权与治权关系视角的村民自治演变逻辑——一个资源型村庄的典型案例分析》,《中国行政管理》2018 年第 2 期。

④ 参见刘德浩《"乡政村治"模式的困境与农村治理模式创新——基于成都市农村产权改革的调查》,《管理学刊》2016 年第 5 期。

⑤ 参见徐志强《农地流转改革背景下集体成员权的重构》,《农村经济》2014 年第 9 期。

⑥ 参见程诗棋《农村"外嫁女"集体经济组织成员资格的确认与法律保护——以海南省三亚市法院"外嫁女"征地补偿费分配纠纷案件为研究基础》,《法律适用》2018 年第 11 期。

⑦ 参见肖立梅《论"三权分置"下农村承包地上的权利体系配置》,《法学杂志》2019 年第 4 期。

⑧ 参见蔡立东、姜楠《农地三权分置的法实现》,《中国社会科学》2017 年第 5 期。

⑨ 参见童列春《论中国农民成员权的制度逻辑》,《南京农业大学学报》(社会科学版) 2016 年第 3 期。

⑩ 参见陈美球、廖彩荣、冯广京等《农村集体经济组织成员权的实现研究——基于"土地征收视角下农村集体经济组织成员权实现研讨会"的思考》,《中国土地科学》2018 年第 1 期。

⑪ 参见钟晓萍、吕亚荣、王晓睿《是集体成员权优先还是私人财产权优先?——基于农村集体资产股份权能改革试点的观察》,《西部论坛》2019 年第 5 期。

性权利为主要目的的共益权，包括集体事务表决权、民主决策权、知情权、监督权、选举权和被选举权等与集体事务管理密切相关的权利。可以说，成员的共益权直接关系乡村有效治理能否实现。农村集体成员权最初是土地集体化时期的产物，包括以财产性权利为主要内容的自益权和以身份性权利为主要内容的共益权。集体产权改革背景之下"人地分离"现象日益明显，成员的财产性权利与身份性权利出现逐渐分离的趋势。从改革实践看，随着改革的推进，集体财产的权利主体与集体事务的管理主体不再完全重叠，外部主体的准入与成员权利的封闭、排他性矛盾突显。那么，上述变化对集体成员的共益权有何影响、应如何应对，这是集体产权改革背景下需要深入探讨的重要问题。基于此，集体成员共益权困境因何产生、具体表现为何、如何应对？这是在第四章基础上需要进一步探讨的重要问题。

第一节　集体成员权的排他性特征

农民集体是以血缘和地缘关系为主而形成的团体，具有一定的排他性。排他性主要是从结构性维度来描述成员资格的界定标准将会形成何种程度的封闭性与排他性特征的产权结构，涉及某一集团内部资源的合理分配和权利的保护等重要问题[1]。从法律规定来看，按照《民法典》第261条、第262条和《中华人民共和国土地管理法》（以下简称《土地管理法》）第11条的规定，可以明确农民集体是农村土地的主要权利主体。从历史维度来看，农民集体具有明显的地域性与血缘关系特征，国家权力未介入之前主要依靠民间惯行实现自我治理。农民集体在地缘身份的认同上虽然标准各异，但基本条件大体相同，长期以来根据居住时间、财产、义务履行等条件，将同一地缘内的居住者分成若干种类，分别享有不同的资格和权利[2]。1949年以后，经过互助组、合作社、

---

[1]　参见刘小平《土地财产权的二维构造——一种从现实出发的理论解释方案》，《法制与社会发展》2017年第6期。

[2]　例如，从满铁的华北农村惯行调查来看，传统时期，各村落根据是否在村内长期居住；纳税摊派等义务的履行；村内是否有土地、房屋、墓地等；有无保证人；村内有无亲属等若干条件，将村内居民划分为：本村人、新户、离村者、寄居户、外村人等类型（参见中国农村慣行调查刊行会编『中国農村慣行調査（第1—6卷）』岩波书店，1952—1957年出版）。

人民公社等几个阶段,在政治手段的推动下形成了具有强烈排他性的"形式上的共同体"。政社合一体制之下,农民集体的政治职能与经济职能未能完全分离。20世纪80年代后,"三级所有,队为基础"生产资料所有制形式转变为村、村民小组和乡镇等三种类别的农民集体所有,而其成员以户为单位享有使用收益权能。学界的主流观点认为,这样的产权结构具有很强的团体性和对外排他性[1],是"总有权或者新型总有权"[2],在立法上也采用类似的立场。

农民集体和集体所有权的上述特征使集体成员权兼具对外排他性和对内排他性的特点。集体所有权是一种以财产目的为中心建立的功能性的概念,旨在将一定的财产保留在一定范围的共同体内部。集体成员权的对外排他性指对于国家、其他成员集体,非集体成员等主体来说,成员集体具有一定的自主性和独立性。集体成员的对内排他性指对于其他成员和成员集体来说具有独立性。严格的成员资格认定可以将开放、模糊的产权结构转变为封闭、明晰的状态,通过建立排他性产权结构一方面明确成员权的客体内容和主体范围,可以降低交易成本、促进资源的有效配置,保障集体成员权利的有效实现。但另一方面集体成员的排他性也会进一步强化产权结构的封闭性。集体成员权属于资格性权利,以具有集体成员身份为前提,具有很强的排他性。自益权以实现财产性权利为主要目的,包括承包集体土地、申请和使用宅基地、获得集体救济、享受集体各项福利等实质性权利,具有明显的对内排他性特征。与其相比,共益权是指集体成员基于成员身份参与集体决议,在集体管理中表达自己的意见,以实现集体的整体利益,多属于程序性质的权利[3],具有明显的对外排他性特征。共益权行使的目标之一是实现对集体财产的公平公正的分配[4],进而维护成员自身的权利和利益。集体产权改革中固化

---

[1] 总有的产权结构是指财产的管理、处分权能属于集体,成员享有使用、收益权能的一种多人共同所有的产权结构形态,其团体性和对外的排他性最强,并且成员个人的权利要受到集体的规制和制约(我妻栄『我妻・有泉コンメンタール民法総則・物権・債権(第3版)』日本評論社2013年版,第458页)。

[2] 参见韩松《我国农民集体所有权的享有形式》,《法律科学(西北政法学院学报)》1993年第3期;韩松《论总同共有》,《甘肃政法学院学报》2000年第4期。

[3] 参见松冈义正口述《民法总则》(上),熊元楷、熊元襄、何勤华编,上海人民出版社2013年版。

[4] 参见王雷《农民集体成员权、农民集体决议与乡村治理体系的健全》,《中国法学》2019年第2期。

股权强化了对内的排他性，严格的成员资格认定条件等会为外来主体的参与设置屏障，增强对外排他性。因此，也可以说集体产权改革强化了集体成员权的排他性，进而增强了产权结构的封闭性。

第二节　产权改革对集体成员权的影响

集体产权改革是重大体制创新，对集体成员权的结构和内容产生重要影响，主要体现在以下三个方面。

一是集体产权改革明确了集体的边界和成员的范围。农村集体经济组织是农民集体的代表主体和意志表达主体[①]，可以说是抽象概念的实体化。人民公社解体之后，政社合一体制随之瓦解，农民集体的行政职能大部分被行政村所吸收，主要保留经济管理职能。在理论上，农村集体经济组织与村民委员会分别承担集体经济管理职能和村民自治职能。但在实践中，农村集体经济组织与村民委员会的职能界定不清晰，特别是农业税及各种杂费取消后，集体与成员之间的权利义务关系变得模糊乃至不复存在。加之，很多地方并未设立实体的农村集体经济组织，其职能由村民委员会或村民小组代为行使，使得农民集体变得更加抽象和模糊。集体产权改革后最显著的变化是通过清产核资和成员资格认定明确了集体边界和成员的范围，并使成员权利内容明细化。集体产权改革过程中通过封闭、开放、自治、他治[②]等不同的组合模式，确定了集体成员资格的界定标准，并依据成员身份、劳龄、对集体贡献、生活保障等标准对股权进行量化并明确成员的份额[③]，成为其参与管理决策和

[①] 参见于雅琼《"特别法人"架构下我国农村集体经济组织改革发展路径研析》，《海南大学学报》（人文社会科学版）2020年第6期。

[②] 例如，广东佛山的封闭自治型界定模式、湖北京山的封闭共治型界定模式、江西余江的开放自治型界定模式、陇西部分村施行开放代治型界定模式（参见李博阳《农村集体成员资格界定的路径方式与治理效应——基于第一批农村集体产权改革试验区的案例研究》，《农林经济管理学报》2020年第5期）。

[③] 例如，辽宁甘井子只设置了成员股、湖北京山设置了成员股和劳龄股；甘肃陇西设置了成员股、劳龄股和贡献股；河北双滦设置了人口股、劳龄股、贡献股和老龄股；北京大兴设置了基本股、劳龄股、福利股、计生股、现金股和土地承包经营股等多种形式（参考华中师范大学中国农村研究院农村集体产权制度改革试点评估调研报告）。

进行收益分配的凭证。通过清产核资和成员资格认定，明确了农民集体与集体成员的权利义务关系，集体经济组织的设立和完善使农民集体这一抽象概念具体化。

二是各试验区通过权能深化，明晰了集体产权的数量、范围和权利者，增加了集体成员的财产性收入，保障了成员自益权的实现[1]。但与此同时，外部主体开始介入集体经济组织的治理体系，并且集体成员的财产性权利和身份性权利出现分离。集体产权改革的主要目标是赋予农民更多的财产性权利，使其从集体所有财产中获得更多的财产性收益。目前，绝大多数集体产权改革试验区赋予了成员对集体资产股份的占有、收益、有偿退出及继承的权利。还有些试验区赋予了成员抵押权和担保权[2]。通过扩充集体成员的权能，使其具有更多的选择，可以根据自身的需要确定经营方式和收益分配办法，增加财产性收入。

三是集体产权的权能拓展重塑了成员权的结构和内容[3]。在首批集体产权改革试验区的实施中，湖南资兴市除外，其余28个试验区均向集体成员明确赋予了对其所持有股份的继承权。然而，关于集体外成员一旦获得股权后所能享有的权利范围，无论是在理论研究还是实际操作中，都引发了广泛而深入的讨论与争议。在这些试验区中，普遍采纳了"两权分离"的策略，这意味着通过继承获得的股份仅仅提供经济上的收益分配权，而不包括参与选举或其他重要经营决策的权利。更准确地说，在权能扩展的背景下，虽然所有成员在名义上都成了股东，但并不是所有股东都具备完整的成员资格；特别是那些通过继承或赠与成为股东的个体，他们仅能享有经济利益的分配权，而不能参与集体的民主决策过程。随着集体产权权能的进一步扩展，成员的

---

[1] 例如，改革之后，浙江省德清县的股金分红增长三倍多，从7个村分红提高至33个村，分红金额由181万元增长至550万元。另外，广东省南海区集体经济总收入增幅达56.9%。广西长洲区、云南大理市、山东昌乐县等地的数据显示，集体收入显著增加，农民收入涨幅明显（参见四川省社会科学院《农村集体资产股份权能改革试点评估报告》，中国农业科学院农业经济与发展研究所《闽、赣、陕、鲁、晋五省农村集体资产权能改革终期评估报告》，农业部农村经济体制与经营管理司《全国农村集体资产股份权能改革试点工作交流座谈会材料汇编》）。

[2] 参见农业部农村经济体制与经营管理司《全国农村集体资产股份权能改革试点工作交流座谈会材料汇编》。

[3] 参见肖盼晴《从总有到共有：集体产权权能重构及治理效应》，《财经问题研究》2020年第2期。

身份性权利与财产性权利之间的分离现象预计将日益显著。这种权利分离所带来的后果，不仅在理论上值得深入探讨，在实践中也需要慎重对待。因为它触及集体经济组织内部权力结构的调整，以及如何平衡集体成员间经济利益与参与权利的关系等核心问题。此外，这种分离现象还可能影响集体的凝聚力和成员的身份认同，从而对集体经济的稳定运行和长远发展带来潜在的挑战。因此，对于集体产权改革试验区中"两权分离"现象的深入研究，不仅对理解和完善集体产权制度改革具有重要意义，也对探索农村集体经济组织的可持续发展具有重要的实践经验和理论参考意义。

第三节　股权固化：成员权封闭排他性的增强

如第四章所述，集体成员权作为复合性权利，是自益权和共益权等具体权能集合在一起的"权利束"，不仅具有自益性，还兼及共益性的特征。对此学界基本形成共识。其中，自益权主要为财产性、实质性的权利，共益权则主要包括集体事务表决权和民主决策权、知情权和监督权、选举权和被选举权等身份性、程序性权利[①]。集体产权改革促进了成员自益权的实现，但使成员共益权的实现陷入困境。

从农户角度来看，股权固化背景下户的团体性与成员个体性之间的矛盾更加突出。集体产权改革仍是坚持以户为单位固化股权。按照相关法律的规定，我国土地承包经营权采取了以户为单位的确权方式，使成员个体的权利隐蔽在"户"这一"团体"之中。在当前的集体产权改革中也继续遵循此原则，各试验区的股权配置大多采取"量化到人，固化到户"的静态管理办法，强调股权不随人口变动而调整，以稳固集体资产的产权关系[②]。确权之后以户为单位发放的股权证书是集体成员以股份形式占有集体资产股份、参与管理决策和参加收益分配的凭证。在最初的阶段将股份量化到人，赋予了集体成员明确的、稳定的产权份额，成员个人的财产权显著增强。同时也会产生以

---

① 参见臧之页、孙永军《农村集体经济组织成员权的构建：基于"股东权"视角分析》，《南京农业大学学报》（社会科学版）2018年第3期。

② 参考华中师范大学中国农村研究院关于湖北京山县农村集体资产股份权能改革的调研材料。

下两方面的问题。一是随着时间的推移"固化到户"使集体内的矛盾转化为户内矛盾。成员个体的表决权、决策权等程序性权利往往被"户团体"代为行使，个人的意志难以得到充分的表达。随着个体权利意识的不断增强，成员个体与户团体之间的矛盾将日益突出，势必将严重影响家庭和谐和农村社会的稳定①。二是股权固化使得股权收益永久化，具有"过度激励"的作用，激化了成员资格争夺冲突②。虽然在实践当中股权登记证书上会列出每位成员的姓名，表面上看更有利于保护成员个体的权益，但实施的效果却往往相反。例如，新增成员从何处取得权利、户内成员移出是否意味着相应权利灭失等问题突显出来，将会产生更加复杂的权利消灭、权利继承、权利重新分配等法律关系③。

从集体角度来看，固化的股权与动态变化的集体之间的矛盾也日益突出。农村集体经济组织尽管具备地域性和封闭性，但也是处在不断变化的过程中。一方面，集体成员因生老病死、迁入迁出，在数量与结构上是不断变化的；另一方面，集体资产也会因为开发、复垦、结构调整等导致总量的变化。股权固化本来是为解决封闭、排他性集体中成员身份的变动问题。但产权改革之后，集体成员的财产权观念不断强化，排他性的成员资格确定形式将持续甚至加剧，将会导致集体内利益分配矛盾激化。每一次集体所有权的行使，如集体股权配置、征地补偿款分配、宅基地分配、集体收益分配等，都可能会触动内部利益分配格局并引发剧烈的博利性冲突。因此，股权固化不仅没有解决集体成员权中的身份问题，反而使成员的身份有一种复杂化的趋势④，会对集体成员的集体事务的参与和表决等程序性权利的行使带来一定的困难。

---

① 虽然受传统习俗和家庭亲情的影响，提起诉讼纠纷的可能只占家户内部纠纷的极小比例，但相关部门的抽样调查显示，家户内部成员之间的诉讼占比已高达31%（参见任大鹏、王俏《产权化改革背景下的妇女土地权益保护》，《妇女研究论丛》2019年第1期）。

② 参见温铁军、刘亚慧、唐溧、董筱丹《农村集体产权制度改革股权固化需谨慎——基于S市16年的案例分析》，《国家行政学院学报》2018年第5期。

③ 例如，新成员以及"外嫁女""入赘婿"等特殊群体的资格认定所产生的异议本是集体内部矛盾，但股权固化之后演变为家户内部的矛盾。乡村社会中，矛盾越具有公共性、越抽象，越不会破坏个体关系，但是当冲突为个体对个体时，就会加剧影响共同体的团结稳定（参见王丽惠《集体产权共有制的成员资格塑造及认定维度——以珠三角地区为对象》，《甘肃政法学院学报》2020年第4期；任大鹏、王俏《产权化改革背景下的妇女土地权益保护》，《妇女研究论丛》2019年第1期）。

④ 参见李爱荣《集体经济组织成员权中的身份问题探析》，《南京农业大学学报》（社会科学版）2016年第4期。

第四节 外部主体准入：异质开放场域的形成

从目前的实践来看，各试验区通行的做法是允许股份在集体经济组织内部进行交易。并且股权固化以后，成员的股份可以继承，甚至在有些改革试验区还可以抵押、担保。权能拓展增强了成员的自益权，但与此同时也会导致以下两方面的问题更加突出。

其一，成员权利的多样化。随着集体产权改革的不断推进，外部主体的准入和参与使农民集体由封闭变得开放、异质性增加，成员权利的性质多样化。股权流转之后是否保留出让人的成员身份目前尚无定论。若保留则会使股东身份和成员身份明显分离，若不保留则会有违集体所有权的宗旨和目标。成员权是集体成员享有的一种基础性权利，具有身份性和资格性的特征，转让股权并不能使其成员资格丧失。若未明确规定非本集体成员不能受让股份的相关权利，则意味着集体股权的流转可以突破集体的边界，如果非集体成员继承人受让本集体股份的话，集体所有权的封闭性和排他性将被打破，集体资产就可能演变为集体外主体的私有财产。并且股权固化以后，成员的股份可以继承，甚至在有些改革试验区还可以抵押、担保。即使股权能够流转，但按照相关规定，受让人取得的只是财产性权利，并不享有集体事务的经营决策权[1]。

其二，产权与治权主体相分离。集体产权的权利人与集体事务管理人不一致的情况越来越普遍。权能拓展之后集体内各主体的权利内容和权利性质的差别会越来越大，拥有完整成员权者可能会逐渐减少。新加入的户籍人员

---

[1] 辽宁海城市改革指导意见中规定，量化之后的股份为终极产权，股份的所有权和收益权可以依法继承。三年内不得转让和赠与他人，也不准退股。而经过评估核实的集体所有的经营性净资产折股到人，可以依法继承，也可以在股东之间转让。西安高陵区根据资产属性，采取"宜静则静、宜动则动"的股权管理办法，对于集体原有的经营性资产量化的股权实行静态管理，而"扶贫股"和"资金股"实行动态管理。福建闽侯县设置持有股份的上下限，并且非成员继承实行股权托管制。广东南海市规定新增集体成员虽然不拥有股份，但可以通过缴纳福利统筹金，以享其中的部分福利。河北双滦区有些村庄规定可以吸纳新增人员现金入股（参见中国农业科学院农业经济与发展研究所《闽、赣、陕、鲁、晋五省农村集体资产权能改革终期评估报告》；中国人民大学评估组《天津宝坻区集体资产股份权能改革试点评估报告》；四川省社会科学院《农村集体资产股份权能改革试点评估报告》）。

不能取得成员身份，因继承取得股份者在集体中的权利也会受到限制，一般不享有民主决策和表决权等民主管理权。从各改革试验区来看，集体经济组织的事项并未采取"一股一票"的表决方式，因此股权的受让人即使受让股份，经济权利增加，但按人投票之下其表决、管理等共益权却并未增加。那么，已转让股份的集体成员成为无股份收益权者，因利益弱相关则会降低参与集体经营管理决策的积极性，而有股份收益权者想要实现收益的保值增值却没有相应的管理权。如此一来，扩权赋能使得外部主体进入集体内部，集体成员和外来主体等的身份区别越来越明显。

第五节 权利分置与责任共担：集体成员共益权的实现路径

如上所述，集体产权改革之前，农村集体的场域与产权都呈现排他、封闭性的特点，集体财产的权利主体与管理主体基本呈重合状态。而集体产权改革之后，同一时空场域内集体产权的权利人与集体事务管理人不一致的情况越来越普遍[1]，使成员共益权的行使陷入困境。那么如何化解集体成员权的排他性与外部主体准入之间的矛盾，以实现集体成员的共益权，是目前亟须深入探讨的重要问题。

一 各主体权利内容的明确

以户确权、股权固化背景下集体成员具有双重身份。第一重身份是农村承包经营户内成员。在股权分配之初，集体成员基于身份资格获得平等的、份额明确的股份，这样有利于个人财产权利的增强。但此后随着户内成员的变化个体份额变得模糊，成员个体的权利被隐性化，此种情况之下，户内成员间的权利义务关系呈现出以下两方面的特征。一方面，这是以保障生存者的权利为目的、成员份额隐性化的一种产权结构形式，类似于联合共有权

---

[1] 参见黄增付《资本下乡中的土地产权开放与闭合》，《华南农业大学学报》（社会科学版）2019年第5期。

(Joint Tenancy)①。户内成员的减少意味着其他成员隐性份额的增加,而成员的增加则意味着户内全体成员隐性份额的减少。另一方面,成员之间存在着期待性利益。农村承包经营户多数情况下与家庭相重合,同居共财期间家户内部的互惠合作使成员即使在份额不明的情况下也能满足基本生存所需。户内成员在生老病死或遭受外界侵害等情况下期待性利益可以转变为现实利益,抵御外来风险,为成员个体提供基本的生存保障。因此,可以说以户固权背景下户内成员之间是利益期待性合有关系。这样一来,通过明晰户内成员共有权的性质实现户内部的权责明确,有利于保护新成员的权益,可以有效化解股权固化带来的矛盾。除此之外,还应完善户内委托和户对外代表制,明确其适用条件、规则、法律后果以及对第三人的效力等内容。集体成员在户内部可通过户内委托和户对外代表充分表达意志,对外也能维持家户的整体性,实现对外责任的共担。

第二重身份是集体经济组织成员。在拓权赋能背景下集体经济组织内的参与主体可以分为三类:成员股东、成员非股东和股东非成员。为化解成员权的排他性与外部主体准入之间的矛盾,应实现不同主体的权利分置。首先,在身份性权利与财产性权利"两权分置"之下,对农民集体和农村集体经济组织的职能加以区分。准确来说,农村集体经济组织是农民集体的代表主体和意志表达主体②,可以实现农民集体的经济职能。其次,明确成员股东、成员非股东和股东非成员等三种不同主体的权利范围。成员非股东享有农民集

---

① 关于 Joint Tenancy 存在合有、共同共有、联合所有等多种译法,本章为了与大陆法系的合有相区别,并突出不可分之意,译为联合共有。联合共有必须具备"四个同一"的要件。另外,合有也被称为生存者权,即英国法中的合有是以保障生存者的权利为目的。"四个同一"是指权益、所有权、时间、占有的同一。即共同所有者在不同的时间或者因为不同的让与而取得所有权的话,则不是合有关系。保障生存者是指在合有关系中若有共有者去世的话,则还在世的其他共有者具有继承其份额的权利(参见 Joseph William Singer, *Property*, Wolters Kluwer Law & Business, 2009, p. 348)。在我国有学者曾尝试运用联合共有理论解释我国集体土地所有权的性质(参见王铁雄《集体土地所有权制度之完善——民法典制定中不容忽视的问题》,《法学》2003 年第 2 期;胡吕银《集合共有:一种新的共有形式——以集体土地所有权为研究对象》,《扬州大学学报》(人文社会科学版)2006 年第 1 期)。但是,集体土地所有权是以村社为主体的所有权,其权能被质地分割,侧重所有权和使用权的分离。而联合共有理论强调权利的量的分割,侧重联合共有人之间的关系。两者有本质的不同,集体土地所有权不适用用合有权来解释,对此本章不再赘述。

② 参见于雅璐《"特别法人"架构下我国农村集体经济组织改革发展路径研析》,《海南大学学报》(人文社会科学版)2020 年第 6 期。

体的事务表决权和民主决策权、知情权和监督权、选举权和被选举权等身份性权利。股东非成员只享有集体经济组织内基于股东身份的经济管理权和股份收益权，但不享有农民集体内的民主权利。与其相比，成员股东则可以享有农民集体和集体经济组织内的各项权利。这样一来，通过权利分置，明确三种不同权利主体的权利范围，既可保障集体成员权的排他性特征，又能兼顾外部准入主体的权益，有效化解排他与准入之间的矛盾。

二　监督性责任的共同承担

如前所述，在拓权赋能背景下集体经济组织内的成员股东、成员非股东和股东非成员三类主体分别具有不同的权利。那么，从权责一体、权责对等的角度来看，三类主体应分别承担相应的责任。一是成员股东具有"成员 + 股东"的双重身份，既享有农民集体的身份性权利，也享有集体经济组织内的财产性权利。与此相对应，既要承担农民集体内的责任，也要承担集体经济组织内的责任。二是成员非股东因其财产性权利已经转让，则只承担农民集体内的相应责任。三是股东非成员因为受让成员股份而加入集体经济组织，但不具有成员资格，则只能享有财产性权利，承担集体经济组织内的相应责任。

从现实情况来看，集体经济组织与农民集体是利益密切相关且高度重合的"表里"关系，农民集体的管理和决策直接影响集体经济组织的运行，而集体经济组织运行状况的好坏直接影响农民集体的利益分配。因此，虽然不同主体的权利要分置但监督性责任须共担。为了防止内部人控制和熟人社会的架空，成员股东、成员非股东和股东非成员同时享有知情权和监督权，共同承担监督集体事务运行和管理的责任。并赋予三类权利主体受到损害时的救济权，集体成员基于成员身份，成员股东和外来主体基于股东身份，可以分别对农民集体和集体经济组织行使撤销权、代位诉讼、代表诉讼和知情权诉讼，以实现权利的救济，保障集体秩序的良好运行。

通过本章的考察可知，随着改革的推进原先封闭的集体产权结构变得开放，集体财产的权利主体与集体事务的管理主体不再完全重叠，并且扩权赋能之下两者不一致的情况越来越普遍。当前集体产权改革仍是坚持以户为单位固化股权，增强了集体成员权的封闭性和排他性，从而造成户的团体性与成员个体性之间的矛盾更加突出、固化的股权与动态变化的成员之间矛盾突出。与此同时,集体产权的权能拓展又导致集体的异质性、开放性增加。在此背景下,集体成员以实现财产权利为主要目的的自益权虽然得以实现,但以程序性权利为主的共益权却陷入困境。对此,首先,应明确在以户确权、股权固化背景下户内成员共有权是一种利益期待性联合共有关系,这样有利于确定成员个体权利的内容和范围,并通过户内委托、户对外代表制完善家户内部的责任共担机制。其次,成员股东、成员非股东和股东非成员等三种不同主体的权利分置可以保障成员权的排他性,也可顾及外来主体的权益。最后,权利虽然分置但责任须共担。一方面赋予成员股东、成员非股东和股东非成员知情权、监督权和救济权等权利,通过这些监督性权利的行使实现责任共担,保障农民集体和集体经济组织的有序运行。可以说,在未来的改革中完善权利分置和责任共担机制是摆脱集体成员共益权困境,实现农民集体有序运行的重要出路。本章在前章的基础上,重点探讨了集体产权制度改革对集体成员共益权产生何种影响、如何应对这一问题。但集体成员权的全面实现,需要自益权与共益权的共同拓展。集体成员权的实现与"国家—集体—个体"等多个层次密切相关,在未来的研究中需分层次、细致地探讨其实现机制。

第六章
产权科层视角下集体成员权的实现机制*

"深化农村土地制度改革，赋予农民更加充分的财产权益"是当前农村改革的重中之重。集体产权制度改革是新时代"三农"工作的核心之一。近年来，多个批次的集体产权制度改革试验表明，扩权赋能极大地促进了集体成员财产性权利的实现。但与此同时，也暴露出诸多问题。产权制度设计不仅决定土地权益的配置，还与社会制度、意识形态属性等息息相关①。改革后的利益分配机制必然会对乡村的治理体系产生重创。实践表明产权改革虽然促进了成员自益权的实现，但共益权却出现了"权利叠消"的消极效应。2022年12月底，被寄予厚望的《农村集体经济组织法（草案）》公开征求意见。该法对于保护集体成员权、实现成员的共同富裕具有重要的意义。但鉴于"急用先立、宜粗不宜细"的立法原则，对于集体成员共益权的具体内容、实现方式等，仍缺乏切实可行的实施规则，甚至略显粗糙和薄弱。集体产权制度改革背景下，如何化解前两章所述的，集体成员自益权与共益权"此长彼消"的困境，仍是当前背景下亟须探讨的重要问题。

从近年的研究看，关于集体产权制度改革一直是学界研究的热点问题。例如，有研究从集体所有权主体②、法人特别性③、集体资产股份的

---

* 本章以《产权科层视角下集体成员权的实现机制研究》为题，发表于《农业经济问题》2023年第10期。

① 参见朱冬亮《农民与土地渐行渐远——土地流转与"三权分置"制度实践》，《中国社会科学》2020年第7期。

② 参见林广会《农村集体产权制度改革背景下集体所有权主体制度的机遇与展望》，《求是学刊》2020年第3期。

③ 参见王洪平《农村集体产权制度改革的"物权法底线"》，《苏州大学学报》（哲学社会科学版）2019年第1期。

有偿退出[1]、集体股的存废[2]、治理机制的立法建构[3]、成员大会的民主决策[4]、与农民专业合作社的融合发展机制[5]等方面探讨了农民集体的运行结构。关于农民集体与集体经济组织的关系，目前学界仍未形成通说，有观点认为两者等同[6]，但也有观点认为两者存在明显区别[7]。此外，还有部分研究从产权秩序[8]、权能重构[9]、产权与治权关系[10]、利益激励[11]、权责关系[12]和机制—条件[13]等视角探讨集体产权制度改革对农村治理机制的影响。关于集体产权制度改革对村庄社会秩序的影响，可以分为冲突说[14]和团结说[15]等观点。关于集体成员权的研究，主要聚焦于成员资格、成员权利结构等

---

[1] 参见房绍坤、任怡多《论农村集体资产股份有偿退出的法律机制》，《求是学刊》2020 年第 3 期。

[2] 参见房绍坤、任怡多《论农村集体产权制度改革中的集体股：存废之争与现实路径》，《苏州大学学报》（哲学社会科学版）2021 年第 2 期。

[3] 参见管洪彦《农村集体经济组织法人治理机制立法建构的基本思路》，《苏州大学学报》（哲学社会科学版）2019 年第 1 期。

[4] 参见管洪彦、傅辰晨《农村集体经济组织法人民主决策的异化与匡正》，《求是学刊》2020 年第 3 期。

[5] 参见高海《农村集体经济组织与农民专业合作社融合发展——以党支部领办合作社为例》，《南京农业大学学报》（社会科学版）2021 年第 5 期。

[6] 参见宋志红《论农民集体与农村集体经济组织的关系》，《中国法学》2021 年第 3 期。

[7] 参见高海《农民集体与农村集体经济组织关系之二元论》，《法学研究》2022 年第 3 期。

[8] 参见桂华《产权秩序与农村基层治理：类型与比较——农村集体产权制度改革的政治分析》，《开放时代》2019 年第 2 期。

[9] 参见李博阳《农村集体成员资格界定的路径方式与治理效应——基于第一批农村集体产权制度改革试验区的案例研究》，《农林经济管理学报》2020 年第 5 期。

[10] 参见王慧斌、董江爱《产权与治权关系视角的村民自治演变逻辑——一个资源型村庄的典型案例分析》，《中国行政管理》2018 年第 2 期。

[11] 参见邓大才《利益、制度与有效自治：一种尝试的解释框架——以农村集体资产股份权能改革为研究对象》，《东南学术》2018 年第 6 期。

[12] 参见肖盼晴《产权制度改革背景下农村集体成员权的权利结构与功能实现》，《华中农业大学学报》（社会科学版）2021 年第 3 期。

[13] 参见蒋红军、肖滨《重构乡村治理创新的经济基础——广东农村产权制度改革的一个理论解释》，《四川大学学报》（哲学社会科学版）2017 年第 4 期。

[14] 参见黄鹏进《产权秩序转型：农村集体土地纠纷的一个宏观解释》，《南京农业大学学报》（社会科学版）2018 年第 1 期。

[15] 参见方帅《农村产权制度改革制度安排、社会联结与乡村振兴——基于山东省东平县的实证研究》，《江汉大学学报》（社会科学版）2018 年第 6 期。

方面。其中,学界对于集体成员资格的认定标准,可以分为户籍说[1]、社会关系说[2]、权利义务说[3]、多重标准说[4]、股东权说[5]等多种观点。有关集体成员权利分配方面的研究可以分为平均配置说[6]和差别配置说[7]等观点。关于集体成员权的结构,学界普遍认为它是复合性、综合性的权利,其中包含身份性权利和财产性权利两大类型[8]。除上述视角外,还有研究从产权科层的视角探讨集体产权的改革效应。"公共池塘理论"将使用规则分为操作、集体和宪法等三个层次,不同层次的规则间构成了"嵌套性制度系统"。据此,有学者认为自然资源资产产权纵向分层,不同层次的产权主体分别独立作出决策,彼此间形成"产权科层"关系[9]。集体产权科层是指不同层次的产权主体所形成的、各项权利的总体反应[10]。农村集体产权制度改革中,各产权科层通过正向促进和反向反馈的双向机制,进一步完善了集体产权的各项功能[11]。

通过以上梳理可以看出,学界的研究多是关注集体产权制度改革对农民财产性权利的正向促进,少有研究关注其对乡村治理体系的冲击。从产权科层的视角,集体产权制度改革的国家层制度设计的确有利于成员财产性权利的实现。但随着改革的深入,在集体层,集体产权与治权的主体不再完全重叠。在个体层,成员的自益权与共益权之间出现明显的分离,甚至陷入"此

---

[1] 参见孟勤国《物权法如何保护集体财产》,《法学》2006年第1期。

[2] 参见杨一介《农村地权制度中的农民集体成员权》,《云南大学学报》(法学版)2008年第5期。

[3] 参见魏文斌、焦毅、罗娟等《村民资格问题研究》,《西北民族大学学报》(哲学社会科学版)2006年第2期。

[4] 参见管洪彦《农民集体成员资格认定标准立法完善的基本思路》,《长安大学学报》(社会科学版)2013年第1期。

[5] 参见臧之页、孙永军《农村集体经济组织成员权的构建:基于"股东权"视角分析》,《南京农业大学学报》(社会科学版)2018年第3期。

[6] 参见韩松《论农民集体成员对集体土地资产的股份权》,《法商研究》2014年第2期。

[7] 参见黄红华《股份合作制意义再探讨——农村集体资产股份合作制改革的三重意义》,《毛泽东邓小平理论研究》2004年第9期。

[8] 参见蔡立东、姜楠《农地三权分置的法实现》,《中国社会科学》2017年第5期。

[9] Challen Ray, *Institutions, Transaction Costs and Environmental Policy: Institutional Reform for Water Resources*, Cheltenham: Edward Elgar Publishing, 2000, p.3.

[10] 参见江泽全《农地集中服务分散产权结构及其效率研究——基于科层理论视角》,《学术研究》2015年第12期。

[11] 参见张瑞涛、夏英《我国农村集体资产产权科层分析》,《农业经济问题》2020年第11期。

长彼消"的困境。反之,个体层的成员权困境影响了集体层的正常运转,进而导致国家层的改革目标难以实现。需要国家层的立法和制度设计及时作出调整和完善。但从《农村集体经济组织法(草案)》来看,最新立法不但不能解决上述问题,甚至会使上述问题进一步恶化。集体成员自益权与共益权的共同拓展,是集体产权制度改革目标充分实现的关键之所在。为此,本章将基于产权科层理论,试从"国家—集体—个体"三个层次深入探讨"自益—共益"的共拓机制。

第一节 拓权抑或缩权:自益权与共益权的"此长彼消"

基于产权科层理论可知,产权制度改革中任何一个层次的规则改变,都会引起其他层的反应,各层之间形成嵌套循环关系。在集体产权制度改革过程中,国家层以拓展财产性权利为主要目标,但在集体层和个体层却产生了事与愿违的结果。以下,将从理论、实践和立法等三个方面分析其具体原因。

一 理论:集体成员权的复合型构造

从权利变迁过程看,农村集体成员权是合作化时期的产物,具有典型的身份性特征。随着农村社会"人地同体"到"人地分离"的变化,集体成员权的变迁过程可以划分为以下三个阶段。

第一阶段的典型特征是国家层的强制性规范占据主导地位。最初,农民通过用自有生产资料向合作社出资,从而获得"社员"身份。人民公社时期集体成员权的获得要以婚姻、出生等为依据,而不再以出资为要件。在户籍制度和集体土地所有制等多重因素的影响下,"人地同体"程度高,集体成员的身份性权利与财产性权利之间未明显分离。并且,成员自益权受到集体的严格制约,难以充分实现。第二阶段的典型特征是集体层统分结合的管理体系。人民公社解体之后,开始实行"集体所有、农民利用"的土地承包经营责任制。成员从集体分得承包地、宅基地以及集体分红等都是以集体成员身份为前提。在统分结合的双层经营体制之下,农民获得离开土地的自由,集体成员的财产性权利与身份性权利相分离。在此背景下,农民与土地渐行渐远、小农经济体制走向解体①。集体成员的身份性权利与财产性权利开始出现分离。第三个阶段以拓展个体层的财产性权利为主要目标。党的十八大以来的集体产权制度改革以促进集体成员财产性权利的拓展为主要目标。一方面，集体产权制度改革明晰了集体产权的总量以及共有者的范围，清晰的边界和权利关系提高了产权的利用效率，增加了成员收入②。另一方面，集体成员对于所持股份具有更多的选择。即使在"人地分离"的情况下，集体成员也可以获得持续性的财产收入。并且，产权改革过程中，从中央到地方都制定了详细的执行性方案，"程序—规则"贯穿始终，全方位保障集体成员权的实现。

从权利结构看，集体成员权是具有财产与身份双重属性的复合性权利，兼及自益与共益两方面的功能，这也是学界的通说。自益权是集体成员权的核心内容，主要指集体成员从集体取得财产或者获得福利的权利③。不同类型的土地调整方式，以及集体产权的扩权赋能，其共同目标都是为了实现集体成员自益、自利的目的④。共益权是自益权得以实现的工具和手段。集体成员基于身份资格，享有集体财产的受益权。与此同时，成员通过集体内部法定的或者惯行形成的程序、规则，行使对于集体事务的决策管理权。据此，实现集体共益的功能，同时促进成员自益权的拓展。

从权利运行状况看，集体产权制度改革促进了集体成员自益权与共益权的"两权分离"。具体来说，在扩权赋能的同时，集体成员权的结构与内容呈现复杂化趋势，成员财产性权利与身份性权利明显分离。例如，集体成员取得的集体股份虽然可以继承，但继承人取得的只有财产性权利，不能享有集体决策、选举等方面的身份性权利。并且，在集体"人增股不增、人减股不减"的静态管理模式之下，新取得户籍者不一定能获得集体成员身份。或者

---

① 参见朱冬亮《农民与土地渐行渐远——土地流转与"三权分置"制度实践》，《中国社会科学》2020年第7期。

② 例如，根据官方公布的统计数据可知，改革之后，浙江德清县、广东南海区、广西长洲区、云南大理市、山东昌乐县等地的集体经济收入最大涨幅达到370%，农民收入显著提高（参考四川省社会科学院、中国农业科学院农业经济与发展研究所、农业部农村经济体制与经营管理司等机构关于农村集体资产股份权能改革试点的调研报告）。

③ 参见韩松《论农民集体土地所有权的集体成员受益权能》，《当代法学》2014年第1期。

④ 参见曹正汉《土地集体所有制：均平易、济困难——一个特殊村庄案例的一般意义》，《社会学研究》2007年第3期。

即使取得成员身份，在"以户固权"的政策之下，新成员也难以获得"实质性股权"。另外，因转让、继承等方式受让股份者，受身份资格的限制难以获得完整的权能。长此以往，农民集体中拥有完整股东权的股东会越来越少，集体成员权的结构和内容将更加复杂化①。并且，扩权赋能之后外部主体的介入使村庄的异质性不断增加，导致程序性权利的行使陷入困境。综上所述，集体产权制度改革提高了农民的财产性收益，但成员的知情、参与、表达、决策和监督等权利的实现方式面临着新的挑战。

二 实践：扩权赋能下的"此长彼消"

近年来的集体产权制度改革促进了成员自益权的拓展。但也导致成员自益权与共益权陷入"此长彼消"的困境。改革之前，集体事务的管理主体与集体财产的权利主体基本处于重合状态，未呈现明显张力。而扩权赋能之后二者的张力越来越大，以致同一时空内集体财产的权利人与集体事务的管理人不再完全重叠，甚至不一致的情况越来越多②。集体产权的部分权能对外部主体开放后，出现了新的参与者，如何将这些外部主体合理地融入进来，成为集体产权制度改革中不可回避的重要问题③。从实际情况来看，国家层以扩权赋能为目的的上层制度设计，在集体层和个体层产生了明显的"权利叠消"效应。

在集体层，随着市场化程度的提升，降低了成员与集体之间的衔接强度。目前多数改革试验区采取了"按人投票"的表决方式。因此，股权受让人的经济权利虽然明显增加，但其参与集体事务管理方面的权利却产生了"叠消效应"。与之相对，股份收益权者为了提升自身收益，想要参与集体的经营决策，但受身份资格的限制而无法行使决策、表决方面的权利④。由此可见，股权转移中受让人参与集体管理的民主权利并没有增加。股份出让人虽可继续

---

① 参见肖盼晴《农村集体产权制度改革背景下成员共益权的实现困境与出路》，《南京农业大学学报》（社会科学版）2021年第4期。

② 参见黄增付《资本下乡中的土地产权开放与闭合》，《华南农业大学学报》（社会科学版）2019年第5期。

③ 参见肖盼晴《产权制度改革背景下农村集体成员权的权利结构与功能实现》，《华中农业大学学报》（社会科学版）2021年第3期。

④ 参见华中师范大学中国农村研究院关于山东省农村集体产权的评估材料。

拥有农民集体的成员身份，但失去了集体经济组织的股东身份。直接后果是成员的身份性、程序性权利"未增反减"。从这个角度看，集体产权的扩权赋能减弱了成员与集体的利益牵连，导致集体成员缺乏参与集体事务的动力。与集体产权制度改革之前相比，集体成员的"权利总量"呈现下降的趋势。

在个体层，扩权赋能使"人地分离"现象更加普遍，导致集体成员对集体事务的关注度降低。随着股权的流转，扩权赋能必将促使更多的集体成员离开农村。不仅如此，与土地承包经营责任制相比，人口将由农村到城市的单向度流动转变为城乡间的双向度流动。其直接后果是，无论出让股权的集体成员还是受让股权的外部主体，由于其权利的不完整性，势必降低参与集体事务的积极性。或者因权能的不完整、身份资格的限制等原因难以参与集体事务的决策、管理等①。总体来看，上述趋势影响了集体成员的权能发挥。另外，集体成员可自主选择继承、转让以及赠与的对象。长此以往，股权可能会越来越集中，也可能会越来越分散，集体内拥有不完整权能的股东将会越来越多。可以说，扩权赋能在农民集体内部产生了明显的"权利叠消"效应，且日渐加剧。

三 立法：现行法律的不足与缺憾

关于集体成员权，《民法典》基本维持了《物权法》的相关规定，仅作了细微修改②。2022年12月底公布的《农村集体经济组织法（草案）》（以下简称"草案"）第11—19条对集体成员的认定、成员具体权利等做了相关的规定。其中第13条的1—4款规定了成员的选举权被选举权、参加成员大会、表决权、知情权、监督权等成员共益权方面的内容。第13条的5—9款规定的多是成员自益权方面的内容。"草案"对集体成员的决策、知情、选举被选举、撤销和监督权等做了规定。但集体成员权所涉问题由来已久，并且在集体产权改革的背景下，成员权的权利结构与权利内容发生了较大的变化。此外，各地扩权赋能内容的不同，导致集体成员权的实现呈现不同的问题。从

---

① 参见华中师范大学中国农村研究院关于山东省农村集体产权的评估材料。
② 《民法典》物权编第11章土地承包经营权和第13章宅基地使用权的相关规定，多是集体成员自益权方面的规定。《民法典》第261条第2款规定了农民集体成员参与集体决策的权利。第264条规定了农民集体成员对集体财产的知情权，以及查阅、复制相关资料的权利。第265条第2款规定了农民集体成员对于侵害集体成员合法权益的决议具有撤销权。

而使得"草案"中有关集体成员权方面的规定略显粗糙和薄弱,留有以下诸多遗憾。

一是未对农民集体和集体经济组织加以区分。《民法典》第262条基本承袭了《物权法》第60条的规定,农村集体经济组织被规定为集体土地所有权的代表行使主体。被寄予厚望的"草案"也未做出大的改变,其第5条规定"农村集体经济组织依法代表成员集体行使所有权"。以此来看,二者应该是同一主体还是不同主体,其关系为何,在"草案"中仍是模糊化处理。但在现实中,随着集体产权的扩权赋能,农民集体和集体经济组织间的差别也日渐明晰。由此可见,最新的立法动向已经明显滞后于改革发展的需要。

二是集体成员知情权缺乏具体的实施方案。"草案"中虽然规定集体成员有权查阅、复制财务会计报告、会议记录等资料。但在集体层和个体层如何实施?实践中有无操作可能性?若农村集体经济组织或村民委员会、村民小组直接拒绝或消极不作为,集体成员如何行使权利或者主张权利救济?对此,"草案"中缺少具体的规定,有待于在未来的立法中进一步明确。

三是集体成员撤销权缺乏派生诉讼方面的规定。虽然"草案"与《民法典》类似,也规定了集体成员在权益受侵害时的撤销权。但从实际情况看,集体经济组织负责人损害集体利益,或者怠于对侵害集体利益者主张权利的情况时有发生。对于上述情况,集体成员如何实现权利救济?对于各种侵害农民集体利益的行为,在农村集体经济组织、村民委员会或者其负责人怠于行使权利时,集体成员如何寻求司法救济,这些在"草案"中尚无明确依据。

四是集体成员大会难以实现意思自治。集体成员大会是农民集体的意思决定机关。"草案"第27条规定,"需由成员大会审议决定的重要事项,应当先经村党组织或者乡(镇)党委研究讨论"。如此一来,集体成员财产性权利虽在不断拓展和完善,并在向"私权化"方向发展。但从改革前沿和立法动向看,集体成员共益权却在向"权利减缩"和"公权化"的方向发展。例如,集体经济组织与村党组织成员或镇党组织成员的意见发生分歧的话,按照此条规定,是否难以顺利召开成员大会?再有甚者,党组成员或者乡镇党委的不当的、侵害集体利益的决定,集体成员如何通过召开成员大会启动维权程序?作为集体最高决议机关的成员大会,是否需要外部主体的批准和审议才可召开?这些都是极具争议的重要问题。

综上所述,从实践看,集体产权的扩权赋能使集体成员的自益权得以拓展和实现，但股权出让人和股权受让人的身份性权利却"实质性缩减"。从而导致集体成员的自益权与共益权陷入"此长彼消"的困境。无论实务界还是理论界，都对"农村集体经济组织法"的确立寄予厚望。但从当前公布的"草案"看，对于成员共益权的规定略显单薄。且自益权有"私权化"趋势，而共益权在向"公权化"方向发展。二者的矛盾势必会进一步扩大化，将导致集体成员权的内部"撕裂"。如何缩小自益权与共益权之间的张力，以实现两者由叠消到共促的转变，仍是当前亟须解决的课题。

第二节 叠消到互促：自益权与共益权的共拓机制

集体产权改革过程中各层次之间并非完全独立，而是具有"嵌套性"特征。产权实践中参与者间的行为互动，在原有规则的基础上构建出新的规则，从而形成新的社会形态[①]。集体产权制度改革导致成员自益权与共益权之间出现了明显的分离。改革之后，两权之间的互斥与叠消，导致股权出让人与股权受让人的权利出现了"实质性缩减"。并且最新的立法进一步加剧了两者间的张力。为解决上述问题，应从"个体—集体—国家"三个层次探讨具体的解决方案。

一 个体层：权益分配机制

权益包括权利和利益两部分内容。农民集体与集体经济组织的权益分配原则不同。一方面，对于权利分配，成员股东与非成员股东分别享有不同的权利。那么，从权责对等的角度，不同类型的主体应承担不同内容的责任。其一，兼具农民集体成员和集体经济组织股东这双重身份者，可同时享有两个团体中的权利。其二，已转让股权的集体成员，因其财产性权利已经转让，不再直接享受集体经济组织的收益分配。但基于集体成员的身份仍享有农民集体内的身份性权利。其三，因继承、转让和赠与等原因，受让股权的外部主体，只能获得财产性权利，不能受让身份性权利。其四，实践中基于出资

---

① 参见曹正汉《产权的社会建构逻辑——从博弈论的观点评中国社会学家的产权研究》，《社会学研究》2008 年第 1 期。

而取得的"股权"并非真正的集体资产股权,而是一种农村集体经济组织法人与出资者的利益分配机制①。因此,以出资而获得股权的外部主体只享有财产性权利,而不享有基于成员资格的身份性权利。

另一方面,对于利益分配,实质性利益的获得是集体成员最为关注的内容。对此,集体经济组织主要通过"折股量化"的形式来实现成员间的利益分配。通过股权配置集体成员的权利范围得以明确。集体成员的利益分配不仅要考虑集体产权的封闭性、身份性特征,还要考虑全体成员财产性利益的保护以及对特殊成员的保护力度。并要贯彻生存保障和实质公平的原则。与此相比,股权是集体经济组织利益分配的主要依据,除了考虑股东以及相关权利者的利益获得,还要保留农民集体持续发展的必要储备。综上,对于农民集体的利益分配,公平的重要性大于效率。而集体经济组织的利益分配主要遵循"效率"这一目标。

二 集体层:集体的决议与监督

(一)决议机制

农民集体决议是实现成员共益权的重要途径,其决议机制主要包括集体决议主体与内容,决议程序与效力等内容。

其一,集体决议的主体与内容。集体决议是对集体事项进行表决的重要形式。权能拓展引进了外来利益主体,与村民、集体成员共同构成乡村治理的主要参与主体,但三者参与村庄治理的渠道各异②。在集体产权制度改革实践中,集体决议的事项包括集体成员的资格条件、股权的分配规则、集体收益的分配等内容。集体成员共益权是参与上述事项的程序性权利。其中,最重要的是成员在集体决议中行使的表决权。该权利行使的目的在于保障成员自益权的实现。为此,集体成员共益权应与村民自治权、新利益主体财产权

---

① 参见宋天骐《论农村集体经济组织法人内部治理中的"人"与"财"——以治理机构的人员构成与集体资产股权为观察对象》,《河北法学》2022年第4期。

② 例如,山西潞城市规定成员都是股东但股东并非都是成员。因继承、赠与成为股东但不符合成员资格的只享有收益权,不享受民主权利。浙江德清县将集体经济组织社员划分为持股社员(社员股东)和不持股社员(社员非股东)两类,把合作社股东划分为社员股东和非社员股东。福建闽侯县实行"股权托管制",继承人若非本集体成员,则只享有股份分红,在该集体中没有选举权、被选举权和表决权。这样可以对各主体的权利内容和行使方式分别进行界定与赋权,清晰的权利界定和不同的行使渠道又可防止权利的越界。

等在权利主体、权利内容和行使方式上有所区分，以保障多元主体参与渠道的畅通。

其二，集体决议的程序与效力。成员共益权行使的目的在于做出农民集体的公共选择。而参与集体决议是成员共益权的重要行使方式。据此，成员共益权主要包括以下两方面的要求。一是符合程序正义的规则要求，二是基于成员多数决形成集体的意思表示。集体经济组织作为农民集体的外在表意机构，其集体决议兼具内部指向性和外部涉及性两方面的特点。例如，集体经济组织的决议不仅影响农民集体的运行，而且对集体经济组织的相关利益主体，以及农民集体与第三人的法律关系等产生外部影响。但农民集体的决议与集体经济组织不同，在效力上具有典型的内部指向性特点，其效力主要作用于农民集体内部。为此，农民集体的成员大会应充分实现"意思自治"，自主选择召开时间和召开方式，基层党组织以及乡镇党组织发挥外部协助和监督等方面的作用，遵循"不告不理"原则，而不应进行主动干涉。

（二）监督机制

集体产权扩权赋能背景下，不同主体的权利虽要分置，但为了实现集体资产保值、增值的目标，需建立统合式的监督机制。多元利益主体共同承担集体事务的监督责任，其主要的特点是：监督机构的人员构成不以成员身份作为要件。这是产权制度改革背景下协调和制衡多元主体利益的重要手段。

一方面，保障集体成员的知情权是实现有效监督的基础。因此，理论与立法中应明确界定集体成员知情权的内涵、外延等内容。实践中，农民集体应为集体成员行使知情权提供必要的便利，并在职责范围内，有效、及时且完整地对集体事务的相关信息进行披露和公示。集体经济组织作为农民集体的对外表意机构，及时对集体决议、集体运营状况和收益分配等内容向利害关系者进行公示。若农村集体经济组织或村民委员会、村民小组拒绝公开信息或消极不作为，立法中应进一步规定其应承担的法律责任，以及权利者的救济途径。

另一方面，集体成员的民主监督与专业监督相结合的统合式监督机制是实现有效监督的关键。实践中，构建包括集体资本成员大会、监事会、多种审计形式合力监督在内的多元监督机制，以保障集体资本的保值增值和农民权利。此外，鉴于农民集体和集体经济组织的特殊性，监督机制除了惯常的监事会之外，还应当包括成员大会、多种审计形式的合力监督等监督方式[①]。从而适应农民集体与集体经济组织的不同监督需求。

三 国家层：主体界定与立法完善

国家层的制度设计需对"农村集体经济组织"与"农民集体"予以明确的区分，并在立法中完善集体决议撤销权的相关内容。

关于"农村集体经济组织"与"农民集体"的区别与联系，理论与实践中存在着一元论与二元论的对立。有学者认为以下两个条件成立，则可采用"一元论"。两者的成员在自由流动的情况下完全重合；且两者参与利益分配的主体范围一致且平等[②]。但从实际情况来看，上述"一元论"难以成立。概言之，两者在历史渊源、利益主体和权利分配等方面存在明显的区别。首先，从历史渊源看，农民集体是具有鲜明排他性特征、以血缘和地缘关系为主形成的团体。长期以来，各村落对于"本村人"的资格认定具有严格的标准。同一地域内的居民享有不同的资格和权利[③]。中华人民共和国成立后，在政治手段的推动下形成了政经合一的"综合性共同体"。人民公社解体之后，农民集体的行政职能与经济管理职能相分离。农村集体经济组织与村民委员会的职能定位不同，分别承担着经济和政治等不同性质的职能。其次，从利益主体看，农村集体经济组织与农民集体的成员虽有部分重合，但两者的重合度逐步降低。农民集体成员资格的获得以身份作为要件。其内容包括以自我利益为目的的自益权，以及以集体公共责任承担为主要内容的共益权等。并且，农民集体成员认定标准和静态的股权管理模式进一步增强了集体产权的排他性与封闭性。相比之下，农村集体经济组织成员的权利结构具有一定的开放性，其股东可分为成员股东和非成员股东。随着权能的不断拓展，农民集体成员与农村集体经济组织成员不相重合的情况日渐增多。最后，从权利分配看，

---

① 参见郭祥《农村集体经济组织的特征、发展趋势及监督机制建构》，《农村经济》2022年第4期。

② 参见高海《农民集体与农村集体经济组织关系之二元论》，《法学研究》2022年第3期。

③ 例如，从满铁的华北农村惯行调查来看，传统时期，各村落根据是否在村内长期居住；纳税摊派等义务的履行；村内是否有土地、房屋、墓地等；有无保证人；村内有无亲属等若干条件，将村内居民划分为：本村人、新户、离村者、寄居户、外村人等类型（参见中国農村慣行調査刊行会编『中国農村慣行調査（第1—6卷）』岩波書店，1952—1957年出版）。

农民集体是全体成员的"集合体"。而农村集体经济组织是"农民集体"的实体化,在实际运行中是农民集体的外在表意主体[①]。随着集体产权制度改革的深入,集体内部的政治、经济和社会等方面的职能出现了明显的分化。

此外,立法中完善集体决议撤销权的相关规定,是实现成员监督权的重要保障。实践中,农民集体决议有可能直接或间接地损害成员利益。若无救济,则成员权会处于"悬而未决"的尴尬境地。为此,法律应赋予相关利益主体在其合法权益遭受侵害时的救济权,以充分实现矫正正义。但目前,无论理论上还是实践中,缺乏集体成员撤销权的具体适用案例。并且在司法实践中存在与村民自治权边界不清、决议撤销事由认定困难等问题。鉴于此,一方面,国家层的制度设计应区分集体成员的自益权与共益权,并对此分别配置不同的保障措施。此外,立法中不能只笼统地认定集体成员具有撤销权,而要进一步明确不同主体撤销权的范围和具体内容,以及撤销权的行使程序和效力范围。另一方面,为使成员在集体决议中发挥实质性作用,立法中需要完善农民集体决议不成立、无效与撤销的具体事由。并对农民集体决议的撤销事由加以区分,主要分为决议内容违法、决议程序瑕疵、决议内容违法和程序瑕疵并存等类型[②]。在此基础上,理论和司法实务中归纳农民集体成员撤销制度应然的规范构成,并在立法中完善农民集体成员派生诉讼权的相关内容。

综上所述,集体产权改革过程中各层次之间具有"嵌套性"关系。集体产权制度改革虽然拓展了成员的财产性权利,但导致成员自益权与共益权之间出现了明显的分离。并且,改革之后两权之间的互斥与叠消,导致股权出让人与股权受让人的权利出现了"实质性缩减"。自益权与共益权陷入"此长彼消"的困境。个体层的共益权困境影响了集体层的正常运转,进而导致国家层的改革目标难以实现。最新的立法不仅难以化解上述问题,甚至会导致其进一步恶化。为此,应从"个体—集体—国家"三个层次以及"理论—实践—立法"三个维度探讨具体的解决方案。具体包括多元主体的权责定位,以及构建统合式监督机制等内容,从而实现集体成员"自益—共益"间的互

---

① 参见于雅璁《"特别法人"架构下我国农村集体经济组织改革发展路径探析》,《海南大学学报》(人文社会科学版) 2020 年第 6 期。

② 参见杨萍《农民集体决议撤销制度的实证考察与制度完善》,《广西社会科学》2021 年第 7 期。

促与共拓。但"个体—集体—国家"三个层次间并非完全独立的关系,其中包括若干的关联性和嵌套性,难以真正做到"层分化"的探讨。本章的研究虽为农民集体成员"自益—共益"的共拓提供了大体方向。但由于目前缺乏明确的立法支撑,仍需根据集体产权制度改革的实际状况和现实需求,在理论和实践中对上述机制进行深入的探讨。例如,集体信息公示的请求主体和方式、监督机制中多元主体的衔接、集体决议的撤销条件和撤销方式等都是需要深入探讨的重要课题,也是未来立法和修法需要关注的重要方向。

中 篇

延续与创新：家户制传统在集体产权治理中的再利用

家户制是中国农村传统社会组织形式之一，具有悠久的历史和丰富的文化内涵。家户制的结构特征和功能在农村社会中起到了重要的作用，在现代社会中仍然具有一定的价值和意义。从历史视角看，传统家产制的结构特征主要体现在家族的组织结构和家庭成员之间的权力关系上。家族是一个重要的社会单位，家族成员之间通过血缘关系紧密相连，并且共同拥有和管理家族的财产和资源。家族内部的权力关系一般由家长或家族长来掌控，其在家族中担任着重要的决策者和管理者的角色。此外，传统家产制还存在着家族成员之间的相互依赖关系和互助关系，家族成员之间通常会互相帮助和支持，共同维护家族的利益。

传统中国的家户和国家是最强大的组织形态，"国"以"家户"为根基。在"皇权不下县"的传统时期，家户是为自身活动负责的责任单位，天灾人祸完全由家户自我承受。家产的使用、收益、管理和处分等权能被质地分割，并通过授权与限权并存、形式平等与实质平等兼顾，实现成员之间的克己与不争，维持自身的稳定。除此之外，通过对家产的功能进行量的分化，设定特殊份额保护困难群体。并且家产制下允许适量个人财产的存在，不仅可以起到激励作用，而且可以实现家户在特殊情况下的自我救济。如此一来，家户通过家产的权能分割和功能分化，不仅可以维持家户内部的稳定，实现"家治"，而且可以承担部分社会保障功能，弥补"国治"的不足，实现生存者保障功能。传统家产制的功能主要体现在家族的维系和家族财产的传承上。家户作为基本的社会单位，起到了维系家庭成员关系和传承家族文化的作用。家户成员之间通过共同拥有家族财产和资源来保持彼此之间的联系，并且通过家族的传统和习俗来传承家族的文化和价值观。此外，家族还承担着家族成员的福利和保障的责任，家族成员之间通过互助关系来共同解决生活中的困难和问题。

在现代社会中，虽然家产制已经发生了一定的变化和演变，但其基本的结构特征和功能依然具有一定的价值和意义。例如，在农村承包经营户内，共有权的结构和功能仍然可以起到一定的作用。农村承包经营户是农村经济的基本单位，通过共同拥有土地和资源，农村承包经营户可以实现资源的合理利用和农业生产的协作。共有权的结构和功能可以促进农村承包经营户之间的合作和互助，共同推动农村经济的发展和农民的增收。类似地，农村宅基地户内共有权的结构和功能也具有重要的意义。农村宅基地是农民的居住和生活基地,通过共同拥有宅基地的权利,农民不仅可以保障自己的住房需求和生活质量,也可在一定程度上提升应对外来风险的能力。但面对个人权利意识的强化,以及现代立法"去家产化"方向的发展,传统家产制也面临巨大挑战。一味"去家产化",不仅难以有效解决现实问题,还可能导致问题更加复杂化。在此背景下,如何实现传统家产制的创新和再利用,是农村土地制度改革中不得不探讨的重要问题。

第七章
传统家产制的结构特征及功能分析*

中国具有数千年的家户经营传统，家户是整个社会的基本组织单位，以家户为基本物权单位的家产制是我国传统社会最主要的产权形式①。学界对家产制的研究可以分为两个方向。

一是从公权的角度研究家产制对权力支配的影响。韦伯认为家产制是中国社会最恒久的特征之一。家产制不是以个人和个人权利为基础，而是以家和家的"整体性"为基础的一种制度安排。一旦这种支配结构扩展到家户的狭小领域之外，并发展出特别的行政机构和武装力量，且这两者都成为支配者的工具时，就产生了家产制支配②。秦朝至晚清的中国社会是一种典型的家产制社会，或者是家产官僚制社会。秦统一之后，废除采邑制，制定出俸禄的固定等级，这意味着封建主义的全面废除，从此确立了典型的家产制的官僚制度③。

二是从私权的角度研究家产制的权利归属。有关家产归属的探讨存在着"家族共有论"和"家长独有论"的对立。日本学者中田薰在《唐宋时期的家族共产制》一书中首次提出④。之后，仁井田陞其进行了进一步的论述，认

---

* 本章以《生存者权保障：家产制的结构特征及功能分析——以满铁华北农村惯行调查为中心》为题，发表于《广西大学学报》（哲学社会科学版）2019年第6期。

① 在传统社会中普遍存在的是家户财产，而非个人财产，任何个人都没有完整的财产所有权，这是我国传统财产所有制形式的基本特征（邢铁：《从家产继承方式说我国古代的所有制形式——以唐宋为中心的考察》，《中国经济史研究》2007年第3期）。

② 参见［德］马克斯·韦伯《经济与社会》第一卷，阎克文译，上海人民出版社2010年版，第340页。

③ 参见［德］马克斯·韦伯《经济与社会》第一卷，阎克文译，上海人民出版社2010年版，第372—374页。

④ 参见中田薰「唐宋時代の家族共産制」『国家学会雑誌』1926年第40卷7、8号。

为家产的管理权与家长的教令权,两者是不同的权力。但是在日常的事务中却难以明确地区分两者,因为两者的混同而导致家长的财产管理权加强,导致父家长财产论的产生。如果剥离教令权的话,家长对于家产更多的是管理权,而不是父家长的单独所有权①。家长有管理权但是无自由处分权。家长去世后,不是遗产继承而是家产的分割,因为家产是属于全体家户成员共有②。福武直也持相同观点③。与此相对,滋贺秀三认为应将家产的经济功能和权利归属区别对待,从经济功能来看,家产是家户成员共同的财产,而从权利归属来看的话,家产是家长的财产④。国内诸多学者认为家产是家户成员的共同财产,而非家长独有⑤。

通过上述梳理可以看出,学界关于家产制的研究大多关注于家产制对国家政治的影响,或者是家产制的权利归属,而家产制在家户治理和国家治理中有何作用,学界的研究相对较少。中国的家户和国家是最强大的组织形态,"国"以"家户"为根基⑥。那么,家户对内如何实现成员之间的克己与不争,维持自身的稳定,实现"家治"?对外又如何与国家相连弥补"国治"的不足?家产制在其中发挥什么作用?基于此,本章将基于对满铁华北农村惯行调查资料的考察,深入探讨上述问题。

第一节　权能分割:授权与限权并存

家产是家户成员共同会计的资产的总称⑦。家产制的一个重要特征是家产

---

① 参见仁井田陞『中国の農村家族』東京大学出版会1954年版,第220页。
② 参见仁井田陞『中国の農村家族』東京大学出版会1954年版,第238页。
③ 参见福武直『中国農村社会の構造』東京大学出版社1976年版。
④ 参见滋贺秀三『中国家族法の原理』創文社1967年版,第208页。
⑤ 参见史凤仪《中国古代婚姻与家庭》,湖北人民出版社1987年版,第261页;俞江《论分家习惯与家的整体性——对滋贺秀三〈中国家族法原理〉的批评》,《政法论坛》2006年第1期;邢铁《从家产继承方式说我国古代的所有制形式——以唐宋为中心的考察》,《中国经济史研究》2007年第3期。
⑥ 参见徐勇《中国家户制传统与农村发展道路——以俄国、印度的村社传统为参照》,《中国社会科学》2013年第8期。
⑦ 传统社会的家产其权利主体是家和户,明代"一条鞭法"以后户籍制受到破坏,户的观念随之淡化,"家"成为家产制的基本单位。本章虽然统一使用"家户"一词,但多数情况下与家庭重合。

的使用、收益和管理、处分等权能被纵向分割。家户成员基于户内不同的身份对家产享有不同的权利。家长享有家产的管理、处分权,其他成员享有使用、收益权以及管理处分时的参与权;家长的权力受其他成员权利的制约。

一　权利分配

同居共财是家产制最主要的内容,在同居共财期间户内成员仅有隐性份额。家产如同"钱袋子",家户成员所有的收入都放入其中,所有的消费也将从中支出。即家产属于家户成员的共同收入,用于所有成员的共同消费,若有剩余则作为共同的资产用于家户储蓄[1]。即使家户成员在外务工,其所得劳动报酬,也要拿回家交给家长保管[2]。自然经济状态下的收入和消费以"家户"为计算单位,每位成员的收入由家户共同会计,不容易分清每个人的份额,只有家产分割时成员的份额才由隐性变为显性。家户成员可以平等地消费,保障基本的生活所需,但每个人的份额却不相同,并且仅家中的男性有资格按照辈分的顺序继承家产,而女性被排除在外。

同居共财关系具有稳定性,不因家户内成员的增加或减少而发生变动。在同居共财关系之下,家产为一个整体,家户中所有的同辈男子都是家产同一顺位的所有者,但又不是唯一的所有者。家户成员的死亡仅意味着同居共财的集团里减少了一名成员,而其他成员继续拥有财产。同样,家户内部因出生或者结婚有新的成员加入,则意味着家产的使用、收益权者的人数增加,但不会对家产整体的数量产生影响。户内成员去世后,其财产归为家产,由家长统一管理[3]。由此可见,家产是家户成员在特定的时期内所享有的财产权利。虽然成员个人的份额并不明确,但每位成员不论贡献的多少,对家产都享有平等的消费权,可以共同占有、使用家产,共享家产的收益,以满足基本的生活所需。

---

[1]　参见徐勇、邓大才主编《满铁农村调查》第1卷,李俄宪主译,中国社会科学出版社2016年版,第559页;徐勇、邓大才主编《满铁农村调查》第4卷,李俄宪主译,中国社会科学出版社2017年版,第559、150页。

[2]　参见徐勇、邓大才主编《满铁农村调查》第4卷,李俄宪主译,中国社会科学出版社2017年版,第121页。

[3]　参见徐勇、邓大才主编《满铁农村调查》第1卷,李俄宪主译,中国社会科学出版社2016年版,第512页。

家产的管理处分权能的获得和行使具有一定的身份性。家长基于其身份是习惯法所认可的"法定的"家产管理者，很多情况下家长是家产名义上的所有人，对外可签订契约处分家产，地契、房契等很多都是家长的名义。家长可以基于其自身权威对家户成员的行为进行规制，但家长不受家户成员意志的影响①。家户所有的动产和不动产均属于家产，都由家长管理和支配，家户成员共有并利用②。户内成员未经同意私自处分家产，家长有撤销其交易的权利③。

二 权力制约

家产的处分权能受到严格的限制，家长虽是家产的管理者但不可随意处分家产，必须与其他家户成员商量才可④。家产是全体家户成员的生活保障，家长有责任使家产保值增值以维持整个家族的运转，且要留给子孙后辈，以实现家族的传承和发展⑤。家长名义下的财产，在其死后，由子辈均分继承；不分家的话，就由下一任家长全数继承⑥，继续维持同居共财的关系。

基于家长权威和家长的教令权，家长的管理权能得以实现，从而产生了"家长是家产所有者"的误解⑦。但实际上，除去教令权，家长对家产更多的

---

① 参见徐勇、邓大才主编《满铁农村调查》第4卷，李俄宪主译，中国社会科学出版社2017年版，第150页。

② 参见徐勇、邓大才主编《满铁农村调查》第1卷，李俄宪主译，中国社会科学出版社2016年版，第660页；徐勇、邓大才主编《满铁农村调查》第4卷，李俄宪主译，中国社会科学出版社2017年版，第151页。

③ 参见徐勇、邓大才主编《满铁农村调查》第1卷，李俄宪主译，中国社会科学出版社2016年版，第512页。

④ 参见徐勇、邓大才主编《满铁农村调查》第1卷，李俄宪主译，中国社会科学出版社2016年版，第507、561页；徐勇、邓大才主编《满铁农村调查》第4卷，李俄宪主译，中国社会科学出版社2017年版，第151、173页。

⑤ 参见中国農村慣行調查刊行会編『中国農村慣行調查（第5卷）』岩波書店1957年版，第453页。

⑥ 参见徐勇、邓大才主编《满铁农村调查》第4卷，李俄宪主译，中国社会科学出版社2017年版，第151页。

⑦ 滋贺秀三认为，应将家产的经济功能和权利归属区别对待，从经济功能来看，家产是家户成员共同的财产，而从权利归属来看的话，家产是家长的财产（参见滋賀秀三『中国家族法の原理』創文社1967年版，第208页）。

是管理权而不是所有权。所以，家产不是家长的单独所有权，家长不享有处分权，家产的处分权能由家户成员共同行使。为了全家利益且有正当的理由，向家庭成员说明出售的必要性，并征求意见，才可出售家产①。例如，买地的时候家人反对也可以凭家长一个人的想法而买，但买了以后不能随便卖掉，更不能免费赠与他人②。家长出卖土地，必须和其他家户成员商量③。如果户内成员多数同意，仅一两个人反对的话可以变卖，若多数人反对则不能变卖④。

　　除此之外，家长的权力受到严格的程序和规则的限制，在分家时表现得尤为明显。分家是经济单位的分离，严格来说不是继承而是家产的分割。同居共财关系解体，如同细胞分裂一样，形成对等、平均的若干新分户。为了给新分户提供均等的生活保障，分割家产时要求要式析分，不仅注重形式平等，更要严格遵守一定的程序和规则，不能由家长单独决定。分家时首先把同族的长辈、儿子的亲娘舅、本村的街坊二三人叫来合计家户的财产、田地、房子、家具有多少，询问养老方式以及是否预留养老地，之后写分家单。有兄弟二人以上的话，按照均分的原则，抓阄决定家产的分割，并且要在亲族人等监督下制阄、拈阄和写阄书⑤。注重形式平等的同时注重实质的平等，例如，土地农具等都是好坏搭配，不能分割的大型生产工具，虽然份额明确化，但是由兄弟几人共同使用。这样可以最大限度地为新分户提供生存保障，使其成为自负责任的新单位。

---

　　① 参见徐勇、邓大才主编《满铁农村调查》第 4 卷，李俄宪主译，中国社会科学出版社 2017 年版，第 205 页。
　　② 参见中国農村慣行調査刊行会编『中国農村慣行調査（第 5 卷）』岩波書店 1957 年版，第 462 页；徐勇、邓大才主编《满铁农村调查》第 1 卷，李俄宪主译，中国社会科学出版社 2016 年版，第 621 页。
　　③ 参见徐勇、邓大才主编《满铁农村调查》第 1 卷，李俄宪主译，中国社会科学出版社 2016 年版，第 625 页；徐勇、邓大才主编《满铁农村调查》第 4 卷，李俄宪主译，中国社会科学出版社 2017 年版，第 159—160 页；中国農村慣行調査刊行会编『中国農村慣行調査（第 5 卷）』岩波書店 1957 年版，第 71 页。
　　④ 参见徐勇、邓大才主编《满铁农村调查》第 1 卷，李俄宪主译，中国社会科学出版社 2016 年版，第 625 页。
　　⑤ 参见徐勇、邓大才主编《满铁农村调查》第 4 卷，李俄宪主译，中国社会科学出版社 2017 年版，第 905—906 页；中国農村慣行調査刊行会编『中国農村慣行調査（第 5 卷）』岩波書店 1957 年版，第 487 页。

在家户内部通过对家产的使用、收益和管理、处分等权能进行质的纵向分割，授权与限权并存，实现家户成员的"克己"与"不争"。首先，家长行使管理权能，而户内全体成员拥有使用、收益权能，以及管理处分时的参与权。家长是家产的管理者，财产的管理权与家长的教令权合二为一，使家户内部形成良好的财产秩序，避免成员之间发生纠纷，以持续为户内成员提供生活保障。其次，户内成员享有家产的使用、收益权，以满足日常生活所需，但所有权属于户内男性成员共有，分家时按照在家户内不同的身份，分别获得相应的财产权利。一般来说辈分相同的男性，可以获取份额相等的财产。最后，家产的处分权能受到严格的限制，由家户成员共同行使。家长可以管理和增益家产，但不可随意处分家产。

第二节　功能分化：家户与国家相连

家产不仅通过产权权能的分割，为家户成员提供基本的生存保障，同时通过对产权功能的分化，为家户中的特殊成员提供生存保障，弥补国家社会保障功能的不足。例如，家产中的养老地和养老粮等可以弥补国家养老功能的不足；嫁妆地的设定可以弥补妇女权益保障方面的不足；私放财产的存在可以提高户内成员的积极性，也能增强特殊情况下家户自我救济的能力。

一　养老份额

传统社会国家既无能力，也无意愿掌控基层社会，国家也未建立健全的养老体系，家户主要通过预留养老地的方式，实现家户的自我养老功能，弥补了国家养老能力的不足。传统时期，家户的养老方式主要有养老地、养老粮、轮流管饭等几种方式[①]。其中，预留养老地最为常见，可以为父母的生养死葬提供保障。

在国家缺少养老、医疗等一系列社会保障的情况下，若将土地全部分给

---

① 参见徐勇、邓大才主编《满铁农村调查》第1卷，李俄宪主译，中国社会科学出版社2016年版，第586、657页；徐勇、邓大才主编《满铁农村调查》第4卷，李俄宪主译，中国社会科学出版社2017年版，第209页。

儿子或者出售给他人，父母的生活和丧葬费可能无法保障，因此多数农户分家时即使土地很少，也要为父母预留一定的养老地，剩余的土地才进行均分①。首先，养老地是以为父母提供生活保障为目的，其面积和使用完全由父母自主决定②。一般是家户共有土地的四五成当作养老地，且会留最好的土地，承担父母生养死葬的功能。例如，有五十亩地，大约二十亩地作为养老地，其余再分给儿子。父母只剩一人的话，则留四五亩养老地，如果有未出嫁的女儿，再多预留养老地③。其次，如何使用养老地由父母自己决定。养老地有的是父母自己耕种，有的出租，收来的租子维持基本的生活开支④。养老地还可以转变功能，为其他成员提供一定的生活保障。例如，女儿出嫁的时候，可以典当或者卖掉部分养老地，来置办嫁妆，兄弟不能干涉⑤。最后，养老地最终仍归儿子所有。父母去世后，举办葬礼的费用也从养老地支出，剩余部分再由诸子平分⑥。分家之后老人即使预留了养老地，但是所有权还是归儿子所有，要出卖养老地的话，必须和孩子商量⑦。可以说，在分家后直到父母去世这段时间内，父母仅享有部分家产的用益物权，以实现养老功能⑧。

二 女性份额

家产中嫁妆地、嫁资钱等特殊份额的设定可以弥补国家在妇女权益保障方面的不足。在传统社会，条件较好的家户会赠送土地给出嫁的女儿，也有

---

① 参见中国農村慣行調査刊行会编『中国農村慣行調査（第5卷）』岩波書店1957年，第139页。

② 甚至有的农户在生前土地一点也不给孩子，全部作为养老地（参见中国農村慣行調査刊行会编『中国農村慣行調査（第5卷）』岩波書店1957年版，第101页）。

③ 参见徐勇、邓大才主编《满铁农村调查》第4卷，李俄宪主译，中国社会科学出版社2017年版，第131页。

④ 参见中国農村慣行調査刊行会编『中国農村慣行調査（第5卷）』岩波書店1957年版，第101页。

⑤ 参见徐勇、邓大才主编《满铁农村调查》第4卷，李俄宪主译，中国社会科学出版社2017年版，第174页。

⑥ 参见中国農村慣行調査刊行会编『中国農村慣行調査（第5卷）』岩波書店1957年版，第74页；徐勇、邓大才主编《满铁农村调查》第4卷，李俄宪主译，中国社会科学出版社2017年版，第132页。

⑦ 参见中国農村慣行調査刊行会编『中国農村慣行調査（第5卷）』岩波書店1957年版，第101页。

⑧ 参见仁井田陞『中国の農村家族』東京大学出版会1954年版，第156页。

的是给嫁资钱，结婚时作为嫁妆带到娘家①，是为处于弱势的女性提供生活保障而设置的特定产权。

　　一方面，嫁妆地、嫁资钱等的设定可以避免婚姻不幸导致出嫁的女儿生活无所依靠。妻子从娘家带去婆家的钱，可以自己一个人使用，不需要跟丈夫商量；妻子用自己的嫁资钱购买了土地，可以不充进家产，而作为自己的私有财产②。为了避免女儿因婚姻不幸而失去生活保障，结婚时娘家的父亲不会把嫁妆地的地契转交给出嫁的女儿，过了三五年之后生了孩子，夫妻感情稳定，才会转交地契③。另一方面，嫁妆地的收入可以由妻子自由支配，使其在户内掌握一定的经济权利。嫁妆地主要由妻子管理，夫妻可以将嫁妆地出租，收入归夫妻所有，家长无权干涉④。妻子也可以选择自己独享收益，户内其他成员也允许此种情况下妻子持有私有财产，如果夫妻感情较好，妻子也可以选择与丈夫共享收益⑤。妻子陪嫁带来的衣物跟家具，家长不可以出售或典当⑥。再者，嫁妆地的处分受到严格的限制。家户经济实在困难，最后没有办法了才可以出售嫁妆地，而且要告知娘家，得到同意后才可处分⑦。并且在分家的时候要分开清算，夫妻年老及子女分家时，嫁妆地一般会转为养老地⑧。因此，嫁妆地可以为出嫁女儿的一生提供基本的生活保障。

---

　　① 参见徐勇、邓大才主编《满铁农村调查》第1卷，李俄宪译，中国社会科学出版社2016年版，第561页。

　　② 参见徐勇、邓大才主编《满铁农村调查》第1卷，李俄宪译，中国社会科学出版社2016年版，第564、623页；徐勇、邓大才主编《满铁农村调查》第4卷，李俄宪译，中国社会科学出版社2017年版，第314、327—328页；中国農村慣行調査刊行会编『中国農村慣行調査（第5卷）』岩波書店1957年版，第65页。

　　③ 参见徐勇、邓大才主编《满铁农村调查》第3卷，李俄宪译，中国社会科学出版社2017年版，第170页。

　　④ 参见徐勇、邓大才主编《满铁农村调查》第4卷，李俄宪译，中国社会科学出版社2017年版，第213页。

　　⑤ 参见徐勇、邓大才主编《满铁农村调查》第1卷，李俄宪译，中国社会科学出版社2016年版，第558、567、577页。

　　⑥ 参见徐勇、邓大才主编《满铁农村调查》第4卷，李俄宪译，中国社会科学出版社2017年版，第170页。

　　⑦ 参见徐勇、邓大才主编《满铁农村调查》第4卷，李俄宪译，中国社会科学出版社2017年版，第170—171页。

　　⑧ 参见徐勇、邓大才主编《满铁农村调查》第1卷，李俄宪译，中国社会科学出版社2016年版，第562页；徐勇、邓大才主编《满铁农村调查》第4卷，李俄宪译，中国社会科学出版社2017年版，第171页。

由此可见，有条件的农户通过向出嫁女赠送嫁妆地、嫁资钱的方式，可以防止婚姻关系发生变动而导致女儿失去生活保障。这部分财产不是女儿与婆家的共有财产，若婚姻关系稳定只专属于女儿核心小家庭所有，并伴其一生，不会被列入家产中进行分割。

三 个人份额

家产制下并非完全禁止家户成员私有财产的存在，也允许少量私人财产的存在。家户成员自己存的钱叫作私放，或者体己，家户成员用自己存的钱买的地叫作私放地或者体己地①。例如，户内成员自己外出打工存钱所买的土地②、妻子用陪嫁的钱买的地。私放地的契约书上写有买主本人的名字，而不写家长的名字，无须经过家长的许可就可处分③。若私放地由全家人共同耕种，所有者要向其他家户成员支付耕作费，剩下的部分才归自己所有。例如，共收获十斗左右的粮食，大概用一二斗支付耕作费④。

家长无权管理和处分家户成员的私放财产，变卖私放财产是以所有者的名义变卖。家户成员的私放地、个人的衣物、钱物，以及成员个人所饲养的家畜等，家长不能随意处理⑤。家户成员自己工作赚的钱，可以自己留一部分而不全部交给家长，自己存下来的钱在分家时也可以不拿出来分⑥。家长也不能私自动用家族成员的私放财产。但若家庭经济遭遇困难时，家长可以借用其他成员的私放财产，手续简单，无须立字据且也无

---

① 参见徐勇、邓大才主编《满铁农村调查》第 1 卷，李俄宪主译，中国社会科学出版社 2016 年版，第 564、577、661 页；徐勇、邓大才主编《满铁农村调查》第 4 卷，李俄宪主译，中国社会科学出版社 2017 年版，第 149 页。

② 参见徐勇、邓大才主编《满铁农村调查》第 4 卷，李俄宪主译，中国社会科学出版社 2017 年版，第 221 页。

③ 参见徐勇、邓大才主编《满铁农村调查》第 4 卷，李俄宪主译，中国社会科学出版社 2017 年版，第 214 页；徐勇、邓大才主编《满铁农村调查》第 1 卷，李俄宪主译，中国社会科学出版社 2016 年版，第 564 页。

④ 参见徐勇、邓大才主编《满铁农村调查》第 4 卷，李俄宪主译，中国社会科学出版社 2017 年版，第 214 页。

⑤ 参见徐勇、邓大才主编《满铁农村调查》第 1 卷，李俄宪主译，中国社会科学出版社 2016 年版，第 507 页。

⑥ 参见徐勇、邓大才主编《满铁农村调查》第 3 卷，李俄宪主译，中国社会科学出版社 2017 年版，第 220 页；徐勇、邓大才主编《满铁农村调查》第 4 卷，李俄宪主译，中国社会科学出版社 2017 年版，第 150 页。

利息。

通过以上的考察可以看出，传统时期部分家户允许少量私放财产的存在。个别能力强的成员，收入较多的话，除了按时向家长上交一部分收入之外，可以自己预留一部分作为自己的私放财产。家产中的私放财产提高了成员个体的积极性，并且在家户遭遇困难时可以起到救济的作用，提高家户整体应对风险的能力。

第三节 家户共产：生存者权保障

家产制不仅对家产的所有权进行了权能分割，而且对家产的功能进行了划分。如此一来，家户共产的产权结构对内维持家户的整体性，对外可以弥补国家治理能力的不足，保障生存者权。生存者权是来自英美产权制度中的概念，是以保障生存者的权利为目的的产权结构，主要有两个特征。其一，合有权是一种产权结构稳定的权利，若有合有者去世，还在世的其他合有者有权继承其份额。即成员的增加或者减少不会对产权结构产生影响，意味着最后去世者将拥有全部合有财产。任何一个共有者的权利都在其死亡时终止，这种权利不能遗赠也不能通过无遗嘱继承的方式进行继承[1]。其二，各共有者虽然是共有财产的所有者，但没有特定的份额，不能要求分割合有的财产，否则合有关系将转变为共有关系，生存者权消失[2]。

中国家产制的产权结构符合上述两个特征。首先，家产具有相对稳定性，可为户内成员提供稳定的生活保障。家产制一般是基于亲子血缘关系而产生，户内成员不管增加还是减少，都不会引起既有家产的变动，最后的生存者可以拥有全部家产。并且家产不能遗赠也不能通过无遗嘱继承的方式继承，只能由剩余的户内成员继续维持同居共财的关系。其次，户内成员对家产没有特定的份额，不能要求分割家产。传统农户多是维系自然经济的生存状态，

---

[1] 参见徐勇、邓大才主编《满铁农村调查》第1卷，李俄宪主译，中国社会科学出版社2016年版，第567页。

[2] 参见［美］斯普兰克林《美国财产法精解》，钟书峰译，北京大学出版社2009年版，第126页。

防止商品经济因素的进入①。而在自然经济状态下，家户的收入和消费以整个家户为计算单位，不容易分清每个人的份额，同居共财期间家户成员共同收入、共同消费，但每个人都不清楚自己的份额。除非户内有成员提出分割要求，在诸子平均析产的分家方式之下，兄弟中几人可以根据平均原则推算出自己的份额，然后分财异居、另立户头②。家产的隐性份额转变为显性份额，原家户被分割为若干单位，形成若干共产的单位。由此可见，中国传统的家产制的产权结构具有生存者权保障功能。

家产通过不同的功能划分，弥补国家社会保障功能的不足。从家产的功能的分化来看中国传统的家产制具有更强的生存者权保障功能。在"皇权不下县"的传统时期，家户通过对自有产权不同功能的划分，实现天灾人祸的自我承受，并为家户内部的困难群体提供生活保障，弥补国家保障功能的不足。例如，养老地的设置解决了国家无力提供养老服务的问题。分家后直到老人去世这段时间内，养老地的权能被进行了质的分割，所有权仍然是父母与儿子共有，但是父母在世期间享有用益物权，以实现养老功能③。另外，家产中的嫁妆地是为女性提供保障的一种产权安排。除此之外，户内成员如果有困难，全员扶助，共渡难关④。家户成员生病不能工作的时候，即使从未向家中交过钱，家户其他成员也要保障其基本生活⑤。如果孩子是残疾人，家里其他成员不会让其去干过重的活儿，并且分家时会获得等份的财产⑥。由此可见，家产制下为家户内部的困难成员提供了生活保障。

分家和继承兼顾实质平等和形式平等。家产主要依靠"分家""继承"等方式在家户内部流动，实现家产的维系和传承。分割家产的目的是使新分户生存条件均等、经济生活对等，以为新分户提供基本的生活保障。分家所

---

① 参见柯昌基《中国古代农村公社史》，中州古籍出版社1989年版，第150—155页。
② 参见邢铁《从家产继承方式说我国古代的所有制形式——以唐宋为中心的考察》，《中国经济史研究》2007年第3期。
③ 参见仁井田陞『中国の農村家族』東京大学出版会1954年版，第156页。
④ 参见徐勇、邓大才主编《满铁农村调查》第1卷，李俄宪主译，中国社会科学出版社2016年版，第506页。
⑤ 参见徐勇、邓大才主编《满铁农村调查》第4卷，李俄宪主译，中国社会科学出版社2017年版，第150页。
⑥ 参见徐勇、邓大才主编《满铁农村调查》第4卷，李俄宪主译，中国社会科学出版社2017年版，第152页。

要遵守的基本原则就是均分,以好坏搭配、不同种类搭配的方式进行,如产量不同的地要互相搭配分配,房屋在分配时也是新旧搭配分配①。重要的生产资料分家之后各新分户按份共有,但是共同使用。为了避免因分家导致生产力的下降,使家族陷入贫困,很多情况下分家之后重要的生产资料仅明确份额,而不进行实质分割,仍是兄弟几人共用。例如,价格高的大车、石碾、磨、犁、推车等是共同使用,不进行分割,多数家户的牛、马、骡子等牲口兄弟分家后,仅是明确了份额,仍然共同使用②。并且,家产的分割要照顾户内的困难成员,要尽量为其预留财产,以保障其基本的生活所需。如果家里有残疾人,没分家的时候由全体成员共同供养,分家的时候要为其预留一部分财产③。如果是男孩,即使体弱多病无法耕作,在分家时也要分给一定的财产,如果是女儿则要给一笔钱④。可以说,家产的要式析分最大限度地为新分户提供生存保障。分裂之后的单位非上下统属、依存关系,如同细胞分裂一样,形成对等、平均的若干小家户。家产通过既定的程序和规则实现分割,使新分户生存条件均等、经济生活对等,成为自负责任的新单位。

概言之,通过本章对满铁华北农村惯行调查资料的考察,可以看出,在国家治理能力较弱的条件下家户内部通过家产的纵向权能分割和横向功能分化,实现生存者权保障,弥补国家社会保障功能的不足。家产的使用、收益、管理和处分等权能被纵向分割,并通过授权与限权并存、形式平等与实质平等兼顾,实现成员之间的克己与不争,维持自身的稳定。家长享有管理处分权,但受到一定的限制;其他成员享有使用收益权和管理处分时的参与权,以限制家长的权力。在分割家产时要严格遵守一定的程序和均分的规则,但均分并非绝对的平均,而是根据成员的实际需要进行新旧好坏的搭配。除此之外,通过对家产的功能进行横向的分化,设定特殊份额实现生存者保障功能,弥补国家社会保障功能的不足。在"皇权不下县"的传统时期,家户是

---

① 参见徐勇、邓大才主编《满铁农村调查》第4卷,李俄宪主译,中国社会科学出版社2017年版,第187页。
② 参见徐勇、邓大才主编《满铁农村调查》第4卷,李俄宪主译,中国社会科学出版社2017年版,第188、906页。
③ 参见徐勇、邓大才主编《满铁农村调查》第1卷,李俄宪主译,中国社会科学出版社2016年版,第526页。
④ 参见徐勇、邓大才主编《满铁农村调查》第4卷,李俄宪主译,中国社会科学出版社2017年版,第131页。

为自身活动负责的责任单位，天灾人祸完全由家户自我承受。养老份额、女性份额的设置可以实现对户内困难群体的保护，弥补国家在养老和妇女权益保障方面的不足。家产制之下也允许适量个人财产的存在，不仅可以起到激励作用，而且可以实现特殊情况下的自我救济。

传统家产制纵横交错的权利结构和生存者保障功能的设定，对当前土地承包经营权的改革具有重要的借鉴意义。1949年后，经过20世纪五六十年代的人民公社化运动彻底打破了中国农村家户制的结构，但随之而来的家户联产承包责任制改革又促使农村家户制得以回归。土地承包经营权的初始取得采取了以农户为单位的方式，且采取了"增人不增地，减人不减地"的土地调整政策，使土地承包户内各成员的权利隐蔽在"户"这一"团体"之中。土地承包经营权是以家户为单位的团体性权利，它使家户重新成为中国农村社会的主要结构形式。可以说，家户制仍然是现代中国农村社会的主要结构形式。但是相关法律却日益朝着"去家产化"和"私权化"的方向发展，进而导致以家户为基本单位的土地承包经营权存在诸多争议。对内为了维持家户的稳定、保护户内成员权利，对外实现土地承包经营权的社会保障功能，土地承包经营权的改革不能一味地朝"去家产化"和"私权化"的方向发展，而应以实现生存者权保障为主要目标。借鉴传统家产制中的生存者保障功能，有利于维持土地承包户成员共有权的稳定性。通过集体所有土地权能的分割，承包权与经营权分离，使其承担一定的社会保障功能。为实现上述目标，需进一步探讨户团体与成员个体间的利益平衡机制，以减小两者间的张力，从而实现传统家户制在现代社会的转型与再利用。

第八章
农村承包经营户内共有权的结构与功能*

家户是中国农村基本组织单元。但在家庭承包责任制之下，个人权利被包容在"家户"团体之内。党的十九大报告强调保持土地承包经营关系稳定并长久不变，第二轮土地承包到期后再延长三十年。可以说，农村承包经营户成员共有是我国农村普遍存在的共有形式。但其法律性质却不明确。截至2018年底，全国大部分地区已完成了以户为单位的土地确权工作，这意味着"农村承包经营户"这一特殊主体将长期存在，成员的权利将继续被隐蔽在"户"这一团体之中。但随着社会发展，农民的个人权利意识日益增强，势必与以户为单位的制度安排产生冲突，户团体和成员个体之间的权利与利益矛盾愈益突出。特别是在"三权分置"和农村集体产权改革的推动下，流转承包地的情况迅速增加。在此背景下，明晰农村承包经营户内成员共有权的结构和功能，减小户团体与成员个体之间的张力，成为迫切且亟须的重要任务。

关于土地承包经营权的主体，学界主要存在农户论和集体成员论两种观点。其中，农户论认为在当前"增人不增地，减人不减地"的调整政策之下，土地承包经营权的主体为农户①。集体成员论认为农村承包经营权的主体是集

---

* 本章以《农村承包经营户内成员共有权的结构与功能分析》为题，发表于《中国土地科学》2021年第3期。

① 农户论认为在当前"增人不增地，减人不减地"的调整政策之下，土地承包经营权的主体为农户或者说农村承包经营户是土地承包权的行使主体，承载效率的目标定位［参见王立争《农户主体地位的法政策学辨思》，《中南大学学报》（社会科学版）2015年第2期；丁文《论"三权分置"中的土地承包权》，《法商研究》2017年第3期］。并且大部分研究将家庭和户等同为一个概念，未将两者进行区分，认为土地承包经营权的主体是集体内的农民家庭。

体成员①,是农民基于特殊的身份所享有的权利,此权利归属于农民个人②。或者说形式上的主体虽为农户但实质意义的主体是户内成员③。因此,"户"不具有独立的法律主体地位,不是一种权利主体,仅是自然人进入农业领域进行经营的一种形式。若以农户为主体则很难在理论上解释各户所分得的承包地的面积不同的问题,且会导致土地实际占有量的不公平。有关农村承包经营户的法律地位④学界主要有新主体说⑤、自然人说⑥、非法人说⑦等观点。

  关于农村承包经营户内成员共有权的法律性质主要存在共有说、按份共有说和共同共有说等三种观点。共有说认为户内成员共同享有土地承包经营权,其对内和对外关系准用共有的规定⑧。但具体属于何种共有,却未具体论及。共同共有说认为家户成员以家庭为基础形成共同关系,家庭财产是各成员共同共有,以此可以推定以家庭关系为基础的土地承包经营权也是各成员

---

  ① 参见宋刚《论土地承包权——以我国〈农村土地承包经营法〉为中心展开》,《法学》2002年第12期。

  ② 参见肖立梅《我国农村土地家庭承包经营权的权利主体探究》,《法学杂志》2012年第4期。

  ③ 参见汪洋《土地承包经营权继承问题研究——对现行规范的法构造阐释与法政策考量》,《清华法学》2014年第4期。

  ④ 其中,新主体说认为农村承包经营明显区别于自然人和法人,个别成员的退出和死亡对农村承包经营户的权利主体地位不发生影响,兼具个人性和团体性两方面的特征,是自然人参加民事活动的特殊形式。与此相对,非法人说重视农村承包经营户的团体性,认为农村承包经营户有独立的财产,在其经营范围内具有相应的民事权利能力和民事行为能力,并且户主或成员可以自己的名义与集体经济组织签订合同,户内成员的变化对户的存续也没有影响,因此应为非法人组织或非法人团体。除此之外,有学者认为农村承包经营户与合伙类似(参见袁震《论"户"的主体构造及相关土地承包经营权益冲突》,《河北法学》2013年第9期)。同时诸多学者主张农村承包经营户内为一人则为自然人;如果是二人以上共同经营其性质为家庭合伙(参见《民法总则立法背景与观点全集》编写组《民法总则立法背景与观点全集》,法律出版社2017年版,第75、381页)。但是也有学者认为农村承包经营户具有团体性质,其内部成员的紧密程度比合伙高,应按照非法人组织的规则规范责任承担等问题(参见石宏主编《"中华人民共和国民法总则"条文说明、立法理由及相关规定》,北京大学出版社2017年版,第111页)。《民法总则》已经突破了民事主体二元论,应将其规定在非法人一章(参见梁慧星《民法总论》第5版,法律出版社2017年版,第116页)。但也有学者认为农户不过是农户成员的表现方式或结合形式,不具有独立的民事主体地位或法人资格(参见祝之舟《农村新增集体成员土地权益实现机制的完善》,《农村经济》2020年第5期)。

  ⑤ 参见李开国《民法原理与实务》,中国政法大学出版社2002年版,第115页。

  ⑥ 参见刘敏《土地承包经营权继承的解释论——兼评〈最高人民法院公报〉所载"李维祥诉李格梅继承权案"》,《政治与法律》2014年第11期。

  ⑦ 参见杨立新《民法总则》,法律出版社2013年版,第187页。

  ⑧ 参见梁慧星《中国物权法草案建议稿:条文、说明、理由与参考立法例》,社会科学文献出版社2000年版,第521页。

共同共有[1],并且为了保护个人权利,在农户的共同关系终止之前,不能要求分割[2]。除此之外,也有学者认为农村承包经营户内成员是按份共有关系。因为从我国多数地区的实际情况来看,农村承包经营户的承包地是按照户内人口数量分配,因此应为农民个人单独所有或为家庭成员按份共有[3]。

通过以上的梳理可以看出,学界对于土地承包经营权的权利主体及其法律地位的争论较多,尚未形成通说。目前学术界的研究多是关注农户的外部关系,以农户整体利益最大化为出发点,而很少关注农村承包经营户内成员间的关系。农村承包经营户内成员共有权是我国农村普遍存在的共有权,已经超出了家庭、夫妻财产的调整范围。并且在当前集体产权改革背景下,"量化到人、固化到户"的股权分配方式,以及扩权赋能的产权改革使承包户内成员间的权利更加复杂化。应该如何解释农村承包经营户内成员共有权这种以成员身份结合为要素、需全体共有人合意行使的权利的结构和功能,是当前背景下亟须深入探讨的重要问题。

第一节 以户赋权背景下团体与个体的冲突与矛盾

农民往往具有农村集体成员和农村承包经营户成员的双重身份,但基于这双重身份所享有的财产性权利和身份性权利多被遮蔽在"户"这一团体之内。随着个人权利意识的不断增强,户团体与成员个体之间的矛盾和冲突不断增强。

一 成员财产性权利的隐性化

我国土地承包经营权的初始取得采取了以户为单位的方式,成员权利隐蔽在户团体之中。虽然新修订的《农村土地承包法》规定,土地承包经营权

---

[1] 参见鲁晓明《从家户并立到家庭统摄——我国民事法上家户制度的问题与出路》,《法商研究》2018年第5期。
[2] 参见韩志才、袁敏殊《土地承包经营权主体辨析》,《安徽大学学报》(哲学社会科学版)2007年第4期。
[3] 参见朱广新《论土地承包经营权的主体、期限和继承》,《吉林大学社会科学学报》2014年第4期。

证或者林权证等证书应当将具有土地承包权的全部家庭成员列入，但仍然将"户"作为一个整体来对待，各成员的份额并不明确。最高人民法院发布的指导性判例中亦认为承包地是以户为单位而不是以个人为单位，户内一人或者几人死亡，承包地仍由其他家庭成员继续承包经营，不发生承包权转移问题，各级法院的判决也遵守此原则。"多不增、少不减"的承包地调整方式将利益关系调整和矛盾冲突控制在家庭内部，有利于家户外部关系的和谐。但以户确权掩盖了户内成员间的关系，不利于保护新成员的利益，导致家庭内部基于土地承包关系产生的矛盾纠纷凸显[①]，严重影响农村社会的稳定和承包经营权功能的发挥。

近年来，集体产权改革中"量化到人、固化到户"的股权配置方式进一步加剧了家户团体与成员个体之间的矛盾与冲突。在改革之初，这样的方式可以明晰成员个体的份额，有利于个人财产权利的增强。但此后新增的家庭成员从何处取得土地权利、个体离开家户团体是否意味着土地权利随之消失、个体权利灭失后其土地财产权利的归属如何确定等问题突显出来。在乡村社会中，矛盾越具有公共性、越抽象越不会破坏个体关系，而当冲突为个体对个体时，就会影响共同体团结[②]。因此，在以户确权的背景下，成员财产权利被隐性化，随着个人权利意识的不断觉醒，容易引发家庭冲突甚至是惨案，严重影响农村社会的稳定。

二 成员管理性权能的虚化

在对外关系中，农村承包经营户的法律地位尚不明确。《民法总则》的起草过程中有关农村承包经营户法律地位的争论主要集中在"自然人说"和"非法人说"。有学者认为民法典不宜否定《中华人民共和国民法通则》（以下简称《民法通则》）确立的农村承包经营户的民事主体地位[③]，要让"人"

[①] 例如，对妇女土地承包经营权受侵害相关案件的抽样调查显示，2008—2017 年民事诉讼案件中家户内部成员之间的诉讼占全部诉讼的比例已经高达 31%。并且受传统习俗和家庭亲情的影响，提起诉讼的纠纷可能只占家户内部纠纷的极小比例。由此可以推断，农村承包经营户内成员之间的纠纷已十分普遍（参见任大鹏、王俏《产权化改革背景下的妇女土地权益保护》，《妇女研究论丛》2019 年第 1 期）。

[②] 参见王丽惠《集体产权共有制的成员资格塑造及认定维度——以珠三角地区为对象》，《甘肃政法学院学报》2020 年第 4 期。

[③] 参见李永军《我国未来民法典中主体制度的设计思考》，《法学论坛》2016 年第 2 期。

成为真正独立的个体，而不必通过"家长"或者"户主"对外从事民事活动。经过若干争论，《民法总则》最终继续沿用了《民法通则》的做法，将农村承包经营户规定在"自然人"一章，掩盖了户内成员间的关系。在实践中，全部家庭成员作为签约主体存在较大的操作难度，且有的家庭成员不具备完全行为能力，因此往往是户主作为其他家庭成员的代表人处分土地承包经营权。这样一来，户对于成员权利的遮蔽使得成员的管理性权能被严重虚化，难以参与具体的决策，违反了权利自主原则。

司法实务中一般认为土地承包经营权是以户为单位进行分配，家户成员共同耕作、共同收获，成员个人不享有具体地块的承包经营权。有的法院认为户内成员协商一致后可以按照地块①、面积②或者份额③分割承包地。但需要将分割协议逐级报请村民委员会、乡、县人民政府审核批准，并分别与发包方签订新的土地承包合同④。与此相对，有些情况下法院以户内成员无权请求分割⑤、权利未登记⑥、不属于法院受理范围⑦等理由，不支持户内成员分割土地承包经营权。若户内成员未达成一致意见，法院则无权进行分割⑧。并且在承包期内，户内成员死亡或者丧失集体成员资格，承包地由户内其余成员继续承包经营⑨。由此可见，由于户内成员个体的财产性权利隐性化、管理性权能虚化，在实践中即使通过司法途径也难以切实、有效地维护自身权益。

---

① 例如，江苏省泰州市中级人民法院〔2014〕泰中民四终字第 327 号；甘肃省天水市中级人民法院〔2016〕甘 05 民终第 215 号。
② 山西省运城市中级人民法院〔2014〕运中民终字第 753 号。
③ 河北省石家庄市中级人民法院〔2017〕冀 01 民终第 361 号。
④ 新疆维吾尔自治区高级人民法院伊犁哈萨克自治州分院〔2018〕新 40 民终第 504 号。
⑤ 四川省内江市中级人民法院〔2014〕内民终字第 31 号。
⑥ 湖北省荆门市中级人民法院〔2015〕鄂荆门民一终字第 00049 号；山东省德州市中级人民法院〔2016〕鲁 14 终第 331 号。
⑦ 广西百色市中级人民法院〔2015〕百中民一终字第 1119 号；贵州省高级人民法院〔2018〕黔民申第 383 号。
⑧ 内蒙古自治区通辽市中级人民法院〔2017〕内 05 民终第 1834 号；吉林省吉林市中级人民法院〔2017〕吉 02 民终第 3500 号。
⑨ 最高人民法院〔2013〕民提字第 210 号；山西省晋中市中级人民法院〔2018〕晋 07 民终第 342 号。

第二节　农村承包经营户内成员共有权的结构特征

为化解以户赋权背景下户团体与成员个体之间的冲突与矛盾，需从对外法律地位和内部权利结构两个方面来明确农村承包经营户内成员共有权的结构特征。从对外法律地位来看，农村承包经营户是一个共同经营单位，无论户内成员增加或者减少承包地都不调整，明显区别于自然人个体，若将其视为"自然人"将会掩盖户内成员间的关系。当户内成员为多人时符合非法人组织的成立要件。即，以户确权的农村承包经营权具有明确的目的，旨在为集体经济组织成员提供基本的生活保障；以承包地为主要财产；在实践中以户主或者户内公认的某位成员作为对外代表人，处理相关的对外事务。并且农村承包经营户明显区别于依据契约关系成立的、成员个体性显著的合伙团体[①]。因此可以说，农村承包经营户是自然人参与民事活动的特殊形式，若户内成员为两人以上时类似于非法人组织。

对于非法人组织的内部权利结构多数学者主张个别处理说[②]。众所周知，大陆法系注重个体的权利，财产所有多以单独所有为原则，而以共有为例外。大陆法系中多人的共有关系分为共有、合有和总有三种形态，其中共有和合有分别相当于我国民法中的按份共有和共同共有，而总有是指财产的管理、处分权能属于集体，成员享有使用、收益的权能的一种所有形态[③]。对于户内成员共有权的权利性质，理论上存在着较大的争议。诸多学者认为户内成员共同享有土地承包经营权，其对内和对外关系准用共有的规定[④]，但很显然大陆法系中的三种共有形态难以准确解释农村承包经营户内成员共有权的权利

---

　① 参见林良平、前田達明编『新版注釈民法（2）総则』有斐閣1991年版，第74—75页。

　② 例如，在诸多专著、教科书中主张用"个别处理说"来解释非法人团体内部的权利结构关系。而不能一概而论（参见四宫和夫、能见善久『民法総则（第8版）』弘文堂2010年版，第152—153页；近江幸治『民法講義Ⅰ民法総则（第6版）』成文堂2013年版，第121—122页；新井誠、岸本雄次郎『民法総则』日本評論社2015年，第174—175页）。

　③ 参见肖盼晴《从总有到共有：集体产权权能重构及治理效应》，《财经问题研究》2020年第2期。

　④ 参见梁慧星《中国物权法草案建议稿：条文、说明、理由与参考立法例》，社会科学文献出版社2000年版，第521页。

结构形态。首先，农村承包经营户有时也会包含家庭之外的成员，可能超出家庭财产的调整范围，不能用共同共有来解释。其次，"人增地不增、人减地不减"的土地调整政策之下，成员的份额并不明确。最后，承包地不属于遗产的范围，当户内人口为零时，该承包经营权归于消灭[1]。除此之外，按份共有可以明确成员个体的权利但又会消解家户团体的地位和作用，也有违集体土地所有权的宗旨和功能目标。共同共有容易遮蔽成员个体的利益诉求。因此，大陆法系的共有理论很难准确对户内成员共有权的权利结构予以释义。

与此相比，在共有制度上英美法则融合了日耳曼法的总有和合有制度，产生了以保障生存者的权利为目的的产权结构——联合共有（Joint Tenancy）[2]。联合共有权在实践中方便易行，可以避免联合共有人死亡之后遗嘱认证和财产所有权转移时的麻烦，也可以有效避税，而广泛被采用，逐渐成为主要的地产共有形式。联合共有的设立需符合"四个同一"的要件，即权益、所有权、时间、占有的同一，并且以保障生存者权为目的[3]。若有联合共有者去世，还在世的共有者继承其份额，意味着最后去世者将拥有全部共有财产。农村承包经营户内成员共有权的权利结构与英美法系中的合有权具有一定的相似性。农村承包经营户的代表者与农民集体签订承包经营合同，自合同签订之日起户内的各成员同时取得同样的权利。并且承包经营权一旦设定，在其存续期间内，户内因成员的出生、死亡或集体经济组织成员资格的丧失、取得带来的成员数量的变化，不会引起承包地的变动和调整，上述这些特征与联合共有权十分相似。

但是与联合共有权相比，农村承包经营户内成员共有权的权利结构具有以下三方面的特征。一是从价值导向来看，农村承包经营户内成员的权利与集体成员资格息息相关，其设立旨在为集体经济组织成员提供生活保障，弥补国家社会保障功能的不足。二是从成员权利来看，土地承包经营权以集体经济组织的成员资格为要件，户内成员是隐性的、等额所有，只有在分户、成员合意等特定条件下才能转化为现实利益。三是从成员变动的结果来看，

---

[1] 参见《李维祥诉李格梅继承权纠纷案》，《最高人民法院公报》2009年第12期，第37—39页；河北省武强县人民法院（2005）武民一初字第63号。

[2] 关于 Joint Tenancy 的详细内容可参考本书第五章，在此不再赘述。

[3] 参见 Joseph William Singer, *Property*, Wolters Kluwer Law & Business, 2009, p.348。

土地承包经营权是一种身份权，可以为户内成员提供从生到死的基本生存保障，但集体成员资格的丧失意味着共有权的丧失。若户内最后的成员失去成员资格或者去世，则农村承包经营户消失，继而土地承包合同因一方当事者的消失而终了，集体经济组织回收承包地。

综上所述，可以说农村承包经营户内成员共有权是一种以身份资格为要件的利益期待性合有结构。不管是分配承包地还是当前的集体产权改革中的股份配置，最初都是"量化到人、按人分配"，个人依据成员资格获得份额明确的承包地。但户内成员一旦发生变动，则户内成员的份额变得模糊，户的整体性增强，成员最初的明确份额转化为隐性的、可期待性利益。

第三节 农村承包经营户内成员共有权的功能分析

通过以上的考察可以看出，农村承包经营户为多人时符合非法人组织的成立要件，其权利结构应遵从"个别处理原则"。户内成员共有权的权利结构与英美法系中的联合共有权具有一定的相似性，具有"四个同一"和生存者权保障的特征，同时又具有特殊性，蕴含着成员相互间以及成员与团体间的利益期待，可以说是一种以身份资格为要件的利益期待性合有权结构。

首先，"四个同一"的结构特征可以兼及公平和效率两方面的功能，即可以实现成员间的公平、平等，又能保证农村土地的非细分化和有效利用。第一，自承包经营合同签订之日起户内的各成员同时取得同样的权利，可以为每位成员提供平等的生活保障。第二，以户确权的方式可以充分发挥传统家户制的作用，家户内部的互惠合作使所获得的承包地可以得到有效的利用。第三，户内成员即使在份额不明的情况下也能满足基本生存所需。户内无论是年幼者、年长者，还是无民事行为能力者，都能在同居共财期间平等共享承包地的收益，以获得基本的生存所需。

其次，身份资格要件和生存者权的存在有利于实现社会保障功能。农村承包经营户存续期间，虽然户内成员对于承包地的份额并不明显，但可以依据农村集体成员的资格在生活无所依或者必要的时候享受到承包地的社会保障功能。例如，同居共财期间为每位成员提供平等的生活保障；若有的成员外出，则为外出成员提供替补性保障，在其失业、年老时为其提供基本的生存所需。并且户内最后生存者可以拥有全部权利。与此同时，生存者权的存在增强了户内成员共有权的利益期待性，可以有效缓解户团体与成员个体之间的矛盾。

最后，期待性利益在特定条件下可以转换为现实利益，具有抵御外来风险的功能。一方面，利益的期待性在某种程度上可以实现农村承包经营户内成员间的克己与不争，维持户的稳定性和整体性。另一方面，户内成员在生老病死或遭受外界侵害等情况下期待性利益可以转变为现实利益，具有抵御外来风险、提供基本生存保障的功能。

综上所述，在以户确权的背景之下，最突出的问题是成员个体的权利被户团体所遮蔽，从而导致成员权利受损、家庭矛盾激化。从农村承包经营户内成员共有权的结构与功能来看，目前最重要的是探讨如何使成员的期待性利益能顺利转化为现实利益。因此，在未来的改革中还应着重从完善户对外代表制和增强成员权利自主性两方面着手来解决上述问题。一是为实现公平和效率的目标，农村承包经营户成员在行使共有权时，应基于合意选出对外代表和管理人，在实践中依据一定程序作为其他户内成员的代表人处分承包经营权，这样对内可以保障成员个体的利益表达，对外又能维持户的整体性和一致性。二是增强成员个体的管理性权能，明确基于共同的合意可以进行份额分割。这样一来，可以增强成员的管理性权能，基于权利自主原则，成员个体经过合意可以使隐性化的财产性权利显性化，使期待性利益顺利转化为现实利益。

总体而言，农村承包经营户内成员共有权是我国农村普遍存在的共有权，已经超出了家庭、夫妻财产的调整范围。随着个人权利意识的不断增强和相关法律"去家产化"和"私权化"的方向，户团体与成员个体之间的矛盾和冲突不断增强，明确户内成员共有权的结构和功能，是必要且紧迫的重要问题。通过本章的考察可以看出，农村承包经营户内为多人时符合非法人组织的成立要件。对于非法人组织的权利结构，学界普遍主张"个别处理说"。经过本章的探讨可知，大陆法系的共有理论难以准确解释农村承包经营户内成员共有权的法律关系。虽然农村承包经营户内成员共有权的权利结构与英美法系中的联合共有权具有一定的相似性。准确来说，农村承包经营户成员共有权是以身份资格为要件的利益期待性合有结构，具有生存保障功能。期待性利益的存在对内可以维持家户的稳定，实现成员间的克己与不争。面对外来风险，期待性利益又会转变为现实性利益，发挥社会保障的作用。因此，在以户确权的背景之下，为减少户团体与成员个体之间的矛盾、避免家庭冲突的升级，最重要的是使成员的期待性利益能顺利转化为现实利益。在未来改革和理论研究中还应逐步完善户对外代表制、增强成员个人的权利自主性，以减少户团体与成员个体之间的张力，更好地实现农村承包经营户内成员共有权的社会保障功能。本章的探讨可为明确土地承包户内共有权的结构与功能提供一定的理论与实践指导，未来的研究还需继续关注宅基地户内共有权这一农村普遍存在的共有权形式。只有如此，才能在三权分置背景下切实实现"赋予农民更加充分的财产性权利"这一改革目标。

第九章
农村宅基地户内共有权的结构与功能[*]

党的二十大报告明确提出"深化农村土地制度改革，赋予农民更加充分的财产权益"。由此可见，权能拓展也是农村宅基地改革的主要方向，盘活宅基地是乡村振兴的重要一环。近年来，各地不断推进宅基地的三权分置改革。但从实践看，该项改革与农地的三权分置改革相比，面临更多的阻碍和困境。相关数据显示，宅基地相关的纠纷在所有农地纠纷中占比达到五分之一以上，且呈现逐年上升的趋势[①]。宅基地的相关权利是涉及财产与身份的复合型权利。加之，在房地一体主义的制约下，农民基于集体成员与家户成员的双重身份，对宅基地与地上房屋享有不同性质的权利。对宅基地户内共有权的结构与性质予以准确的释义，是"赋予农民更加充分的财产性权利"的前提和基础，也是"三权分置"背景下亟待解决的重要问题。

"三权分置"是从横向和纵向两个维度细分集体土地的权能，并在集体、农户和外部主体之间进行分配[②]，三者对一宗宅基地享有三种不同的权利[③]。对于"三权"的结构有"所有权—资格权—使用权"[④]、"所有权—使用权—

---

[*] 本章以《"三权分置"背景下宅基地户内共有权的结构解析与功能实现》为题，发表于《南京农业大学学报》（社会科学版）2024年第1期。

[①] 2016—2020年，宅基地相关的纠纷约为20%，占比较大，全国的涉宅基地诉讼民事案件超过12万件（参见孙晓勇《涉农地案件的诉源分析——以司法大数据为基础的考察》，《环球法律评论》2021年第4期）。

[②] 参见韩立达、王艳西、韩冬《农村宅基地"三权分置"：内在要求、权利性质与实现形式》，《农业经济问题》2018年第7期，第36—45页。

[③] 参见宋志红《宅基地"三权分置"的法律内涵和制度设计》，《法学评论》2018年第4期，第142—153页。

[④] 参见温世扬、梅维佳《宅基地"三权分置"的法律意蕴与制度实现》，《法学》2018年第9期，第53—62页。

次级用益物权"①、"所有权—使用权—法定租赁权"② 等解读。其中，宅基地使用权兼具身份与财产的双重属性③。身份资格是获得宅基地使用权的前提，而通过各种方式实现宅基地的财产性权利是其具体的物权表现形态④。关于宅基地使用权的性质存在资格权的次级用益物权⑤、与身份权相联系的福利性权利⑥等观点。关于户内成员对于宅基地使用权的关系，学界存在共有说⑦、按份共有说⑧、共同共有说⑨和利益期待性合有说⑩等诸多争论。宅基地资格权可避免因"绝卖"永久性失地⑪，促进其社会保障功能的剥离⑫，关于其性质存在复合型权利说⑬、身份性权利说⑭、次级地上权说⑮、成员权说⑯、"最先

---

① 参见席志国《民法典编纂视域中宅基地"三权分置"探究》，《行政管理改革》2018 年第 4 期。

② 参见陈小君《宅基地使用权的制度困局与破解之维》，《法学研究》2019 年第 3 期。

③ 参见刘守英、熊雪锋《经济结构变革、村庄转型与宅基地制度变迁——四川省泸县宅基地制度改革案例研究》，《中国农村经济》2018 年第 6 期。

④ 参见胡凤《三权分置背景下土地承包经营权的分离与重构》，《西北农林科技大学学报》（社会科学版）2017 年第 3 期。

⑤ 参见陈吉栋《论处分限制与宅基地三权分置》，《暨南学报》（哲学社会科学版）2022 年第 10 期。

⑥ 参见陈小君、蒋省三《宅基地使用权制度：规范解析、实践挑战及其立法回应》，《管理世界》2010 年第 10 期。

⑦ 参见梁慧星《中国物权法草案建议稿：条文、说明、理由与参考立法例》，社会科学文献出版社 2000 年版，第 521 页。

⑧ 参见朱广新《论土地承包经营权的主体、期限和继承》，《吉林大学社会科学学报》2014 年第 4 期。

⑨ 参见鲁晓明《从家户并立到家庭统摄——我国民事法上家户制度的问题与出路》，《法商研究》2018 年第 5 期。

⑩ 参见肖盼晴《农村承包经营户内成员共有权的结构与功能分析》，《中国土地科学》2021 年第 3 期。

⑪ 参见周飞舟、林上、王恒《宅基地"资格权"的社会学意涵》，《济南大学学报》（社会科学版）2021 年第 4 期。

⑫ 参见岳永兵《宅基地"三权分置"：一个引入配给权的分析框架》，《中国国土资源经济》2018 年第 1 期。

⑬ 参见孙建伟《宅基地"三权分置"中资格权、使用权定性辨析——兼与席志国副教授商榷》，《政治与法律》2019 年第 1 期。

⑭ 参见程秀建《宅基地资格权的权属定位与法律制度供给》，《政治与法律》2018 年第 8 期。

⑮ 参见席志国《民法典编纂视域中宅基地"三权分置"探究》，《行政管理改革》2018 年第 4 期。

⑯ 参见宋志红《宅基地"三权分置"的法律内涵和制度设计》，《法学评论》2018 年第 4 期。

受让权 + 优先受让权"①、亲属法外身份权②等观点。

关于"三权分置"中房地权利的变化，学界的争论可概括如下。"房地一体"是为了保证房屋正当的占地权源，并确保权利主体的同一③。"房地分离"是在集体经济组织与买受人之间建立宅基地租赁关系④。当农户同时拥有房产与使用权之时，不应缴纳宅基地的使用费；若只拥有使用权则应当缴纳相应的使用费⑤。关于宅基地使用权能否继承，学界存在否定说⑥、限制继承说⑦、自由继承说⑧、法定租赁权说⑨等争论。当前的宅基地改革存在处分权受限、所有权主体虚置、资格权界定和退出机制不健全等问题⑩。宅基地改革试点缺乏系统性，多属对策性工作，诸多关系尚未厘清⑪。

通过上述的梳理可以看出，关于宅基地的权利结构与改革动向，一直是学界研究的焦点问题。但是对于宅基地户内成员共有权的结构与性质，却少有研究提及，或者直接等同于"共同共有"。宅基地的权利体系比承包地的权利体系更加复杂。特别是随着社会发展，个人权利意识日益增强，家户整体与成员个体之间的矛盾愈益突出。加之，"三权分置"改革的推动下，宅基地流转的情况迅速增加。若地随房走，宅基地之上的集体所有权将"名存实亡"；若房随地走，又将导致个人财产权受到严重损害。对于上述问题，亟须

---

① 参见高海《宅基地"三权分置"的法律表达——以〈德清办法〉为主要分析样本》，《现代法学》2020 年第 3 期。

② 参见林津、吴群、严思齐、刘向南《宅基地资格权的治理功能及其差别化实现》，《农业经济问题》2022 年第 12 期。

③ 参见刘国栋《论宅基地三权分置政策中农户资格权的法律表达》，《法律科学》（西北政法大学学报）2019 年第 1 期。

④ 参见高圣平《宅基地制度改革政策的演进与走向》，《中国人民大学学报》2019 年第 1 期。

⑤ 参见张淞纶《房地分离：宅基地流转之钥——以宅基地使用权继承之困局为切入点》，《浙江大学学报》（人文社会科学版）2022 年第 1 期。

⑥ 参见刘露《解释论视角下宅基地使用权的继承性研究》，《华东政法大学学报》2019 年第 1 期。

⑦ 参见谢潇《民法典视阈内宅基地使用权继承规则之构造》，《法学》2022 年第 1 期。

⑧ 参见姜红仁《关于农村宅基地使用权继承的法律思考》，《江西社会科学》2012 年第 2 期。

⑨ 参见高飞《宅基地使用权继承否定论——一个解释论的立场》，《西南政法大学学报》2022 年第 4 期。

⑩ 参见韩文龙、谢璐《宅基地"三权分置"的权能困境与实现》，《农业经济问题》2018 年第 5 期。

⑪ 参见丁宇峰、付坚强、王宇《宅基地上房屋买卖的权利构造》，《南京农业大学学报》（社会科学版）2023 年第 1 期。

从理论上对宅基地户内共有权的复合型结构予以准确释义,才能在坚持集体所有制的基础上,切实实现"赋予农民更加充分的财产权益"的改革目标。

第一节 集体成员、以户确权与宅基地共有权

一 基于成员身份的宅基地使用权

20世纪50年代,随着农村集体化运动的推进,宅基地从个人所有转变为"集体所有、农户利用"的两权分离模式。自此之后,宅基地使用权的获得具有了明显的身份性特征。

一方面,宅基地使用权的设置旨在为集体成员提供一定的居住保障,是集体成员基于身份资格实现居住权益的重要方式[1]。从权利得失看,宅基地使用权的取得要以集体成员身份为前提,并遵循一户一宅、面积法定、流转受限等原则。确切来说,在"生不增、死不减"的调整模式之下,宅基地使用权的权利主体为"户",若"户"消失,且地上无不动产,则由集体收回宅基地。上述权利得失条件体现了宅基地使用权的身份性特征[2]。从权利结构看,宅基地使用权是兼具身份与财产双重属性的复合性权利,且其权利结构具有强烈的排他性特征,旨在为一定区域范围内的成员提供居住保障[3]。可以说,宅基地使用权是具有生存保障功能的福利性权利。

另一方面,宅基地使用权的取得受到身份资格的限制。一是,宅基地使用权的原始取得与集体成员资格密切相关,是依据身份资格所享有的封闭性权利。其中,身份资格是获得宅基地使用权的前提,而通过各种方式实现宅基地的财产性权利是其具体的物权表现形态[4]。并且,"一户一宅"的制度安排强化了户的对外排他性,也进一步强化了宅基地使用权的身份性要求。二是,宅基地使用权的继受取得受到身份资格的限制。从理论争论看,虽然学

---

[1] 参见胡风《三权分置背景下土地承包经营权的分离与重构》,《西北农林科技大学学报》(社会科学版)2017年第3期。
[2] 参见陈小君《宅基地使用权的制度困局与破解之维》,《法学研究》2019年第3期。
[3] 参见刘守英、熊雪锋《经济结构变革、村庄转型与宅基地制度变迁——四川省泸县宅基地制度改革案例研究》,《中国农村经济》2018年第6期。
[4] 参见程秀建《宅基地资格权的权属定位与法律制度供给》,《政治与法律》2018年第8期。

界对宅基地使用权能否继承存在诸多争论，但都未否定宅基地使用权主体的身份性要求①。从司法实务看，"宅基地能否继承"的相关司法判决也肯定了宅基地使用权的身份性。例如，否定类判决认为未建房屋的宅基地不属于遗产的范围②。继承人不符合申请宅基地条件的，也不能继承③。与此相对，肯定类判决认为因地上房屋发生继承，宅基地使用权基于房地的不可分割性，而发生被动继承的效果④。宅基地使用权的继承只限于地上建筑物存续期间，且继承之后不得对原有房屋进行翻建、重建，房屋灭失、拆除或被依法征收后，则宅基地收归集体⑤。

二 以户确权背景下的户内共有权

无论理论还是实践，对于宅基地使用权权利主体的"户"都尚未作出明确的界定。首先，从法律及中央相关政策看，对于宅基地的"户"如何界定，法律上尚无明确的规定。中央相关政策给予了地方极大的自主权。若地方对"户"的认定有规定，按其规定；未作规定的地区，以户籍登记信息为基础，同时需符合当地申请宅基地建房的条件；根据户籍登记信息无法认定的，可参考家庭承包户的相关情况，并结合村民自治方式予以认定⑥。其次，从学界研究看，对于"户"的界定存在诸多争论。有学者认为"一户一宅"中

---

① 其中"符合宅基地申请条件的本集体成员可继承宅基地使用权"的观点在理论和实务界已获得普遍认同。否定说和限制继承说等争论的出发点也在于宅基地使用权主体的身份性要求。例如，否定说认为若非集体成员继承宅基地使用权，与其身份性相悖限制继承说认为房屋继承人所获得的宅基地使用权属于债权，不具备集体成员身份的继承人须给付集体土地使用金（参见吴昭军《宅基地使用权继承的理论障碍与廓清——以重释"一户一宅"为切入点》；王海燕《农村宅基地上建设的房屋能否继承》；高海《宅基地使用权继承：案例解析与立法构造》；刘露《解释论视角下宅基地使用权的继承性研究》；谢潇《民法典视阈内宅基地使用权继承规则之构造》等文）。

② 广东省肇庆市中级人民法院〔2014〕肇中法监民再字第 2 号；浙江省松阳县人民法院〔2015〕丽松民初字第 411 号；最高人民法院〔2017〕最高法行申 6361 号行政裁定书。

③ 参见最高人民法院〔2018〕最高法行申 236 号；山东省淄博市周村区人民法院〔2013〕周民初字第 1134 号；内蒙古自治区呼和浩特市中级人民法院〔2016〕内 01 民终 649 号。

④ 参见河南省淅川县人民法院〔2014〕淅行初字第 80 号；浙江省诸暨市人民法院〔2015〕绍诸草民初字第 292 号。

⑤ 参见浙江省宁波市中级人民法院〔2016〕浙 02 民终 3633 号；吉林省梅河口市人民法院〔2015〕梅民初字第 199 号。

⑥ 参见自然资源部《宅基地和集体建设用地使用权确权登记工作问答》，自然资办函〔2020〕1344 号。

"户"的界定不宜严格以户籍为标准,也不同于农村承包经营户,而是以血缘、婚姻关系等为纽带的自然户①。相反观点认为,"户"与"家"并不必然一致,"户"具有行政管理属性,而"家"是自然单位,具有民间法的属性②。此外,还有折中的观点认为宅基地"一户一宅"中的"户"与农村承包经营户在理论上存在区别,但实践中重合度较高。最后,从实践看,各地区对于"户"的界定存在不同的标准③。主要为以下两种模式。一是以户籍登记为主要判断标准的模式④。二是多重标准模式。即以户籍成员资格和成员义务履行等多重标准对户予以界定⑤。

由此可见,宅基地使用权的主体是"户",虽在理论上与土地承包户有一定的区别,但现实中两者的边界范围多数情况下是一致的。两者主要的区别在于地上附着物的归属关系,以及分割的结果。从对内关系看,宅基地的户内共有权难以用中国法的共有理论来解释。首先,宅基地户内共有权不能也不宜解释为按份共有。宅基地确权证书的颁发多以户籍登记中的"户"作为基本单位。即使全体成员登记在册,但个人份额并不明确。并且"多不增、少不减"的调整方式之下,户内成员的变动不会引起宅基地的调整,只是成员的隐性份额因户内人口的变动而发生变化。若以按份共有解释,则会消解家户团体"定分止争"的重要作用,引发宅基地的频繁调整,也不符合房地的不动产特性。其次,宅基地户内共有权不能直接等同于共同共有权。宅基地使用权是以身份资格为要件的社会保障性权利。对于"户"的认定标准和实现方式,现行法律中尚无明确的规定,理论和实践中也存在较大的争论。

---

① 参见高圣平、吴昭军《宅基地制度改革的试点总结与立法完善——以〈土地管理法〉修订为对象》,《山东社会科学》2019年第8期。

② 参见申惠文《法地理学视域下的农村村民一户一宅制度》,《法治研究》2023年第4期。

③ 参见高圣平、吴昭军《宅基地制度改革的试点总结与立法完善——以〈土地管理法〉修订为对象》,《山东社会科学》2019年第8期。

④ 例如,遂昌县自然资源和规划局规定村宅基地建房审批"户"的认定,以公安机关登记的户籍资料为基础。河池市规定"户是指公安部门颁发的户口簿所登记的全部家庭成员。一本户口簿所登记的全部家庭成员为一户"(参见遂昌县自然资源和规划局《遂昌县农业农村局关于农村宅基地建房审批"户"认定标准的通知》(遂自然资规〔2021〕115号);河池市人民政府办公室《关于印发河池市农村宅基地审批管理暂行办法的通知》,《河池市人民政府公报》2016年第4期,第13—21页)。

⑤ 例如,重庆市大足区规定"户"是指常住户口登记在本农村集体经济组织,具有本农村集体经济组织成员资格,享受集体资产分配等成员权利,履行农村集体经济组织成员义务的家庭自然户(参见《重庆市大足区农村宅基地管理办法(试行)》,2018年)。

从实践看，户与家庭的重合度较大，但在户籍制度等多重因素的影响下，户内可能包含婚姻家庭关系之外的成员。因此，宅基地使用权的户内共有不必然属于共同共有关系。

从权利继承看，宅基地使用权的户内共有与共同共有、按份共有有着本质的区别。宅基地使用权的继承受到身份资格的限制。现行法律中关于宅基地使用权获得的身份性限制、"一户一宅"原则，都表明了宅基地使用权的不可继承性[1]。不具备资格者只能基于房地一体原则取得债权性质的使用宅基地的权利[2]，而用益物权性质的宅基地使用权归户内剩余成员共有。若地上房屋灭失则外部主体对于宅基地的权利也随之消失。诸多司法判决认为宅基地的分配是以户为单位，不属于个人财产，不能继承[3]。相比之下，无论是共同共有还是按份共有关系，共有人死亡其份额由继承人继承。

综上可知，宅基地户内共有权的"户"侧重行政管理属性，虽然与"家"（自然户）具有较大的重合度，但并不必然重合。宅基地的户内成员共有权具有特殊性。在对内关系方面难以用中国民法中的按份共有和共同共有来进行解释。农民基于集体成员和户内成员的双重身份，对集体资产享有的权利，多被遮蔽在"户"这一团体之内。随着个人权利意识的不断觉醒，以及人户分离趋势的加剧，宅基地的相关纠纷日渐增多，严重影响农村社会的稳定[4]。此外，宅基地使用权虽是私法上的权利，但其审批、管制等离不开公法的规制[5]。长期以来形成了"强管制、弱产权"的制度体系[6]，严重影响各项权能的实现。

---

[1] 参见曹益凤《宅基地使用权继承的制度困境与出路选择》，《农业经济问题》2020年第3期。
[2] 参见谢潇《民法典视阈内宅基地使用权继承规则之构造》，《法学》2022年第1期。
[3] 参见湖南省湘西土家族苗族自治州中级人民法院〔2017〕湘31民终491号；湖南省岳阳市中级人民法院〔2011〕岳中民一终字第393号；陇南市中级人民法院〔2016〕甘12民终98号；宁海县人民法院〔2016〕浙0226民初2524号。
[4] 参见肖盼晴《农村承包经营户内成员共有权的结构与功能分析》，《中国土地科学》2021年第3期。
[5] 参见刘守英、熊雪锋《产权与管制——中国宅基地制度演进与改革》，《中国经济问题》2019年第6期。
[6] 参见王雷《农民集体成员权、农民集体决议与乡村治理体系的健全》，《中国法学》2019年第2期。

第二节 "房地一体"、复合型共有与层分化错位

一 "房地一体"制约下的复合型共有

随着城乡要素的流动，宅基地之上房屋的财产性功能日渐突显。在此背景下，"房地一体、地随房走"的制度规范进一步增强了宅基地权利结构的复杂性。户内成员对于宅基地与地上房屋形成了性质不同的两种共有权。

首先，宅基地共有人与地上房屋权利人并非完全一致。集体成员的资格丧失，不影响其对地上房屋所享有的权利。同理，基于婚姻、家庭关系新加入户的成员，不一定获得集体成员资格。即使可以基于法定关系享有对地上房屋的共有权，但根据现行法律的规定，不必然成为宅基地户内共有权的主体。更准确来说，在"房地一体"制约下，获得房屋所有权的外部主体对于宅基地只享有债权性质的权利。那么，在"三权分置"和人地分离日益加剧的背景下，宅基地共有人与地上房屋权利人不一致的情况也逐渐增多。其次，根据现行法律的规定，对于地上房屋，户内成员若无特别约定可依据婚姻、家庭、继承等特定的法律关系将其推断为"共同共有"。最后，宅基地户内共有权与土地承包户内成员共有权相比，有一定的相似性，但也存在较大差别。对于"户"的界定，理论界和实务界有诸多争论。从法律和实践两方面来看，宅基地的"户"与土地承包户的"户"，在初始分配阶段基本一致。但随着成员间的意思自治以及户内人口的变动，两"户"的范围不相重合的情况也日渐增多，尤其是分户的情况下两者产生不同的结果。加之，在"房地一体"主义之下，宅基地与地上房屋的依赖程度高，均产生两个权利一并处分的结果。因此，宅基地户内共有权的权利结构更加复杂，难以用中国民法中的共有理论来解释。

综上所述，户内成员对宅基地及其地上房屋形成了两个层次且性质不同的"复合型共有"。即，户内成员基于身份资格对宅基地形成的共有关系；"房地一体"主义之下户内成员基于财产关系对于地上房屋形成的共有关系。前者具有典型的身份性特征，其转让受到严格的限制。但地上房屋属于私有财产。私有财产的自由处分是公民权利的基础内容之一。而"房地一体"主

义限制了权利人的意思自治和处分自由。"三权分置"背景下房屋流转增多，但在"房地一体"主义的制约下，外部主体也可享有宅基地使用权。如此一来，宅基地之上的集体所有权或将"名存实亡"。

二 复合型共有的结构解析

通过以上考察可知，户内成员对于宅基地及其地上房屋形成了"地—房"两个层次、不同性质的复合型共有。而在"房地一体"、人户分离和"三权分置"等多重因素影响下，身份依附与权利流转间的矛盾日益突出。房地一体主义进一步激化了上述矛盾。宅基地权利体系是"房地一体"的联动型结构。即，对宅基地的处分必然引发地上房屋的权利变动。但户内成员对于地与房是完全不同的权利构造，由此导致两个层次间的错位日益严重。

一方面，"三权分置"背景下，宅基地的社会保障功能与地上房屋的财产性功能间的张力日渐增大。并且随着改革的推进，两者的张力将越来越大。在身份资格的限制下，容易引发宅基地低效利用的权能困境[①]。"房地一体"的联动型权利构造，使上述困境更加复杂化。另一方面，"三权分置"是宅基地权能的纵向分割，而地上房屋的流转是财产性权利的横向转移。在"房地一体"制约之下，宅基地权能的层分化错位日渐加剧。加之，宅基地使用权的获得以成员身份为前提，且以"户"作为基本的确权单位。但相关法律却日益朝着"去家产化"和"私权化"的方向发展，进而导致以家户为基本单位的农村土地利用形态权暴露出诸多问题[②]。同时，"三权分置"改革使集体成员的身份性权利和财产性权利两相分离。在此背景下，受制于"房地一体"原则和宅基地使用权主体的身份性要求，外部主体是否可以取得宅基地的相关权利，进城落户农民若丧失集体成员资格是否仍享有宅基地的完整权利，是改革进程中颇具争议的问题。

---

① 例如，根据华中师范大学中国农村研究院对全国24省164个村庄2343位村民的调查可知，常年定居城镇、外出务工是宅基地闲置的主要原因，占比37.62%；建新房未拆旧占比40.59%。尚未开展"一户多宅"清理整治工作的占比62.80%。未开展宅基地有偿退出工作的村庄占比84.15%以上，有五成的农户接受闲置宅基地的有偿回收。但退出机制不健全以及"进城落户"农民的成员资格得丧与否尚无明确定论等原因，导致宅基地低效利用、难退出的问题日渐严重。

② 参见肖盼晴《生存者权保障：家产制的结构特征及功能分析——以满铁华北农村惯行调查为中心》，《广西大学学报》（哲学社会科学版）2019年第6期。

根据前述的讨论可知，中国民法的共有理论虽然可以解释户内成员对于地上房屋的关系，但难以解释宅基地的户内共有权这种特殊的共有形式。在"房地一体"主义下，户内成员间的复合型共有具有双重性质，如何在法理上对其予以准确释义，是"三权分置"改革背景下亟待解决的重要问题。

从比较法的视角看，英美法融合了日耳曼法的总有和合有制度，产生了联合共有（Joint Tenancy）[1]，并成为主要的地产共有形式。联合共有的设立需符合权益、所有权、时间、占有"四个同一"的要件，且以保障生存者的权利为目的[2]。这意味着最后去世者将拥有全部共有财产[3]。宅基地户内的成员共有权与其具有一定的相似性。例如，户内成员同时从集体获得同样的权利。并且因成员出生、死亡或集体成员资格得丧等原因，导致户内成员数量变化，也不会引起宅基地的调整和变动。具体来看，两者在价值导向、权利结构和最终结果等方面存在较大的差异[4]。一是价值导向不同。联合共有是保障生存者权、规避烦琐的遗产继承程序的重要手段。而中国的宅基地户内共有权与成员资格息息相关，旨在为集体成员提供稳定的居住保障。二是成员权利不同。每位联合共有人既是一份未分割权益的所有人，也是全部财产的所有人。与此相比，宅基地户内共有者是隐性地、平等地占有。三是共有者去世时产生的后果不同。在世的联合共有人取得全部份额。而宅基地使用权是一种以身份为要件的权利，成员资格的丧失意味着权利的丧失。此后享有的只是对于地上房屋的权利。若户内最后的成员去世或失去集体成员资格，且地上无房屋，则宅基地由农民集体收回。

综上所述，宅基地户内共有权与英美法中的联合共有具有一定的相似性。准确来说，集体成员在户内对于宅基地使用权是"利益期待性合有"关系。首先，宅基地户内成员共有与家户共产的范围多数情况下是重合的。尽管宅

---

[1] 关于 Joint Tenancy 存在合有、共同共有、联合所有等多种译法，本章为了与大陆法系的合有相区别，译为联合共有。在我国有学者曾尝试运用联合共有理论解释我国集体土地所有权的性质（王铁雄，2003；胡吕银，2006）。但集体土地所有权侧重权能质的分割。而联合共有理论强调权利的量的分割，两者有本质的不同，具体内容可参考本书第七章，本章不再赘述。另外，如前章所述，笔者认为土地承包户内的成员共有权可以解释为"利益期待性合有权"。

[2] 参见 Joseph William Singer, *Property*, New York: Wolters Kluwer Law & Business, 2009, p.348。

[3] 参见 Martin Dixon, *Modern Land Law*, London: Routledge, 2012, p.129。

[4] 参见肖盼晴《农村承包经营户内成员共有权的结构与功能分析》，《中国土地科学》2021年第3期。

基地最初分配阶段个人份额明确。但户内成员一旦发生变动，户的整体性增强，成员最初的明确份额转化为隐性的、可期待性利益。其次，宅基地使用权是以生存保障为主要目标。期待性利益在某种程度上可以实现户内成员间的克己与不争，并在特定条件下转变为现实利益，为成员个体提供基本的生活保障。最后，与户内成员享有的承包地共有权不同，宅基地及其地上房屋的整体性强、难以实现分割。因此，宅基地户内共有权是一种以集体成员的身份资格为要件、整体性更强的利益期待性合有结构。综合来看，三权分置背景下，户内成员基于宅基地形成"地合有—房共有"的复合型共有结构。

第三节 "三权分置"背景下复合型共有的功能何以实现？

"三权分置"背景下，宅基地权能的纵向分割与财产性权利的横向流转导致"地合有—房共有"之间的张力日益加剧。宅基地之上的集体所有权与房屋之上的个人财产权都面临巨大挑战。如何在维持宅基地集体所有属性的同时，实现地上房屋的财产性功能？是当前背景下亟待探讨的重要问题。对此，须从"国家—集体—个体"三个层次探寻复合型共有的功能实现路径。

一 国家层的制度设计

当前国家保护进城落户农民土地权益的相关规定，是"房地一体"主义之下，为保护地上房屋权利人所作的规定[①]。同时，也是为了盘活闲置宅基地以及保护农户利益所做的保障性规定。"三权分置"、城乡要素流通等背景下，宅基地的盘活若以"地随房走"为原则，则会侵害宅基地权利人基于身份资格所应享有的权利。若以"房随地走"为原则，则会侵害房屋权利人的财产性权利。"地合有—房共有"的权能错位到复位，是化解上述困境的关键之

---

① 近年的中央相关文件中"不得以退出土地承包权、宅基地使用权、集体收益分配权作为农民进城落户的条件"等方面的相关规定。新修订的《农村土地承包法》和《土地管理法》中对于土地承包经营权和宅基地使用权的退出，尚无系统性规定。据此，农民进城落户后应否丧失或者何时丧失集体成员资格、本集体大量农民进城落户后集体土地所有权归属于谁等都是尚在争论中的重大问题。

所在。

首先，国家上层的制度设计不宜引入新的物权性权利。宅基地的基础性权利与派生性权利之间具有制衡、统辖，甚至是相对抗的关系。因此，三权分置的情况下，外部权利主体对宅基地之上建筑物的权利，是在他人土地上保有不动产。根据"一物一权"原则，不应赋予该权利的物权对世性，也不应再进一步增加宅基地物权体系的复杂性。此外，按照"房地一体"主义，外部主体的宅基地使用权及期限，不是基于权利双方的意思表示，而是基于法律规定而获得的权利。因此，不宜再引入新的物权性权利。而需在理论上进一步界定宅基地基础性权利与派生性权利的性质、边界及权能间的关系[①]。一方面，完善户的对外代表制，保障宅基地户内成员突破"户"的限制，更好实现其对于宅基地的相关权利。另一方面，明确"房地一体"主义之下，地上房屋权利人的权限范围，以保障成员的财产性权利。

其次，创设类型化的权利退出机制。一是明确"进城落户农民"的权利退出范围和退出机制。关于进城落户农民应否丧失集体成员资格，学界存在下列几种不同意见：丧失集体成员身份[②]；户籍迁出但未享受城市社会保障者可保留或重新获得集体成员资格[③]；仍拥有土地承包权权益或持有集体资产的股权者，继续享有成员资格[④]；等等诸多争论。对此，不应采用"一刀切"的做法，各集体应以保障进城落户农民财产性权利为基本原则，在民主协商的基础上，确定具体的权利退出条件、范围和程序等。二是宅基地的退出可以分为以下两种方式：一种是集体成员退出宅基地使用权但保留资格权。另一种是同时退出宅基地的使用权和资格权[⑤]。其中前者允许权利人将一定期限

[①] 参见韩文龙、谢璐《宅基地"三权分置"的权能困境与实现》，《农业经济问题》2018年第5期。

[②] 参见杨青贵《进城落户农民宅基地权益保护的现实表达与法治回应》，《重庆大学学报》（社会科学版）2019年第3期。

[③] 参见高飞《农村集体经济组织成员资格认定的立法抉择》，《苏州大学学报》（哲学社会科学版）2019年第2期。

[④] 参见任常青《进城落户农民"三权"问题研究》，《河北学刊》2017年第1期。

[⑤] 参见江晓华《"三权分置"下宅基地退出的权利表达》，《华南农业大学学报》（社会科学版）2021年第3期。

的宅基地使用权转让给第三人，到期后重新恢复对宅基地的完整权利[①]。三是保障宅基地所有权主体的自主选择权。从实践看，不同地理位置的村庄对宅基地体现出不同的价值追求。随着偏远、远郊和近郊等地理位置的变化，呈现出从注重物质性福利，向追求服务性福利和权能性福利转变的特征[②]。并且，根据课题组对全国24省164个村庄的调研可知，从西部到东部，村庄闲置宅基地有偿退出工作完成比重逐渐降低[③]。因此，需保障各集体享有一定的自主选择空间，根据农户对保障性功能和财产性功能的不同需求，创设类型化的权利退出机制。

最后，确定外部主体的宅基地占用权。学界普遍认为具有物权性质的宅基地法定租赁权是"三权分置"较适宜的权利形态[④]。但该权利的设定存在性质模糊、主体冲突、期限设定和租金分配等诸多问题。并且，根据现行法律的规定，租赁合同期限不得超过二十年。那么，设置物权性质法定租赁权的意义不大，且会增加权利结构的复杂性。为了与集体成员权的宅基地使用权相区分，确定外部主体所享有的是宅基地的占用权。两者是不同性质的权利。即，集体成员身份基于资格所获得的是物权性质的宅基地使用权。而基于"房地一体"原则占用宅基地的外部主体，对宅基地享有的权利为债权。该权利的特殊性可概括为以下三点。一是该权利的存续期限与地上房屋一致，房屋灭失则权利消失。二是权利人不得擅自翻新或重建地上建筑物。三是无宅基地使用权者的情况下，宅基地占用权者在权利存续期间要向农民集体缴纳一定的占用金。通过上述举措既可维持宅基地的集体所有属性，又可实现地上房屋的财产性功能。

[①] 参见李凤章、李卓丽《宅基地使用权身份化困境之破解——以物权与成员权的分离为视角》，《法学杂志》2018年第3期。

[②] 参见吴郁玲、于亿亿、王梅《农户对宅基地退出的福利增进需求研究——基于余江、金寨、宜城三地的农户调查》，《中国土地科学》2021年第7期。

[③] 东部地区的27个村庄，都没有开展闲置宅基地的有偿退出工作；中部地区的80个村庄，其中13个村庄开展了闲置宅基地有偿退出工作，占比16.25%，67个村庄未开展闲置宅基地有偿退出工作，占比为83.75%。西部地区的57个村庄，其中有13个村庄已开展了闲置宅基地有偿退出工作，占22.81%，有44个村庄未开展闲置宅基地有偿退出工作，占比77.19%。

[④] 参见陈小君《宅基地使用权的制度困局与破解之维》，《法学研究》2019年第3期。

二 "集体—个体"层的实践路径

宅基地相关权利在"集体—个体"层面的实践运行，主要涉及集体、农户与个人等主体。其中，宅基地所有权属于农民集体，而宅基地使用权和地上房屋所有权涉及"农户—成员"间的双向关系。因此，为减小"房共有—地合有"之间的张力，以实现复合型共有身份与财产两方面的功能，需从集体、农户和个体三个层次寻求化解之道。

一方面，充分发挥集体层的引导性作用。一是及时了解宅基地流转、继承人不明、人口流出等动态情况，掌握"地合有—房共有"之间的错位现状。并根据实际问题，通过民主协商的方式制定具有针对性的改善方案。如此，不仅可有效解决集体权利虚置化的问题，也可充分发挥集体的衔接和协调作用。二是调动农民的参与积极性，对于宅基地盘活方式尊重农民意愿，通过集体成员代表或符合一定比例要求的集体成员民主议定，广泛了解农民主体意愿。三是探索多元化的权能拓展方式，有条件的地方可通过宅基地使用权股份化等形式盘活闲置宅基地[①]。

另一方面，保障个体层的主体性地位。"期待性利益"的主体为成员个体。为实现期待性利益向现实利益的顺利转化，不仅要拓展集体成员在宅基地盘活中的参与渠道，保障个体层的实质性参与，还需突破"户团体"的遮蔽。为此，在"农户—个体"层次应明确宅基地户内成员共有权的权利性质，发挥家户"定分止争"的地位和作用。不仅如此，户内成员在行使共有权时，应基于合意选出对外代表和管理人，且不得对抗善意第三人。据此，对内能保障成员个体的利益表达，对外能又能维持户的整体性与一致性。

通过本章考察可知，"三权分置"改革背景下，宅基地的身份性与地上房屋的自由财产性之间的张力日渐增大。若地随房走，宅基地之上的集体所有权将"名存实亡"；若房随地走，又将导致个人财产权受到严重损害。宅基地户内共有权这种农村普遍存在的共有形式，却难以用中国法的共有理论予以

[①] 例如，根据课题组在山东淄博和江苏南京等地的调研可知，有条件的村庄充分发挥集体的引导性作用，依托当地资源作为农家乐或特色民宿。或将闲置宅基地作为社区公共空间，如用来开会、举办节日活动、开展慰问老人活动或用来举办红白喜事的宴席场所。或建设养老设施，引导老人通过退出闲置宅基地而获得经济补偿和分红方式，享受系列养老服务。上述举措有效化解了复合型共有权能错位的问题。

准确释义。加之，在房地一体制约下，基于宅基地形成了复杂的"复合型共有"。其结构主要包含两个层次。其中，户内成员对宅基地的共有权是一种以生存保障为目标的利益期待性合有关系。而"房地一体"主义之下，家户成员对于地上房屋多属于共同共有关系。人户分离、"三权分置"等因素的影响下，"地合有—房共有"间的张力增大，严重影响宅基地权能的发挥。

"三权分置"背景下，如何在维持宅基地集体所有属性的同时，拓展地上房屋的财产性权利？对此，需从"国家—集体—个体"三个层次探讨复合型共有的功能实现路径。第一，国家层的立法和制度设计方面，创设类型化的权利退出机制，并确定外部主体对于宅基地所享有的权利性质为债权。以此化解"三权分置"背景下，身份依附与权利流转的矛盾。对此，还需赋予集体层一定的自主性和选择权，国家层不宜做出强制性规定。第二，集体层在国家层的制度框架内，充分发挥自主性。拓展农民在宅基地盘活中的参与渠道，保障农民的实质性参与。通过民主决策和协商的方式，确定本集体内宅基地"三权分置"改革的具体实施方案，从而满足本集体的实际发展需要。并通过构建集体监督机制，促进集体成员更加充分地实现财产性权利。第三，对于个体层，需化解"农户—个体"之间的冲突。这也是宅基地期待性利益顺利转化为现实利益的关键之所在。为此，要发挥家户团体在宅基地利用中"定分止争"的重要功能，还应破除影响成员个体权利实现的障碍。宅基地使用权的获得仍须以户为单位。但户内成员在行使宅基地的相关权利时，应基于合意选出对外代表和管理人，且不得对抗善意第三人。据此，可在维持家户整体性的同时，保障成员个体意见的充分表达。在"三权分置"背景下促进复合型共有权的功能实现。

由于篇幅所限，本章的研究只是为宅基地"三权分置"背景下，"如何在兼顾宅基地集体所有权属性的同时，拓展地上房屋的财产性功能"这一问题的解决提供大体的思路。但宅基地的权利关系错综复杂，诸多具体实施方案并未深入展开。例如，"集体—农户—个体"间的权责分配、类型化的权利退出机制和外部主体宅基地占用权的实践效果等，需具体问题具体分析。在未来的研究中，还要结合实际情况进一步明确类型化退出机制的前提条件和实现方式，以及外部主体宅基地占用权的设立条件和运行机制等方面的内容。

下 篇

产治互促：集体产权与乡村治理的现代化的协同实现

农村改革一直是我国发展的重要议题，而集体产权制度改革作为其中的关键环节，直接关系到农村经济的发展和农民群众的利益。近年来，我国农村改革一直是社会关注的焦点之一。其中，集体产权制度改革作为农村改革的重要内容之一，对于激发农民主体意识和发挥农民主体作用具有重要意义。该项史无前例的改革对乡村经济、文化、生态、福祉和政治等方面都具有重要影响，也是解决人民日益增长的美好生活需要和不平衡不充分的发展之间的矛盾的主要突破口之一。但其改革的实际效应为何、对集体成员权利的实现有何影响，需要深入实际、深入基层调查了解情况。从实际情况看，集体产权制度改革极大地促进了成员财产性权益的拓展和实现，但也导致成员权利的行使呈现明显的消极倾向。在此背景下，深入研究集体产权制度改革的实施情况、存在的问题，以及解决问题的思路等内容。对于我国农村改革的顺利推进具有重要的现实意义。为此，本篇将集体成员权分为自益权与共益权两个方面，从"国家—集体—个体"三个层次深入考察集体产权制度改革中的突出问题，并分析这些问题产生的原因。具体来说，主要探讨以下五对关系。

一是集体产权制度改革与集体成员积极性。需明晰农村集体产权改革的重要性，以及集体产权制度改革在农村改革中的地位。集体产权制度改革极大地促进了成员财产性权益的拓展和实现。但也导致成员权利的行使呈现明显的消极倾向。从集体产权制度改革的整个过程看，为什么国家层和集体层以拓展成员权利为目的的制度设计，在个体层却产生了消极的效果，这是乡村振兴背景下亟须明晰的重要问题。从辅助性原则出发，提出的改革思路，强调政府服务支持作用，以促使不同主体形成良性互动机制，在此基础上，提出完善改革的思路，以期为农村改革提供启示和建议。

二是集体产权制度改革与乡村治理现代化。产权制度改革和治理体系的优化是"三农"现代化的主要内容，也是构建新时代乡村治理体系的重要组成部分。乡村治理是指通过建立健全的组织机制和决策程序，促进农村社会的和谐稳定和公共事务的有效管理。良好的乡村治理能够提供公平的机会和公正的规则，促进农民的参与和决策权，增强农村社会的凝聚力和活力。乡村治理的现代化是农村发展的关键，也是实现集体产权保护和发展的基础。那么，集体产权制度改革作为一项史无前例的重大改革，将对乡村治理现代化产生怎样的影响，这是当前背景下亟须明确的重要问题。

三是集体产权制度改革与共同富裕。集体产权实践是影响农民农村共同富裕的核心议题。实现广大农村地区、亿万农民的共同富裕，是集体产权制度改革的重要目标。为此，党的二十大报告和近年来的中央"一号文件"都强调要继续深化农村土地制度改革，赋予农民更加充分的财产权益。而集体产权的权能拓展是把"双刃剑"，在取得显著成效的同时，也暴露出个体权利被遮蔽、同一场域内多元主体分化、成效难以持续等问题。长此以往，权能拓展对共同富裕的正向促进抑或转为反向阻碍。如何在微观层面通过集体产权的权能拓展，促进农村共同富裕这一宏观目标的实现，是当前背景下需要深入探讨的重要问题，也是马克思主义理论中国化进程中不可回避的重要问题。

四是集体产权制度改革与公共物品供给。作为巩固社会主义公有制、完善农村基本经营制度的重大改革，集体产权改革必将对农村公共服务供给的质量产生重大冲击。实现集体产权改革与农村公共服务供给的互塑协同，是新发展阶段贯彻新发展理念、促进共同富裕必须回应的时代命题。为此，本篇将探求集体产权改革与高质量公共服务供给之间存在何种联系；分析集体产权改革背景下能否实现、如何实现高效能治理及高质量发展，并满足农民对高品质生活的追求等问题。

五是集体产权制度改革与可持续发展。农村集体产权制度改革在取得重要成效并进一步推进的同时，也面临一些困境。其中，比较显著的问题是股权配置的封闭性与产权交易的开放性之间的张力逐渐增大。在此过程中，农村内生动力不足和外部资本介入的矛盾日益凸显。长此以往，农民与农业、土地之间的关系将渐渐疏远，必然会导致农村可持续发展危机。因此，农村集体产权制度改革背景下完善产权制度设置，对处理好农村发展与环境的协调问题、助力乡村振兴具有重要意义。

第十章

集体产权改革培育"积极成员"的实现路径[*]

　　集体产权制度改革是乡村振兴的重要抓手。党的二十大报告和2023年中央一号文件都要求"继续深化农村的土地制度改革，赋予农民更加充分的财产权益"，同时也提出"建设人人有责、人人尽责、人人享有的社会治理共同体"。2023年3月19日，中共中央办公厅印发了《关于在全党大兴调查研究的工作方案》，强调了调查研究的极端重要性，习近平总书记也强调正确的决策离不开调查研究[①]。集体产权制度改革是新时代"三农"工作的核心之一，到目前为止已拓展至全国多数的市县。该项史无前例的改革对乡村经济、文化、生态、福利和政治等方面都具有重要影响，也是解决人民日益增长的美好生活需要和不平衡不充分的发展之间的矛盾的主要突破口之一。但其改革的实际效应为何、对集体成员权利的实现有何影响，需要深入实际、深入基层调查了解情况。从课题组的大规模调研看，集体产权制度改革极大地促进了成员财产性权益的拓展和实现。但也导致成员权利的行使呈现明显的消极倾向。从集体产权制度改革的整个过程看，为什么国家层和集体层以拓展成员权利为目的的制度设计，在个体层却产生了消极的效果，这是乡村振兴背景下亟须明晰的重要问题。

　　关于乡村振兴推进过程中各层级间的关系，辅助性原则关注在科层制社会中，高层级与低层级如何有效行使职能的问题[②]。在辅助性原则的前提下，

---

　　[*] 本章以《农村产权制度改革培育"积极成员"的路径探索》为题，发表于《贵州师范大学学报》（社会科学版）2024年第2期。

　　① 参见中办印发《关于在全党大兴调查研究的工作方案》，《人民日报》2023年3月20日第1版。

　　② Nicholas Aroney, "Subsidiarity in the Writings of Aristotle and Aquinas", *Global Perspectives on Subsidiarity*, Dordrecht: Springer, 2014, pp. 9–28.

政府主要有授权、弥补和替代等三方面的职能①。辅助性原则主张个人应独立承担其能够承担的事务，政府应在个人无法承担的部分提供辅助；下级政府无法独立承担的事务，上级政府应提供辅助②。这样可以保持各层级间的自主能力，在必要时各领域应相互支援。辅助性原则高度重视个人的多样性和差异性对人性发展的价值，包括公民个人应自我负责满足生活需要，努力实现自我发展，个人自我负责与团体协作优先于国家等方面的要求③。此外，各权力之间应相互制衡，各自保持在合理的范围内④。辅助性原则促进个人自我负责的积极责任的实现，只有在个人和组织体无能力处理时，才由更高级的组织负责处理⑤。政府有义务给予更低层级的组织"帮助"，使其更好地承担应有的责任。这一原则可为乡村自治提供独立性支持，也可为国家法治保障乡村治理提供行动空间。对于个体层积极性的判断标准主要在于个体理性、公共精神以及公共责任感等方面，其影响因素包括组织、参与和规则⑥，或者是选择、参与和责任⑦等内容。关于公民积极性的培育，国家教育说认为高等教育⑧、道德教育⑨、法治教育⑩和参与式教育⑪等方式可以培育积极公民。福利建设说认为国家通过向公民提供福利可以激发公民的公共精神、国家认同和

---

① 参见 Jonathan Chaplin, "Subsidiarity and Social Pluralism", *Global Perspectives on Subsidiarity*, Dordrecht: Springer, 2014, pp. 65 – 84。

② 参见刘莘、张迎涛《辅助性原则与中国行政体制改革》，《行政法学研究》2006 年第 4 期。

③ 参见王贵松《支配给付行政的三大基本原则研究》，《公法评论》第 1 卷，北京大学出版社 2003 年版，第 194 页。

④ 参见李旭东《辅助性原则对当代中国治理理论的意义》，《地方法制评论》2020 年第 6 期。

⑤ 参见夏立安、史盛洁《乡村自治与国家法治的界分——基于"辅助性原则"的视角》，《浙江社会科学》2023 年第 4 期。

⑥ 参见 Duncan Green, *From Poverty to Power: How Active Citizens and Effective States Can Change the World*, London: Oxfam GB, 2008, pp. 11 – 15。

⑦ 参见 Janet Newman and Evelien Tonkens, *Participation, Responsibility and Choice: Summoning the Active Citizen in Western European Welfare State*, Amsterdam: Amsterdam University Press, 2011, pp. 9 – 28。

⑧ 参见吴晓林、赵志鸿《从"过渡阶层"到"积极公民"——高等教育对大学生的政治整合功能研究》，《高教探索》2010 年第 4 期。

⑨ 参见叶飞《道德教育与"积极公民"的培育——从以赛亚·伯林的两种自由概念谈起》，《苏州大学学报》（教育科学版）2019 年第 4 期。

⑩ 参见蒋一之《培养积极公民的另一种努力——美国中小学法治教育述评》，《外国中小学教育》2003 年第 9 期。

⑪ 参见冯建军《基于积极公民培养的参与式公民教育》，《中国教育学刊》2016 年第 2 期。

公共责任感等①。地方分权建构说认为国家通过地方分权、赋权增加公民参与和培养公民美德等方式②，可以提升公民参与公共事务的积极性③。公民参与说认为公民通过积极参加相关组织、参与集体活动，可以激发其积极性和主动性[27]。

通过以上分析可以看出，随着乡村振兴战略的全面推进，农村集体产权制度改革成为实现乡村振兴目标的重要手段之一。在这一过程中，培育"积极成员"至关重要，直接关系深化集体产权制度改革和乡村振兴这两大目标的实现。目前学界主要关注集体产权制度改革的积极成果，而较少关注改革过程中个体层的反应。从实际成效看，完善的制度设计并未产生理想的效果。为什么在国家层和集体层旨在实现成员权利的改革中，个体层却出现了消极的后果？如何通过产权制度改革来激发集体成员的积极性和创造力，以推动乡村振兴进程。这是集体产权制度改革全面推进背景下亟须探究的重要问题。

第一节 制度设计："积极成员"的生成机制

集体产权制度改革是乡村振兴战略的重要一环，集体成员"积极"与否，不仅影响集体产权制度改革的成效，也直接影响乡村振兴战略的实现与否。个体之"积极"，其主要的判断标准包括选择、参与和决策等方面。从集体产权制度改革的制度设计看，此轮改革可以明显扩大成员选择权、拓展成员参与权，并可强化成员的决策权。

一 成员选择权的扩大

从制度设计看，集体产权制度改革主要从横向和纵向两个维度扩大成员

---

① 参见朱涛《社会建设的公民之维——兼评"积极公民身份与社会建设"》，《浙江学刊》2018年第3期。

② 参见 Daniel Treisman, *The Architecture of Government: Rethinking Political Decentralization*, Cambridge: Cambridge University Press, 2007, p. 12。

③ 参见 Evrim Tan, *Decentralization and Governance Capacity: The Case of Turkey*, London: Palgrave Macmillan, 2019, p. 233。

的选择权。虽然各地的改革内容与程序不尽相同，但总体来看，集体产权制度改革主要通过清产核资、成员界定和股权量化等步骤，使农村集体产权实现"总有到共有"的产权结构变化，扩大成员可选择的内容和范围。

一方面，产权制度改革可以提供更好的经济激励机制，激发集体成员的积极性。其中最重要的是通过对集体资产进行横向量化，改变了"人人有份而又人人无份"的权利虚化状况。首先，集体成员能够更加直观地了解自己对集体资产所享有的权益，从而增强了其对自身权利的认知和保护意识。并在维持集体所有制的基础上，通过股份量化明确成员的份额，以个人利益为核心实现了对于集体资产的权利。其次，集体成员在法律允许的范围内，对所持份额具有更多的选择，即使在人地分离的情况下，也可通过股份的多元化利用方式，获得较为稳定的收益。在有些地区还可通过抵押、担保等方式缓解成员的经济困境。最后，集体成员获得了更多的参与权，可以通过投票、表决等方式表达自己意愿，从而促进权利的实质性实现。

另一方面，集体资产的纵向分置，赋予了集体成员更多的自主选择权。并且，新修订的《农村土地承包法》在法律上确定了三权纵向分置的产权结构，明确了户内成员的权利主体地位，增强了成员个体的支配权[①]。集体产权制度改革促使集体资产在实践中实现了"所有权—承包权—经营权"的三权纵向分置。因此，从上层的制度设计看，集体产权制度改革拓展了对于集体资产的退出、转让、继承、赠予、抵押和担保等方面的权能。集体成员可以根据自身需求和发展目标自主选择土地及所持集体股份的利用方式。通过横向量化和纵向分置，集体成员选择权的内容和范围明显增大，促进了集体资产的有效管理和利益的公平分配。成员自主选择权的拓展使得农村集体经济能够更好地适应市场需求和经济发展的变化，进而提高集体成员的收入水平和生活质量。

二 成员参与权的拓展

实质性利益的获得是有效自治的必要前提，也是乡村振兴的重要意义之

---

① 例如，新修订的《农村土地承包法》第17条规定，承包方可以依法互换、转让土地承包经营权，依法流转土地经营权；第36条规定，承包方可以自主决定依法采取出租（转包）、入股或者其他方式向他人流转土地经营权。

所在。从国家层的制度设计看，集体产权的横向量化可增强成员个体关心集体事务的动力。由此增加集体成员参与权的深度。如前所述，集体产权制度改革实现了总有到共有的产权结构变迁，使集体层与个体层的利益由相关转为对应。进一步通过固化到户和静态管理来实现利益的永久享有，以增加成员个体参与产权治理的动力。并且，从国家层和集体层的制度设计看，改革的每个步骤都需要全体成员的共同参与。集体成员参与决定集体经济组织的管理机关和人员，也可参与集体的各项决策①。权能重构使农村社会从封闭转向开放，治理对象变得多样化。这也促使集体成员参与范围进一步扩大。随着新的利益主体的加入，乡村治理的内容更加开放，治理对象也变得更加多样化和复杂化，从而使得集体成员的参与范围也相应增加。

集体产权的纵向分置形成了多元且多层的利益结构。集体成员可以通过土地流转、股份合作等方式积极参与集体经济的发展。在此背景下，成员参与权的内容呈现多维分化的趋向。主要表现在以下两个方面。一是所有权者与利用权者的参与内容、方式等的区别更加明显。例如，集体成员基于身份资格参与集体的决策，也可对所持份额行使管理、处分权。而非成员股东可基于股权的受让获得收益分配权，但对集体事务不享有决策权。二是同一场域内的政经合一逐渐变为政经分离。随着权能重构和市场引入，导致了村庄治理方面的政经事务明显分化，且这种趋势将日渐加剧。三是新的利益主体享有的是经济权利，与集体成员基于身份的成员权以及村内居民基于政治资格的自治权有着一定区别。因此，多元、多层次的利益结构增加了集体成员参与权的维度。

三　成员决策权的强化

根据集体产权制度改革的制度设计，集体成员不仅可以参与改革的全过程，而且在改革后可以参与集体的决策和管理，从而强化其决策权。总体来说，成员决策权的强化体现在以下几方面。

其一，在改革初期，中央和地方相继出台了指导性规则，各地据此制定

---

① 例如，从各地的普遍性规定看，清产核资的结果经集体经济组织成员大会三分之二以上成员讨论通过；股东界定是按照群众认可的原则，经村民大会或村民代表会议表决通过后张榜公布；股权设置由村集体经济组织成员大会讨论决定。

具体的执行性细则。在此基础上，各集体通过民主讨论和表决制定了具体的实施方案。这些规则和程序为集体成员行使决策权提供了依据。

其二，改革过程中设立的民主决策机制，有利于使集体成员的意见和利益得到充分考量。通过召开集体成员大会或代表大会等形式，让集体成员共同讨论和决策重大事项，并通过民主表决形成集体意志。

其三，改革后建立的法人治理架构对于保障集体成员的决策权至关重要。当集体资产被折股量化后，需要建立与股份合作制产权制度相适应的法人治理结构，以确保集体成员能够有效参与决策和管理集体经济组织。在法人治理架构中，集体成员作为股东拥有最高权力，可通过参与股东大会来决定重大事项。股东大会是集体经济组织的最高决策机构，集体成员可在此发表自己的意见和行使投票表决权，对于集体事务的决策和管理表达自己的意志。决策权的实现不仅可以保障成员的权益，还可以促进集体经济组织的发展和集体整体福祉的实现。除了股东大会，理事会和监事会则负责执行、监督集体决议的执行。可以说，法人治理结构为集体经济组织的发展提供了有力支持，也为集体成员提供了更多的选择和机会。

其四，从长远发展的视角看，集体成员可以根据市场需求和自身优势选择适合的产业和经营方式，从而推动农村经济的结构调整与升级。同时，产权制度改革也为农村社会的发展提供了更多的机会和选择。集体成员可以通过股份合作、土地流转等方式参与社会事务和公共服务的提供，以进一步促进农村社会的发展和进步。

通过上述层层的制度设计，可为集体成员提供更强的决策保障机制。法人治理架构、民主表决等机制的建立和运行，为农民集体的发展和稳定提供了有力的支持。并且，集体成员可在集体产权制度改革的全过程中参与决策和管理，强化其决策权。这将促进集体成员的主动性和责任感，提高集体经济组织的效益和竞争力，进而推进乡村振兴战略的实现。

第二节 科层传导："消极成员"的成因分析

集体产权制度改革的层层制度设计旨在提升成员的选择、参与和决策等方面的能力，提升集体成员行使权利的积极性。但在此过程中各层次间形成了循环往复的嵌套性关系①。从制度实施的过程看，国家层和集体层以拓展成员权利为目的的制度设计，在个体层却产生了消极的效果。长此以往，这将阻碍乡村振兴目标的实现。

一 国家层的政府主导

参与行为可分为政府主导型参与、象征型参与和完全型参与等类型。其中，政府主导型参与的典型特征是操纵和引导，而象征型参与的主要特点是发布通告、进行咨询和劝解。产权制度改革是"嵌套性制度系统"，国家层的制度设计直接对集体层和个体层产生影响。从课题组的调研看，改革初期，国家的上层制度设计、地方政策以及各集体的具体实施方案都强调了成员的民主参与②。然而，在改革推进过程中，政府过度地进行片面宣传和引导，导致基层政府的操控问题屡见不鲜。可以说，国家层的过多介入，导致集体产权制度改革过程中政府主导型参与和象征型参与的问题比较突出。

从实践看，政府主导改革程序导致集体层和个体层难以发挥其主观能动性。在改革初期，国家层试图通过制度设计、宣传动员和拓展参与途径等方式，确保集体成员能够充分表达意见和诉求。在推进过程中，为了激发成员参与改革的积极性，政府的相关负责部门频繁召开动员大会、悬挂标语、印发宣传资料等，以激发成员参与改革的积极性。但这些材料主要宣传改革的积极效应，未对其利弊进行客观分析③。除了宣传材料，政府相关部门还会为各村提供股东选票、监事会选票、公告公示模板以及各种会标等材料，统一

---

① 参见肖盼晴《产权科层视角下集体成员权的实现机制研究》，《农业经济问题》2023年第10期。

② 例如，PY县通过与民协商界定出外嫁女、农转非等7种特殊成员身份；ZQ区通过村民代表大会讨论产生夕阳红股、户籍股等9种类型；潍坊ZC市通过民主会议商量折股量化标准，LQ县通过征求村民意见，在有经营性资产的村庄成立股份经济合作社，没有经营性资产的村庄成立经济合作社等两种类型（参见华中师范大学中国农村研究院集体产权制度改革调研资料《S省农村集体产权制度改革验收评估报告》，此资料为未刊稿，下文不再重复说明）。

③ 例如，PY县通过召开动员大会发放明白纸6.8万份，悬挂标语570余幅。ZQ区杨南村发放"致农民朋友的一封信"300余份，悬挂横幅10条，张贴标语12条。LQ县发放宣传资料26.8万份，悬挂标语10000余条，出动宣传车1000多台次。ZQ区先后编印汇编资料3000多册，编发工作简报22期，开展区级、镇街培训50多期，召开"千人大会"4次，进行产改业务骨干培训18次；LQ县举办培训班47期，培训人员12000人次，巡回指导45次（参见华中师范大学中国农村研究院集体产权制度改革调研资料《S省农村集体产权制度改革验收评估报告》）。

标准格式并印制下发。此外，在改革方案和工作方式上，政府相关部门还制定了强制性规定，要求各集体严格按照规定的会议程序召开股东大会，并由包村干部和政府工作人员到场监督。尽管这些举措有利于规范改革程序、确保选举成功，但不利于集体层和个体层主观能动性的发挥。

只有当集体层和个体层的回应对国家层的规则产生影响，并促使其做出相应调整时，才能形成双向互动的良性循环系统。否则将与最初改革目标"渐行渐远"。也就是说，对于实践中的问题，国家层需及时进行调整才能使各层级之间形成良性互动关系。在前篇中有所提及，从国家层的最新立法动向看，2022年12月底公布的《农村集体经济组织法（草案）》（以下简称"草案"）不仅不能为集体成员权利的行使提供有力保障，甚至会进一步加剧政府主导型参与和象征型参与这一趋向。其典型表现可概括如下。

一方面，在探讨集体产权改革与集体成员权利保障的语境中，一个不容忽视的问题是集体成员知情权的保障机制仍显不足。尽管"草案"明确规定了集体成员拥有查阅和复制财务会计报告、会议记录等相关资料的权利，但在具体的实施层面上，无论是在集体还是个体层面，如何有效落实该权利仍然面临诸多挑战。特别是当农村集体经济组织、村民委员会或村民小组等相关机构表现出消极态度，甚至直接拒绝提供信息时，个体成员如何通过法律途径实现权利救济成为一个待解的难题。目前的立法框架中，对于如何具体实施这一权利的指导性方案仍然缺失。

另一方面，对于集体成员大会实现意思自治的能力也存在明显的局限性。成员大会作为农民集体内部最高的决策机构，其在理论上应当具备决定集体重要事务的权力。然而，"草案"第27条规定，"需由成员大会审议决定的重要事项必须先经村党组织或乡（镇）党委研究讨论"，这一规定实际上在一定程度上限制了成员大会的自主决策权。在此框架下，尽管集体成员的财产性权利正在不断地被拓展和完善，且逐渐向"私权化"方向发展，但从国家层面的立法动向来看，集体成员的程序性权利却呈现出向"公权化"方向发展的趋势。当集体经济组织与村党组织或镇党组织的意见发生分歧时，依照上述规定，成员大会的召开可能会遭遇困难。这也意味着，在现行规定的制约下，集体成员面对上级政府可能的侵权行为时，难以通过成员大会启动相应的维权程序。

总的来说，上述"草案"的规定在一定程度上为政府主导的参与和象征性的参与提供了法律依据，这无疑是当前集体产权改革和集体成员权利保障过程中亟须关注和解决的重要争议点。这些问题的存在不仅挑战了集体成员的基本权利，也对农村集体经济的健康发展和农民权益的有效保障构成了潜在威胁。因此，对于如何在保障集体成员知情权和加强成员大会意思自治能力方面进行有效的立法和实践改进，将是未来研究和改革的重要方向。

二 集体层的权责分离

改革之初，集体层为完成国家层的改革任务，主要通过经济诱导和发放补贴等方式调动个体层参与改革的积极性。例如，有些集体给积极参会的农户发放一定的误工补贴，或通过其他形式的利益引导调动个体层的关注和参与[1]。虽然可以使表决程序、参会人数等在形式上符合政策的要求，但集体层是连接个体层和国家层的重要媒介，上述做法容易导致个体层关注的重点多在自身利益获取上，缺乏参与改革的内生动力。即使有补贴的情况下，部分村民仍认为"集体的事耽误我的事"，忙于自己的生产经营而对产权制度改革的相关工作不配合，加大了改革和集体治理的难度。

随着改革的推进，权能拓展导致集体层的封闭性与开放性之间的矛盾日益突出[2]。股权流转后，出让股份的集体成员其身份是否保留、转让后保留何种性质和内容的权利，理论和实务中都存在较大争议。目前各地大多采取了身份权与财产权相分离的做法。即，区别对待村民自治权、集体成员身份权与集体经济组织股份权等三种权利。一方面，改革之初，集体成员获得股份化的份额，成为集体经济组织的股东。但随着股份的流转，外部主体可能获得集体股权，这意味着集体经济组织的股东并非都是农民集体的成员。另一方面，因继承、赠与成为股东的非集体成员，只享受经济性的收益权而不享受基于身份的民主权利。这样一来，随着"政经分离"的加剧，导致个体层"两权分离"的现象越来越普遍，直接后果是集体资产的受益者与管理者相错位的情况日益严重[3]。再者，在权能拓展之下，普遍性问题是集体层由封闭变

---

[1] 参见华中师范大学中国农村研究院集体产权制度改革调研资料《S省农村集体产权制度改革验收评估报告》（未刊稿）。

[2] 参见李爱荣《集体经济组织成员权中的身份问题探析》，《南京农业大学学报》（社会科学版）2016年第4期。

[3] 参见肖盼晴《农村集体产权改革背景下成员共益权的实现困境与出路》，《南京农业大学学报》（社会科学版）2021年第4期。

开放，随着外部主体的参与和加入，集体异质性增加，从而导致集体责任的承担陷入困境。综上可知，集体层的权责分离和权责不对等的日益加剧，影响了个体层行使权利的积极性。并且，权能拓展促进了人口在城乡之间的双向度流动，不断增加集体层的多元化和异质性，进而使成员的集体认同日渐弱化，对集体事务的参与度也呈现明显的下降趋势。

总体来看，改革过程中集体层并未形成完善的公示、表决机制，成员难以承担集体责任。首先，集体层的公示机制不健全，影响成员对信息的全面获取。课题组的问卷调查显示，仅七成村民对产权制度改革的内容"一般"或"比较理解"[①]。从实践看，村民多是通过公示栏来获取有关清产核资的信息，但对于具体的核资过程以及改革的实际成效了解甚少。整体来看，改革过程中乡镇、村干部单打独斗的现象普遍存在。从而导致改革进程中不公正和不透明等问题进一步恶化。其次，集体事项的表决多是采取"三分之二"多数原则，导致部分权利人的意见被忽视。这意味着，部分成员难以成为集体事项的决策主体。由此可见，成员自主性和选择力难以在改革中得到实质性的提升。再次，权能拓展背景下，股权的流转仅代表财产性权利的让渡，外部主体不能基于股份的受让而享有集体事务的管理、决策等身份性权利。长此以往，集体内拥有完整成员权者将会逐渐减少。那么，同一场域内的主体所享有的权利性质和内容的差异也会不断增大。最后，集体事务采取按人投票的表决方式。其结果是，已转让股份的集体成员因与集体的利益关联弱化，必将影响其参与集体事务的积极性。与此相反，股份受让者想要参与集体决策从而实现收益的保值、增值，却无相应的决策管理权，难以承担集体责任[②]。

三 个体层的被动选择

一方面的表现是成员个体权利的行使面临较大阻碍。根据调研结果可知，集体产权制度改革通常以户为单位推进相关工作。例如，征求农户意见、对

[①] 参见华中师范大学中国农村研究院集体产权制度改革调研资料《S省农村集体产权制度改革验收评估报告》（未刊稿）。

[②] 参见钟晓萍、吕亚荣、王晓睿《是集体成员权优先还是私人财产权优先？——基于农村集体资产股份权能改革试点的观察》，《西部论坛》2019年第5期。

农户进行人员摸底调查、以户为单位量化股权。尽管以户为单位推进改革有助于工作的顺利进行，却对成员个体的积极性和自主性产生了消极影响。特别是在以户固权的股权配置模式下，个体参与集体决策和管理集体事务等程序性权利往往被户这一团体所掩盖，个体的意志难以得到充分实现。这种做法不仅损害了个体的积极性和主动性，也加剧了家庭和户内部的冲突[①]。实践中普遍存在"管理成本较高，村内矛盾多发"等问题。同时，静态的管理模式下，对于新增成员的权利如何得到保障尚无明确的解决方案。随着改革的深入，产权分配、继承和流转等问题变得更加复杂。此外，按照多数决的表决原则，少数成员只能被动服从集体决议，形成了典型的"被代表式参与"或"象征型参与"。

另一方面的表现是成员的自主性和选择力难以得到切实的提升。首先，集体成员因缺乏足够的信息，难以对集体事务做出理性的选择。成员可行力提升的前提在于选择权的拓展和实现，而选择权拓展的实质在于个体自由的扩展[②]。因此，若集体成员无法掌握足够的关于产权制度改革方面的信息，则无法对此做出理性的选择。实践中易形成被动、消极的权利行使模式。其次，集体成员责任性的激发，关键在于成员选择力和可行力的提升。如前所述，改革过程中，政府主导型、象征型参与等问题普遍存在，直接导致集体成员的参与过快、过急或直接流于形式，难以做出理性的判断和选择。基于上述原因，产权制度改革过程中集体成员的参与呈现主动性不足、政府主导等特点。最后，按人投票的表决方式影响成员自主性和选择力的提升。从改革实践看，随着权能拓展的推进，尽管股份受让人的经济性权利得以拓展。但按人投票的表决方式下，其在表决和管理等方面的参与性权利并未增加。总体而言，股权的流转可能会削弱甚至消解成员的参与权。从可持续发展的视角看，集体股份、农村土地经营权的流转和使用权放宽都可能导致土地资源的过度开发和环境问题的产生。

[①] 参见温铁军、刘亚慧、唐溧等《农村集体产权制度改革股权固化需谨慎——基于 S 市 16 年的案例分析》，《国家行政学院学报》2018 年第 5 期。

[②] 参见李丙金、徐璋勇《赋予选择权利和提高可行能力：新农村建设中新型农民培养的核心》，《西北大学学报》（哲学社会科学版）2012 年第 6 期。

第三节　层级辅助："消极到积极"的实现路径

通过以上考察可知，以实现集体成员权利为主要目的的集体产权制度改革，在实施过程中却产生了消极的后果。虽然成员选择、参与和决策等方面的权利得以拓展和强化，但集体内的责任承担却处于"悬浮"状态，导致乡村振兴的经济、福祉和政治等方面的目标难以实现。辅助性原则自20世纪50年代被提出以来，其内容不断发展完善，并受到学界的广泛关注①。该原则强调权力自上而下的行使，同时重视上级干预行动的法治化和制度化，对于缓解集体产权制度改革过程中政府主导、权责分离和被动选择等困境具有重要的参考价值。

一　下层的优位主导

辅助性原则具体可分为自上而下和横向分域治理等路径，具有上下互动的双向功能。集体产权制度改革是实现乡村振兴的重要突破口。总体来看，产权制度改革是一个"嵌套式系统"，需要在各层次之间建立正向促进和反向反馈的双向机制，形成良性循环系统②。在这个系统中，决策权应优先向地方和基层配置，下级单位具有更高程度的自主权。并且，各层级的循环系统中，需要遵循下层的优位主导，确保各主体能行使自己的权力。政府有责任帮助更低层级的组织，使其能够更好地承担责任，以维护公共利益。因此，在集体产权制度改革过程中，国家层应进行客观的宣传和引导，重点介绍改革的目的、程序和内容，以便让集体和成员自主判断利弊，做出符合自身需要的决定。据此，集体成员的选择权可得到实质性扩展。

政府由主导者转变为服务者，以提升集体的自主决策能力。辅助性原则重视权力之"自下而上"的配置与行使。如本书的中篇所述，改革主要依靠政府的强力推动，各地产改办从改革细则到工作方式等都做出了强制性规定。

---

① 参见刘莘、张迎涛《辅助性原则与中国行政体制改革》，《行政法学研究》2006年第4期。
② 参见肖盼晴《集体产权制度改革推动了乡村治理的现代化吗？——基于产权科层的视角》，《内蒙古社会科学》2023年第1期。

虽然有利于改革的规范化，但阻碍了个体层自主选择的实现。同时也产生成员对改革目的不信任、对改革的内容不理解等问题。因此，改革过程中政府应由主导变后援，主要为集体层提供指导和服务。并允许各集体根据实际情况变通适用改革的程序和规则，尽可能发挥集体的自主选择力。此外，诸多的农民集体采用"户内共享、社内流转"的股权管理模式，虽然有利于维持集体产权的本源性功能，但限制了集体资产的价值提升和农村集体经济的持续发展。与此相对，也有部分地区允许股权的对外流转，则会加大集体封闭性与股权交易开放性之间的张力。为解决上述问题，集体层要按需确定权能拓展的内容与范围，而不应自上而下地"一刀切"。从而为成员参与权和决策权的贯彻奠定基础。

二 横向的分域治理

基层政治建设是乡村振兴的重要内容。集体产权制度改革使得村庄场域内农民集体、集体经济组织和行政村之间的区别日益明显；也促使集体成员权、股东权和村民自治权等权利相分离。为实现乡村振兴目标，各社会要素间应当充满互动、保持密切联系。为此，可通过横向的分域治理为不同主体实现意思自治留足空间，进而实现多元主体间的互推与互促。

横向分域治理的前提在于多元主体间的权利分置。如前所述，集体成员、集体经济组织股东、村民以及外部利益主体等主体的分化日渐明显，其权利内容和权利实现方式等也有明显差别。例如，兼具集体成员和集体经济组织股东双重身份者，可同时享有身份与财产的双重权利。相比之下，已转让股份的集体成员，基于身份资格仍享有农民集体内的身份性权利。而受让股权的外部主体，只能获得财产性权利，不能受让身份性权利。依出资而获得股权的外部主体也只能享有财产性权利。由此，通过分域治理明确不同主体的权利内容与界限，可保障多元权利实现通道的畅通。

具体而言，实现横向分域治理的关键在于利益分配与信息共享这两个方面。一方面，构建公平的利益分配机制。合作的达成关键在于利益的获得。为此，需构建公平的利益分配机制。虽然清产核资明确了集体资产的范围，但实践中各集体的分红情况差别很大。若集体成员无法享受集体经济发展的红利，则无法切实感受到自己的权利主体地位，普遍产生了"财产是村里的，不是我的"的想法。例如，集体经济较落后的村的村党支部书记普遍表示

"反正村里也没啥东西,把人全部算进来也无所谓"。但有的集体资产体量较大,村干部认为每一股都能分到较多的红利,不能随便糊弄①。因此,集体产权制度改革过程中只有尽可能扩大集体收益,并在成员间建立公平的利益分配机制,才有可能激发成员的参与积极性和责任意识。否则,在难以享受集体分红的情况下,很多成员表示"产权制度改革没啥作用、多此一举",而收益分红较多的集体,成员的关注度和参与度普遍较高②。

另一方面,完善不同主体间的信息共享机制。改革过程中,集体成员通过掌握更多的信息,提升自身的可行能力和自主选择权。有些集体通过集思广益,创设了"五单界定法"。即,用公示单保障成员知情权,对于如何分配股权等问题,充分听取成员意见,将选择权交给个体层,满足多元主体的利益需求。上述做法取得了积极成效,值得进一步推广和完善。同时,《农村集体经济组织法》等最新立法中应明确界定集体成员知情权的内涵、外延以及集体层所应承担的责任。例如,立法中应进一步明确集体层信息公示的范围、频次、方式,以及其他层级应为集体成员行使知情权提供何种便利等。集体经济组织作为农民集体的对外表意机构,应及时对集体决议、集体运营状况和收益分配等内容向利害关系者进行披露和公示。若农村集体经济组织或村民委员会、村民小组拒绝公开信息或消极不作为,立法中应进一步规定其应承担的法律责任,以及权利者的救济途径。只有这样才能保证集体成员的选择、参与等权利落到实处。

三 统合的责任承担

集体与个人福祉的双重实现是乡村振兴的主要目标之一。众所周知,在政策落地的最后一个环节,农民群体的广泛参与是决定政策效果好坏的关键。实践经验表明,权利与责任的对称是集体成员"消极变积极"的重要标志。为了提升成员的积极性,需要走出私人领域,坚持权利与责任相对称的原则。与此相比,个人责任观是辅助性原则的重要内容,可以促进个人自我负责的

---

① 参见华中师范大学中国农村研究院集体产权制度改革调研资料《S省农村集体产权制度改革验收评估报告》。
② 参见华中师范大学中国农村研究院集体产权制度改革调研资料《S省农村集体产权制度改革验收评估报告》。

积极责任的实现。此观念既强调个人对自己事务的负责，也承认其他各层级对其事务的决定权利。鉴于此，需要构建统合的责任承担机制，以增进集体与个人双重福祉的实现。

首先，明确各主体的责任内容。判断集体成员是否积极行使权利，很大程度上在于其是否积极地承担个体对集体所要承担和履行的基本责任。为此，需构建确权到人的股权分配机制。具体而言，以户为单位固化股权虽然便于管理，但从实践看，确权到户之后，是户主与集体打交道，成员想问题、办事情都是先考虑小家，容易忽视集体。为解决上述问题，应将股份的统计和核算单位从户细化到人，建立成员与集体之间的利益连接纽带，确保每一位成员都可以享有和行使对集体资产的权利。此外，为了提升集体成员的参与和决策能力，应提供相应的培训和支持，以帮助其了解改革的相关知识和技能，从而更好地参与集体决策和管理。通过以上举措，明确责任承担主体与责任内容，才能激发成员参与的积极性。

其次，拓展多元责任的实现渠道。"积极成员"的判断标准在于个体有意识、自觉地履行自己的权利和义务，并且积极主动地参与集体事务。公民自我负责个人的生活需要、尽自己所能实现自我发展，是辅助性原则的基本内容。为实现上述内容，一是突破户团体的限制，对外表达自己的意志、行使自身权利。这是个体承担集体责任的前提。二是完善"期待性利益的转化机制"[①]。只有这样才能将期待性利益转化为现实利益，推动成员个体的自我发展。三是在集体产权制度改革中，应注重加强信息公开、提升透明度，确保集体成员能够及时了解集体事务的相关信息及其决策过程。建立信息公开制度，定期向集体成员公开集体事务的相关信息，包括财务状况、决策过程和决策结果等。同时，应加强内部沟通与交流，让集体成员可充分地参与讨论和表达意见。四是在政策制定和实施过程中，确保权利与责任的对称性。这意味着农民在享受权益的同时，也要承担相应的责任。政府可以制定相关规定和制度，明确农民的权益和责任，并建立相应的监督机制，确保权利与责任的平衡。

最后，构建多元主体的责任协调机制。虽然多元主体的权利分置可减小

---

① 参见肖盼晴《农村承包经营户内成员共有权的结构与功能分析》，《中国土地科学》2021年第3期。

农民集体封闭性与股权交易开放性之间的张力，但集体层责任需各主体共同承担。一方面，多元主体共享平等的知情、监督和救济等权利，建立"统合式"监督机制，主要包括信息公示机制、合力监督机制和决议撤销机制。通过以上举措实现监督性权利在多元主体间的共享以及集体责任的共担。另一方面，相关立法保障农民集体成员大会的意思自治。当前《农村集体经济组织法》正处于立法完善的过程中，应以此为契机，明确规定成员大会可自主选择会议召开时间、方式和程序。通过制度化和法治化的路径，明确国家层的相关机构以及各级党组织在改革过程中的职能定位。简言之，国家层主要发挥外部协助和监督等方面的作用，并遵循"不告不理"原则，而不应对集体层和个体层进行强制性干涉。如上所述，通过构建多元主体的责任协调机制，实现不同主体之间的权责平衡，促进各方积极性和责任意识的提升。

综合本章考察可知，农民农村共同富裕是乡村振兴的重要命题，而集体产权制度改革是实现上述目标的重要抓手。集体产权制度改革进程中虽然层层的制度设计都在为成员权利的实现提供全方位的保障，但完善的制度设计并未产生理想的效果。国家层和集体层以实现成员权利为目的的改革，却导致了个体层的消极、冷漠参与。从改革实践看，集体产权的权能拓展极大地促进了成员财产性权利的拓展。但改革过程中政府主导、象征型参与等原因，导致了集体成员的消极参与。长此以往，将严重影响乡村振兴战略的实现。为解决上述问题，可参考辅助性原则的相关内容，探讨具体的化解之策。

其一，在各层级的循环系统中，需遵循下层的优位主导，而非自上而下的强制性干涉。国家层不应过度宣传改革的积极效应，而只需客观介绍改革的目的、程序和内容，由成员自主分析利弊，做出符合自身需要的决定。并且，政府由主导者转变为服务者，其着力点在于提升个体层和集体层的自主决策能力。其二，通过横向的分域治理为不同主体的意思自治留足空间，以实现不同主体间的互推与互促。集体层构建"确权到人"的股权分配机制和公平的利益分配机制，从而实现成员的完全型参与。其三，权利与责任的对称是集体成员"消极变积极"的重要标志。成员积极性的提升要走出私人领域，并坚持权利与责任的对称。为此，需构建统合的责任承担机制，以促进成员积极性的提升。具体而言，要在集体层赋予多元主体同等的知情、监督和救济等权利，建立"统合式"监督机制，实现监督责任的共担。在个体层授权到人，构建确权到人的股权分配机制，建立成员与集体之间的利益连接纽带，确保每一位成员都可享有对集体资产的权利。同时，成员个体需掌握更多的信息以提升自身的可行能力与自主选择力。立法上也要进一步建立和完善成员知情权的保障机制。

本章的探讨虽为集体产权制度改革进程中如何实现成员由"消极变积极"这一问题提供了基本思路。但正确的决策离不开调查研究，各地情况差异较大，不可一概而论。对于选择、参与和责任等要素的具体实现机制，还需以大型的深度调研为基础进行深入探讨，这也是乡村振兴战略推进过程中需要进一步关注和拓展的重要课题。

第十一章

集体产权制度改革推动了
乡村治理的现代化吗?*

在新时代中国的发展蓝图中，国家治理体系及其治理能力的现代化被视为关键的奋斗目标。在这一宏大目标的众多组成部分中，"三农"的现代化无疑占据了十分重要的位置。这一领域的现代化不仅关乎中国特色社会主义现代化建设的全局，也关系到亿万农民的切身利益和社会的长远发展。近年来，随着全国范围内集体产权制度改革的深入推进，集体土地的财产功能得到了进一步的释放，标志着在农村土地管理和利用方面的一次重大创新和突破。这一改革不仅涉及庞大的集体资产和约亿万农民的根本利益，更是一场影响深远的体制创新，其对现有乡村治理体系的冲击和挑战是巨大且复杂的。在这样的背景下，集体产权制度的改革与乡村治理体系的优化成为实现"三农"现代化的关键环节，同时也构成了在新时代背景下构建乡村治理新体系的重要基础。因此，深入探讨集体产权制度改革这一前所未有的重大改革措施，如何影响乡村治理的现代化进程，成为当前研究的一个紧迫而重要的议题。集体产权制度改革的实施，不仅关系到农村土地的有效利用和农民收入的增加，更关系到如何通过制度创新和体制机制的优化，推动乡村治理向更加公正、高效、和谐的方向发展。这一改革对于促进农村社会治理现代化，建立健全乡村治理体系，实现农村经济社会全面协调可持续发展具有深远的意义。因此，深刻理解和准确把握集体产权制度改革对乡村治理现代化的影响，对

---

* 本章以《集体产权制度改革推动了乡村治理的现代化吗？——基于产权科层的视角》为题，发表于《内蒙古社会科学》2023年第1期。

于指导当前和未来的农村发展战略具有重要的理论和实践价值。

乡村治理是中国式现代化进程中的重大实践问题，也一直是学界研究的焦点问题。学界对此的研究多是从村庄内部网络关系[①]、村庄精英[②]、村庄内部权力结构[③]、社区记忆[④]、宗族结构[⑤]、道德秩序[⑥]等不同的维度和层次，来考察和分析乡村治理的结构、机制与效果。关于现代化的内涵，有学者认为是以追求秩序和根除矛盾性为目的，而进行精确界定的过程，其中的现代公共政策是典型的现代实践活动[⑦]。治理现代化是指掌握先进的治理理念、动员多元的治理主体、建设良好的治理制度与运用有效的治理手段，解决现代化进程中的矛盾与问题[⑧]。国家治理现代化要符合公共权力运行的制度化和规范化、民主化、法治化以及效率和协调等五个标准[⑨]。此外，身份平等化以及治理方式的法治化和民主化[⑩]、普遍参与、绩效追求等都是现代化的重要因素[⑪]。共建共治共享和社会公平正义是治理现代化的基本要求[⑫]。

产权是乡村治理现代化的经济基础[⑬]。学界对集体产权制度改革的讨论主要围绕三个核心议题展开。首先是集体产权制度改革对乡村治理机制的影响。在这一领域内，产权秩序的理论框架指出，不同地域在产权制度改革的推动

---

① 参见贺雪峰《论社会关联与乡村治理》，《国家行政学院学报》2001年第3期。
② 参见仝志辉《精英动员与竞争性选举》，《开放时代》2001年第9期。
③ 参见仝志辉、贺雪峰《村庄权力结构的三层分析——兼论选举后村级权力的合法性》，《中国社会科学》2002年第1期。
④ 参见贺雪峰《缺乏分层与缺失记忆型村庄的权力结构——关于村庄性质的一项内部考察》，《社会学研究》2001年第2期。
⑤ 参见肖唐镖《宗族与村治、村选举关系研究》，《江西社会科学》2001年第9期。
⑥ 参见黄晓星、郑姝莉《作为道德秩序的空间秩序——资本、信仰与村治交融的村落规划故事》，《社会学研究》2015年第1期。
⑦ 参见[英]齐格蒙特·鲍曼《现代性与矛盾性》，邵迎生译，商务印书馆2003年版，第12页。
⑧ 参见熊光清、蔡正道《中国国家治理体系和治理能力现代化的内涵及目的——从现代化进程角度的考察》，《学习与探索》2022年第8期。
⑨ 参见俞可平《推进国家治理体系和治理能力现代化》，《前线》2014年第1期。
⑩ 参见胡承槐《从马克思的历史总体观视角看国家治理体系现代化的内涵、实质和路径》，《浙江社会科学》2015年第5期。
⑪ 参见金耀基《从传统到现代》，法律出版社2010年版，第98—104页。
⑫ 参见李建伟、王伟进《社会治理的演变规律与我国社会治理现代化》，《管理世界》2022年第9期。
⑬ 参见李怀《集体地权整合、农村经济发展与乡村治理现代化》，《新视野》2021年第2期。

下，分别演化出了公有制秩序与共有制秩序，进而引致了不同的政治后果[1]。从权能重构的视角来看，集体产权制度改革通过界定成员资格[2]、重新配置权力关系[3]以及促进政治与经济的分离[4]，为乡村治理模式的刷新提供了动力。而从机制—条件的分析角度来讲，集体产权制度改革通过优化组织结构、提升治理能力、加强监督机制、政府的适时介入以及村民的积极参与，为实施有效的乡村治理创造了必要的条件。其次，关于集体产权制度改革如何影响乡村治理的基础条件，学界提出了多种不同的观点，包括产权与治权关系论[5]、利益激励论[6]以及权责分离论[7]等。此外，集体产权制度改革对村庄社会秩序的影响也是研究的重点，主要观点包括冲突论[8]和团结论[9]。最后，学术界对集体成员权的资格、权利分配及其内容的探讨同样丰富。关于集体成员资格的认定，研究提出了权利义务论[10]、户籍论[11]、股东权论[12]、社会关系论[13]等多种标准。在

---

[1] 参见桂华《产权秩序与农村基层治理：类型与比较——农村集体产权制度改革的政治分析》，《开放时代》2019年第2期。

[2] 参见李博阳《农村集体成员资格界定的路径方式与治理效应——基于第一批农村集体产权改革试验区的案例研究》，《农林经济管理学报》2020年第5期。

[3] 参见陈涛《复合产权的"裂变"：农村集体产权改革的权力配置效应——以T省三种集体产权制度改革路径为例》，《农村经济》2021年第3期。

[4] 参见徐冠清、崔占峰《从"政经合一"到"政经分离"：农村集体经济治理的一个新逻辑》，《农业经济与管理》2021年第5期。

[5] 参见王慧斌、董江爱《产权与治权关系视角的村民自治演变逻辑——一个资源型村庄的典型案例分析》，《中国行政管理》2018年第2期。

[6] 参见邓大才《利益、制度与有效自治：一种尝试的解释框架——以农村集体资产股份权能改革为研究对象》，《东南学术》2018年第6期。

[7] 参见肖盼晴《产权制度改革背景下农村集体成员权的权利结构与功能实现》，《华中农业大学学报》（社会科学版）2021年第3期。

[8] 参见黄鹏进《产权秩序转型：农村集体土地纠纷的一个宏观解释》，《南京农业大学学报》（社会科学版）2018年第1期。

[9] 参见方帅《农村产权制度改革制度安排、社会联结与乡村振兴——基于山东省东平县的实证研究》，《江汉大学学报》（社会科学版）2018年第6期。

[10] 参见魏文斌、焦毅、罗娟等《村民资格问题研究》，《西北民族大学学报》（哲学社会科学版）2006年第2期。

[11] 参见孟勤国《物权法如何保护集体财产》，《法学》2006年第1期。

[12] 参见臧之页、孙永军《农村集体经济组织成员权的构建：基于"股东权"视角分析》，《南京农业大学学报》（社会科学版）2018年第3期。

[13] 参见杨一介《农村地权制度中的农民集体成员权》，《云南大学学报》（法学版）2008年第5期。

集体成员权利分配的研究中，观点分为平等分配论①和差别分配论②。至于成员权的结构，普遍看法认为它具有复合性和综合性的特点，包括身份性权利和财产性权利等多种形式。

关于产权科层的构建及其在公共资源管理中的应用等方面的研究已取得显著进展。该领域的研究表明，公共池塘的使用规则被划分为操作层、集体层以及宪法层三个不同的决策层次，这三个层次的规则共同构成了一种复杂的"嵌套性制度系统"③。基于这一观察，学者们进一步提出了"制度科层模型"，该模型强调自然资源资产产权在垂直方向上的分层，不同层次的产权主体各自独立地进行决策，而所有这些产权层次共同构建了一种复杂的"产权科层"关系网络④。在此基础上，农村集体土地的产权科层特指由不同层次的产权主体构成的结构，这一结构反映了各种权利的总和。在农村集体产权制度改革的过程中，各个产权科层之间通过正向激励与反向反馈的双向动态机制，促进了集体产权功能的全面优化与提升⑤。

通过这些深入的分析和讨论，我们可以看到，集体产权制度改革不仅是乡村治理现代化过程中的经济基础，也是推动乡村社会秩序变革、完善治理结构和机制、实现乡村全面发展的关键因素。因此，对这些议题的深入研究对于理解和指导乡村治理实践具有重要的理论和实际意义。关于乡村治理现代化和集体产权制度改革是学界研究的重点和热点问题。但目前的研究多是关注集体产权制度改革对乡村治理的积极效应。少有研究深入探讨其已经带来，或者即将带来的消极影响。乡村治理现代化是与产权科层相对应的多层次的现代化。即，个体层次的共建共治共享；集体层次的效率与协调；国家层次的制度化和规范化。虽然改革过程中，中央到地方的层层制度设计为乡村治理现代化的实现提供了全方位的保障。但从课题组对集体产权制度改革试验区的调研来看，完善的制度设计并未产生理想的后果。为什么规则完备

---

① 参见韩松《论农民集体成员对集体土地资产的股份权》，《法商研究》2014年第2期。

② 参见黄红华《股份合作制意义再探讨——农村集体资产股份合作制改革的三重意义》，《毛泽东邓小平理论研究》2004年第9期。

③ 参见〔美〕埃莉诺·奥斯特罗姆《公共事物的治理之道》，余逊达、陈旭东译，上海译文出版社2012年版，第59—67页。

④ Challen Ray, *Institutions, Transaction Costs and Environmental Policy: Institutional Reform for Water Resources*, Cheltenham: Edward Elgar Publishing, 2000, p.3.

⑤ 参见张瑞涛、夏英《我国农村集体资产产权科层分析》，《农业经济问题》2020年第11期。

且以实现成员权利为目的的集体产权制度改革,却导致乡村治理现代化的目标难以实现呢?这是实现集体产权制度现代化与乡村治理现代化这双重目标之下,亟须探讨的重要问题。

第一节 产权制度改革对乡村治理现代化的正向促进

产权功能的释放需面对次序选择的问题。中国农地产权政治功能的发挥,经历了强调国家—满足集体—重视个体的过程①。产权实践中参与者间的行为互动,在原有规则的基础上构建出新的规则,从而形成新的社会形态②。基于此,集体产权改革过程中各层次之间并非完全独立,而是具有"嵌套性"特征。

首先,国家层作为最高层,为其他层次提供规则依据。一旦国家层次的规则改变,其他层次的规则也必须随之改变。中央到地方、法律到政策的层层规定,为集体产权制度改革确立了基本的方向。改革之初,中央和部、省等相关部门制定了指导性规则。在此基础上,各试验区根据实际情况在上层设计的制度框架内相继制定了清产核资、成员界定和股权配置等具体工作的执行性规则。在此基础上,各集体结合实际情况制定具体的实施细则。改革中,规则和程序贯穿始终,是成员参与集体事务管理决策的重要保障。改革后,法人的治理规则和程序可以为成员权利的实现提供持续性保障。总体来看。国家层次的制度设计使集体产权制度改革使成员与集体这两个层次之间有了直接的利益关系。从成员层次来看,权能拓展促进了成员财产性权利的实现。改革过程中确立的系列"规则—程序"促进了成员民主权的充分行使和有效拓展。从实际情况来看,股份合作社法人是多数村庄的改革方向③。改

---

① 参见付振奇、陈淑云《中国农地产权制度改革:约束条件下的功能发挥与演进》,《当代经济研究》2021年第12期。

② 参见曹正汉《产权的社会建构逻辑——从博弈论的观点评中国社会学家的产权研究》,《社会学研究》2008年第1期。

③ 广西壮族自治区梧州市长洲区、福建省闽侯县、重庆市梁平县、四川省成都市温江区、陕西省西安市高陵区、天津市宝坻区等改革试验区的实施方案中都对此做了规定。

革后，集体成员可以通过股东大会参与集体事务的决策管理。法人理事会和监事会分别负责执行集体决议和监督集体事务的开展。上述系列措施对于集体层次的效率与协调、个体层次共建共治共享的实现产生了正向促进效应。

其次，操作规则通常比集体选择规则更容易改变，而集体选择又比宪法选择容易改变[1]。从集体层次来看，集体产权制度改革使成员与集体财产之间有了直接的利益关系。其一，通过清产核资明确了集体资产的内容、类型和范围。并以生存保障为基本原则，确定了集体资产共有者的资格界定标准，据此明确共有者的范围。在此基础上，通过股权量化明确了各成员的份额。集体成员凭借股权证书，参与集体的管理决策，并可从集体获得相应的收益分配[2]。对于所得股份，集体成员拥有自主选择和支配的权利。其二，集体产权的横向量化明确了成员的具体份额，改变了"人人有份，而又人人无份"的尴尬局面。并使成员与集体之间的关系由利益相关迈向了利益对应。进而，通过固化到户、静态管理，以户为单位为成员提供持续的、稳定的保障。其三，产权制度改革后，集体成员成为股权持有者，可以股东身份参与集体事务的决议、监督集体事务的执行。综上所述，集体产权改革使集体层次与个体层次间有了直接的利益关联，促进了成员参与权和民主权的实现。

最后，从个体层次来看，集体产权制度改革使集体产权的权能进一步释放到了成员[3]促进了集体成员财产性权利的实现。产权制度改革在横向上实现了产权结构由"总有向共有"的转变。集体成员获得了"接近所有者"的权利[4]，可对持有份额行使自主支配权。不仅如此，在纵向上实现了集体产权权能质的、纵向分置，产生了以下两方面的治理效应。一方面，权能重构使农村社会由封闭变开放，治理对象多样化，集体成员参与权的广度随之增加。随着经济社会的不断发展，集体成员呈现出多层次化的需求。权能重构之后，集体成员在法律允许的范围内，可对所持份额行使转让、赠予、抵押、担保、

---

[1] 参见[美]埃莉诺·奥斯特罗姆《公共事物的治理之道》，余逊达、陈旭东译，上海译文出版社2012年版，第63页。

[2] 天津市宝坻区、山西省潞城市、辽宁省海城市、上海市闵行区、福建省闽侯县等试验区的改革试点方案都对此做了相关规定。

[3] 参见郭志勒、姚顺波《我国集体林产权科层分析》，《农村经济》2011年第7期。

[4] 参见肖盼晴《从总有到共有：集体产权权能重构及治理效应》，《财经问题研究》2020年第2期。

继承和退出等诸多权能，充分实现自身的财产性权利。另一方面，集体产权权能的纵向分置形成了多元、多层次的利益结构，使集体成员参与权的内容多维化。并且，新的利益主体的加入使乡村治理的内容由封闭变得开放。随之，治理对象也呈现多样化、复杂化的趋势。集体成员参与权的广度也将随之增加。

第二节　产权制度改革对乡村治理现代化的反向阻碍

从产权科层视角来看，产权制度改革是"嵌套性制度系统"。其中任何一个层次改变规则，都会增加个人所要面临的风险。反之，个体层与集体层的反应，又会对国家层的规则产生反作用，促使其作出相应的改变。周而复始，各层次之间形成嵌套循环关系。

一　权利的叠消与分化

集体产权的权能拓展不仅促使集体产权与治权相分离，也使成员的身份性权利与财产性权利相分离。这样一来，细分化的产权权能和多元化治理主体使乡村治理内容更加复杂化，具体而言，有以下几方面表现。

第一，扩权赋能产生"权利叠消"效应。多数改革试验区并未采用"按股投票"，而是采用"按人投票"的表决方式。因此，在个体层次上，股权受让人的经济权利虽然明显增加，但其参与集体事务管理、决策等方面的权利却并未发生变化。并且，股份的出让人因与集体之间利益关系的弱化，则会降低参与集体事务的积极性[①]。而有股份收益权者想要参与经营决策、实现增加收益的目的，但由于身份资格的限制无法行使决策方面的权利。不仅如此，扩权赋能使"人地分离"现象更加普遍，也导致村民对村庄的关注度降低，使村民自治权的行使陷入困境。由此可见，扩权赋能导致个体层次产生了"权利叠消"效应。

---

① 参见肖盼晴《农村集体产权制度改革背景下成员共益权的实现困境与出路》，《南京农业大学学报》（社会科学版）2021年第4期。

第二，权能拓展加剧了权利的"双层分化"。即，在集体层次上加剧了村民自治权、集体成员权和集体经济组织股东权之间的分化。从个体层次来看，扩权赋能促使集体成员的财产性权利与身份性权利逐渐走向分离。目前，多数试验区采取"生不增、死不减、可继承"的审慎管理方式①。在扩权赋能与股权固化的双重作用下，集体成员的身份性权利与财产性权利相分离的现象日渐增多。权能扩充之后，集体成员可自主决定土地的经营方式和土地收益的分配办法，即使在"人地分离"的情况下也可实现对集体资产的持续性收益。并且，成员财产性权利的流转并不会导致身份性权利的丧失。这意味着，村民权、成员权和股东权之间的区别日益显现，三者的重合度也越来越低。

第三，权能流转导致集体封闭性与股权开放性之间的张力越来越大。从个体层次来看，"固化到户"的股权确定方式具有"过度激励"的作用，容易激化成员资格争夺方面的冲突②。从集体层次来看，固化的股权与动态变化的成员之间的矛盾也将进一步激化。新取得村民资格者，受到集体成员身份和集体经济组织股东身份的双重制约，难以获得平等的经济权利。这意味着，同一空间内各主体的权利具有明显的区别，与乡村治理现代化的共建共治共享的目标背道而驰。

二 治理主体异质多元化

从治理主体来看，集体产权拓权赋能之后外部主体进入集体内部，与村庄和集体经济组织产生联系。在个体层次，村民、集体成员和外来主体间的差异日益凸显。由此导致乡村治理共同体内部的治理主体呈现多元化的趋势。如果说家庭承包责任制促进了人口由农村到城市的单向度流动，那么集体产权制度改革则促进了城乡之间人口的双向度流动。扩权赋能之后，更多农民

---

① 例如，北京大兴区、内蒙古阿荣旗、江苏吴中区、浙江德清县、广西长洲区、甘肃陇西县、四川温江区、山西潞城市、山东昌乐县、宁夏金凤区、湖北京山市、云南大理市、天津宝坻区等改革试验区，都明确规定了股权静态管理的原则。其中大理市明确规定股份转让不能突破本集体的范围（参见农业部农村经济体制与经营管理司《全国农村集体资产股份权能改革试点工作交流座谈会材料汇编》、中国人民大学评估组《天津宝坻区集体资产股份权能改革试点评估报告》、四川省社会科学院《农村集体资产股份权能改革试点评估报告》等资料）。

② 参见温铁军、刘亚慧等《农村集体产权制度改革股权固化需谨慎——基于S市16年的案例分析》，《国家行政学院学报》2018年第5期。

可以彻底离开农村,或彻底脱离农业生产。其直接的后果是,村民与集体成员之间不再完全重合,集体产权与集体治权的分离也更加明显。同时,集体产权的扩权赋能加剧了集体成员间权利的差距。权能拓展之后,同一地域范围内各主体的权利内容和权利行使规则等方面的区别愈加明显。治理主体异质多元化的趋势进一步加剧。并且,同时拥有村民自治权、集体成员权和集体经济组织股东权者势必会减少。农户股权配置的封闭性特点与集体产权交易的开放化趋势对农村可持续发展产生了消极的影响。上述趋势明显违背了乡村治理现代化的效率与协调的要求。

三 治理规则的虚置化

集体产权制度改革过程中虽然国家层次的制度设计、地方政策,以及集体层次具体的实施方案都规定了集体成员的民主参与。但随着扩权赋能的推进,由于成员权内容分化、权利结构复杂化和户团体的遮蔽等,产生了政府主导型参与和象征型参与等问题。这显然不符合乡村治理制度化和规范化的要求。

首先,集体层次多元主体的权利分化,以及成员财产性权利与身份性权利的分离,导致程序性权利的行使陷入困境。目前,各试验区虽然通过制度设计、宣传动员和拓展参与途径等方式,使集体成员可以充分表达意见和诉求。但从笔者所在单位的调研看,目前各试验区调动成员参与的方式主要是经济诱导和发放开会补贴等方式[①]。村民以及集体成员关注的重点多是在个体利益的获取上,导致相关主体对集体事务的参与度不高。并且集体开放性的增强,导致成员对集体的认同弱化,消极、冷漠地对待公共事务。甚至认为"集体的事耽误我的事",忙于自己的生产经营而对集体工作不配合。改革推进过程中,政府高强度地片面宣传、引导,基层政府操控等问题层出不穷。为动员成员参与改革,往往需要反复召开数十次动员大会、悬挂上百条标语、印发数十万份的宣传资料,但这些材料多是片面宣传集体产权制度改革的积极效应,而未对改革的利弊进行客观的介绍。改革过程中政府相关部门为各村配备股东代表选票、监事会选票、公告公示模板及各种会标等相关材料,

---

① 参见华中师范大学中国农村研究院调研资料《章丘区农村集体产权制度改革评估报告》,该资料为未刊稿,下文不再说明。

统一标准格式，并会统一印制下发。召开股东大会时，包村干部、督导员及三资中心工作人员全部到场进行监督指导，并要求严格按照各地产改办规定的会议程序和规则进行①。上述举措虽然有利于改革程序的规范化，但也阻碍了成员个体主观能动性的发挥②。

其次，集体产权制度改革过程中大部分以户为单位开展相关工作。例如，以户为单位征求意见、以户为单位进行人员摸底调查、以户为单位量化股权。虽然便于开展工作，但影响成员权利的实现。一方面，静态管理之下新增成员的权利如何得到保障、户内成员的迁出是否意味着相应权利的灭失，上述的系列问题尚无明确的解决方案。从而导致成员权利消灭、继承和重新分配等方面的问题更加严重，使成员的身份有一种复杂化的趋势③。另一方面，同一场域内不同主体间权利的"双层分化"，导致选举、参与和表决等程序性权利陷入困境，内部利益分配格局的变化，容易引发不同主体间剧烈的博利性冲突。

最后，按人投票的表决方式影响成员自主性的发挥。从各改革试验区来看，虽然股份受让人的经济权利增加，但按人投票的表决方式之下，其参与集体决策的权利却并未增加。从整体来看，股权的流转可能会导致成员参与权利的弱化甚至是消解。根据课题组对改革试验区的问卷调查可知，仅七成村民对产权制度改革的内容"一般理解"或"比较理解"④。清产核资过程中，镇、村干部单打独斗现象极为普遍。集体成员多是从公示的财务栏中了解清产核资结果，对具体过程与成效了解甚少。并且集体资产所有权主体与实际使用主体之间的关系尚不明晰。多数试验区采取"三分之二"多数决原则，容易出现多数人侵犯少数人利益的现象。总体来看，集体成员并未真正成为集体经济的投资、决策主体，治理规则虚置化的问题突出。

---

① 参见华中师范大学中国农村研究院、中国农业科学院农业经济与发展研究所、四川省社会科学院、中国人民大学评估组等单位的集体产权评估材料。以上资料都是未刊稿。
② 参见华中师范大学中国农村研究院调研资料《章丘区农村集体产权制度改革评估报告》。
③ 参见李爱荣《集体经济组织成员权中的身份问题探析》，《南京农业大学学报》（社会科学版）2016 年第 4 期。
④ 参见华中师范大学中国农村研究院关于山东诸城市蔡家沟村的调研资料。

第三节 产权制度改革如何促进乡村治理现代化?

随着集体产权制度改革的不断深化,改革之初对乡村治理的正向促进效应开始转向消极、阻碍作用。治理内容的复杂化以及治理规则的虚置化等问题,严重阻碍乡村治理现代化的实现。如何通过产权改革构建正向促进和反向反馈的双向机制,从而促进乡村治理现代化的实现呢?是当前亟须明晰的重要问题。

一 个体层次:类型化赋权

产权改革给予了成员合法参与公共事务的权利,而成员权利的行使又会影响产权规则的落地和制度绩效的发挥。随着集体产权的扩权赋能,导致同一空间内的主体享有不同内容、不同性质的权利。为实现共建共治共享的目标,需对不同主体进行类型化赋权。

一方面,采用动静结合的方式对不同的治理主体进行不同内容的赋权。目前,多数改革试验区为了与现行法律的规定相一致,采用了以户为单位的静态股权管理模式。虽然便于管理,但随着时间的推移,固化的股权与动态变化成员之间的张力越来越大。为实现共建共治共享的目标,宜采用"动静结合"的股权管理方式。即,保障股实行动态管理,而复合型股权实行静态管理。并且,每隔一段时间对集体成员进行重新审核和备案。动态的股权管理模式虽会影响利用效率、增加管理成本,但可为成员提供稳定的社会保障。"动静结合"的调整模式之下,可以保证集体成员平等地获得收益保障。

另一方面,对集体成员的身份性权利和财产性权利的内容、行使规则和转变条件等加以区分。具言之,纵向上对集体成员的身份性权能与财产性权能加以区别。集体成员可基于身份资格对股份行使管理、收益和处分权等权利,目的在于促进自我利益的实现。上述权利在学理上也被称为自益权。集体成员以集体利益为目的,而行使的选举权与被选举权、参与权、知情权和决策权等属于参与集体治理方面的权利,也被称为共益权。在集体产权制度改革的背景下,应对两类权利进行区分。集体成员可以向外部主体转让股份收益权。但成员仍保留与其对应的身份性权利。即,成员享有集体产权的财产性价值的同时，又不会因此失去身份资格。在此模式之下，多元主体在乡村治理共同体中可以实现共建共治共享的治理目标。

二 集体层次：效率与协调

土地具有极强的社会关联性，既需对其进行限制，又要尽可能发挥土地承担的社会利益分配与协调方面的作用[①]。为了实现乡村治理的制度化、规范化的要求，产权改革进程中需进一步细化相关规则。一是在改革的推进阶段，各村庄结合实际情况，动员村民和集体成员在各自权利范围内参与民主讨论和民主表决。以此，决定本场域范围内的治理内容、治理方式和治理规则等方面具体的改革细则。二是利用规则和程序对村民、集体成员以及外来利益主体等多元主体的权利进行规范。保障各权利主体的知情、参与、表达、决策和监督等各项权利的实现，促进民主权的充分行使和有效拓展。三是发挥各集体的自主性，对于股权的分配、流转、治理结构等赋予集体层次一定的自由裁量权。并且，利用规则和程序，保障多元主体通过不同渠道参与乡村治理。

此外，集体层次明确行政村、集体经济组织以及农民集体三者间的关系，是实现效率与协调关键之所在。首先，三者间的利益息息相关。具言之，农民集体的决策直接影响集体经济组织的经营方式及其运行状况。而集体经济组织的收益状况又会影响农民集体及集体成员的收益分配。同时，农民集体和集体经济组织又会共同影响行政村政治、经济以及社会保障等方面功能的发挥。其次，随着改革的深化，不同主体的权利性质与权利内容之间出现明显的分化，需要进行类型化分置。但与乡村治理相关的监督性责任须多元主体共同承担。例如，为了防止权利的过度集中和熟人社会的架空，多元主体在乡村治理共同体内部，平等、共享知情权和监督性权利。据此可以共同承担监督集体运行的责任。最后，虽然多元主体的权利有所差别，但在权益受到损害时都享有救济权。例如，多元主体基于利益相关者的身份，可对农民集体以及集体经济组织的不利决定，行使决议撤销权。同时，共享知情、诉讼、代位诉讼和代表诉讼等方面的权利。

[①] 参见付振奇、陈淑云《中国农地产权制度改革：约束条件下的功能发挥与演进》，《当代经济研究》2021年第12期。

三 国家层次：规范化分置

国家层作为最高层，为其他层次提供规则依据。一方面，国家层应进一步"放权"于集体，由各集体按需决定权能拓展的形式和内容，而不是自上而下的行政强制赋权。各地因为经济发展状况的不同，而使成员对于集体土地有不同的需求，所以对权能拓展存在着不同的要求。从集体产权制度改革的试点来看，有偿退出、继承、抵押和担保权能的实现困难且复杂。虽有部分试验区赋予了成员抵押权和担保权，但也缺少成熟可行的具体方案。根据课题组调研来看呈现出完全不同的两种趋向。一是很多试验区虽然进行了幅度较大的扩权赋能，但现实中并未发生抵押、担保等方面的具体案例[1]。二是在允许有偿退出、继承的试验区，因权能拓展导致了身份性权利与财产性权利的"两权分离"，给农村治理体系带来巨大冲击。从各地的改革实践来看，在经济较发达地区，集体所有土地的社会保障功能趋于弱化，农民更注重的是集体土地财产功能的发挥。而经济欠发达地区农民对集体土地的依赖程度相对较大，集体土地依然是其维持生活的基本保障。整体来看，经济发达地区的农民对于农地权能拓展的意愿强于欠发达地区，并且实施的条件也相对较好；而经济欠发达地区农民将集体土地转换成财产性收益的期待性相对较弱[2]。因此，集体产权的权能拓展应按需进行有限的拓展，而不是自上而下地通过行政强制手段进行扩权赋能。

另一方面，集体产权制度改革过程中政府应由主导者转变为服务者，主要为各集体提供便利，以及必要的支持。此外，国家层的制度设计还需明确以下四方面的关系。首先，相关的法律、政策应对行政村、农民集体以及农村集体经济组织的职能加以区分。其次，法律层面明确户内成员共有权的法律性质，完善"户"的对外代表制，使成员可以在"以户确权"背景下突破户团体的限制，行使自己的权利。再次，明确特别法人的"特殊性"，在法律层面完善其组织架构和运行机制。最后，随着权利的"双层分化"，不仅要区

---

[1] 参见华中师范大学中国农村研究院有关山东集体产权制度改革的评估报告（未刊稿）。
[2] 例如，笔者在广东蕉岭调研时，很多村民对拓权赋能的做法表示不理解，认为没有必要或者不需要，甚至有些乡镇干部也认为是"多此一举"，不符合农民的实际需要，并且程序太烦琐、复杂，难以理解和执行。

分股东、成员非股东、非成员非股东和股东非成员等四类主体的权利内容和权利范围，还应区别集体成员的身份性权利与财产性权利。

　　总体而言，集体产权制度改革与乡村治理现代化之间并非单向的线性关系，而是复线的循环关联。并且，各产权科层之间具有相互嵌套性。集体产权制度改革之初，权能重构、程序规则的完善等促进了乡村治理现代化的实现。但随着产权制度改革的深入推进，土地对农民的束缚进一步减弱，"人地分离"的现象更为普遍。与此同时，集体产权的权能拓展导致乡村治理主体的异质性增加、治理内容复杂化和治理规则虚置化等问题，对乡村治理现代化产生了反向阻碍作用。集体产权扩权赋能之后，所有权者与利用权者的参与权的层级更加明显。农民集体的政治、经济权利由合一逐渐分离，其开放性、异质性也进一步增加。上述变化又需要国家的上层制度设计对此作出回应。乡村治理现代化包括个体层次的共建共治共享；集体层次的效率与协调；国家层次的制度化与规范化等要求。产权制度改革背景下，需在各层次间建立正向促进和反向反馈的双向机制，形成嵌套性良性循环系统，从而实现乡村治理现代化的目标。本章虽基于产权科层理论，为集体产权改革背景下乡村治理现代化的实现提供了基本的思路。但"国家—集体—个体"三者间的层级关系错综复杂，以及各层次内部多元主体间的互动关系，还有待于从理论和实践两个方面进行深入的探讨。

第十二章

集体产权的权能拓展何以促进共同富裕？*

马克思认为，实现所有的人富裕是共产主义社会生产的目的①。集体所有制和共同富裕是马克思产权理论中密切相关的两大重要内容。党的二十大报告明确指出，实现全体人民共同富裕是中国式现代化的本质要求，且到2035年要取得更为明显的实质性进展。习近平总书记明确指出："巩固和完善农村基本经营制度，走共同富裕之路。"由此可见，集体产权实践是影响农民农村共同富裕的核心议题。实现广大农村地区、亿万农民的共同富裕，是集体产权制度改革的重要目标。为此，党的二十大报告和近年来的中央"一号文件"都强调要继续深化农村土地制度改革，赋予农民更加充分的财产权益。而集体产权的权能拓展是把"双刃剑"，在取得显著成效的同时，也暴露出个体权利被遮蔽、同一场域内多元主体分化、成效难以持续等问题。长此以往，权能拓展对共同富裕的正向促进抑或转为反向阻碍。如何在微观层面通过集体产权的权能拓展，促进农村共同富裕这一宏观目标的实现，是当前背景下需要深入探讨的重要问题，也是马克思主义理论中国化进程中不可回避的重要问题。

马克思恩格斯提出了"集体所有制"的概念，并用合作制与合作社思想充实了其内涵②。中国的"劳动群众集体所有制"，以及公有制多样化的实现

---

* 本章以《集体产权的权能拓展何以促进共同富裕——基于马克思产权理论的分析》为题，发表于《中国农业大学学报》（社会科学版）2024年第1期。

① 参见［德］马克思《政治经济学批判（1857—1858年手稿）摘选》，载《马克思恩格斯文集》第8卷，人民出版社2009年版，第200页。

② 参见陈文学《马克思恩格斯关于土地集体所有制的论述》，《马克思主义研究》2023年第1期。

形式，丰富和发展了马克思产权理论①。总体而言，马克思主义理论体系下的产权可概括出以下特征。一是扩张性。马克思研究的产权包含所有、占有、使用、支配、经营、索取、继承等系列权利。他认为，把所有权作为一种独立的关系来下定义是形而上学的幻想②。因此，马克思主张产权所包含的上述系列权利可全部属于同一主体；也可从所有权中独立出来分属于不同主体③。由此可见，产权具有扩张性，可从所有权中扩张出若干权利，并且这些权利可分属不同的主体。二是发展性。马克思从发展的角度看待所有制问题。他认为，在每个历史时代的所有权以各种不同方式的形式存在着，并基于不同的社会关系不断发展④。即使是相同的所有制模式下，所有权也未必相同。因为所有权的法观念产生于一定的所有制模式，但又不一定符合且不可能完全符合这种所有制关系⑤。并且，如其他生产工具一样，土地资本可以增多⑥。因此，产权关系处于不断的发展变化过程中。三是变动性。马克思认为土地所有权人对所持土地拥有自由处分权，可以"像每个商品所有者处理自己的商品一样去处理土地"⑦。因此随着权利的"处理"，权利主体和权利关系也会不断发生变动。此外，马克思主义理论主张新的生产力必然导致社会制度和所有制关系的变革⑧。商品经济条件下实现了物质极大丰富之后，自由人之间逐渐实现生产资料的产权联合⑨。可以说，产权内容和产权关系在生产力的推动下也具有变动性。反之，产权的变动性又会推动生产力的发展。

共同富裕是贯穿于马克思主义理论体系的重要思想。按照马克思主义理论以及学界相关研究可知，共同富裕应符合全面、均衡和持续性等要求。一是全面性。马克思和恩格斯多次强调，社会生产以所有人而非部分人的富裕为目的，

---

① 参见方茜《中国所有制理论演进与实践创新》，《社会科学战线》2020 年第 9 期。
② 参见［德］马克思《哲学的贫困》，人民出版社 1961 年版。
③ 参见吴易风《马克思的产权理论——纪念〈资本论〉第一卷出版 140 周年》，《福建论坛》（人文社会科学版）2008 年第 1 期。
④ 参见［德］马克思《哲学的贫困》，人民出版社 1961 年版。
⑤ 参见［德］马克思《马克思致斐迪南·拉萨尔》，载《马克思恩格斯全集》第 30 卷，人民出版社 1995 年版，第 608 页。
⑥ 参见［德］马克思《哲学的贫困》，人民出版社 1961 年版，第 127—128 页。
⑦ 参见［德］马克思《资本论》第 3 卷，人民出版社 2018 年版，第 696 页。
⑧ 参见［德］马克思、恩格斯《共产党宣言》，人民出版社 2018 年版，第 84 页。
⑨ 参见胡若痴、武靖州、武靖国《回归与创新：论马克思所有制理论在中国的发展》，《湖南社会科学》2018 年第 2 期。

个人发达的生产力是真正的财富①。社会发展到一定阶段，阶级对立和城乡差别都将消失，所有社会成员都可共同享受社会福利②。并且，每位社会成员可自由地发展和发挥其才能③。阶级消失、城乡对立消失的话，全体社会成员可以共同联合，有计划地利用生产力进行个体生产。社会成员也能得以全面发展，并可共享创造出来的福利④。共同富裕包含经济、政治、文化、社会和生态等多维的内容⑤。共有、共建、共享是共同富裕的本质内涵⑥。二是均衡性。社会主义的任务是把生产资料转交给生产者公共占有⑦。坚持公有制的主体地位可避免贫富分化、实现共同富裕⑧。共享是马克思主义分配正义思想的重要表达方式⑨。三是持续性。马克思主义理论主张的共同富裕可以理解为一个持续的、往复的过程。社会全体成员组成的共同联合体来共同、有计划地利用生产力。生产力的发展会创造更多的福利，所有人可共享创造出来的福利，又会进一步推动生产力的联合和发展⑩。在此往复过程中，涉及数次分配的协调配套制度是实现共同富裕的关键⑪。因此，共同富裕应具有持续性，而非一定时期内的共同富裕。

关于农村农民共同富裕，社会主义公有制具有决定性作用⑫。首先，农民

---

① 参见［德］马克思《政治经济学批判（1857—1858年手稿）摘选》，载《马克思恩格斯文集》第8卷，人民出版社2009年版，第200页。
② 参见［德］恩格斯《共产主义者和卡尔·海因岑》，载《马克思恩格斯文集》第1卷，人民出版社2009年版，第689页。
③ 参见［德］恩格斯《共产主义原理》，载《马克思恩格斯选集》第1卷，人民出版社2012年版，第302页。
④ 参见［德］恩格斯《共产主义者和卡尔·海因岑》，载《马克思恩格斯文集》第1卷，人民出版社2009年版，第689页。
⑤ 参见中共中央文献研究室编《邓小平思想年编：1975—1997》，中央文献出版社2011年版，第534页。
⑥ 参见杨文圣、李旭东《共有、共建、共享：共同富裕的本质内涵》，《西安交通大学学报》（社会科学版）2022年第1期。
⑦ 参见［德］恩格斯《法德农民问题》，载《马克思恩格斯选集》第4卷，人民出版社2012年版，第363页。
⑧ 参见方茜《中国所有制理论演进与实践创新》，《社会科学战线》2020年第9期。
⑨ 参见杨文圣、李旭东《共有、共建、共享：共同富裕的本质内涵》，《西安交通大学学报》（社会科学版）2022年第1期。
⑩ 参见［德］恩格斯《共产主义原理》，载《马克思恩格斯选集》第1卷，人民出版社2012年版，第308页。
⑪ 参见孙春晨《实现共同富裕的三重伦理路径》，《哲学动态》2022年第1期。
⑫ 参见中共中央文献研究室编《邓小平思想年编：1975—1997》，中央文献出版社2011年版，第534页。

在物质、精神层面的获得感和满足感对共同富裕实现水平与质量具有重要影响[1]。道义伦理让共同富裕的共享性、平衡性以及可持续性特征得以展现[2]。"农民共同富裕"的核心要义在于拓展增收渠道、增强致富能力[3]和强化主体性地位等方面[4]。其次，农村集体经济的收益分配对农民农村共同富裕有重要影响[5]，是实现共同富裕的物质基础[6]。"大国中农"为基础促进共同富裕的实现[7]。此外，推进市场与政府互补协作关系，以乡村振兴推动共同富裕目标的实现[8]。最后，学界普遍认为集体产权的权能拓展有利于促进农民农村，乃至全体人民的共同富裕[9]。例如，集体经济的发展对村庄治理产生正向促进效应[10]，可增强农民增强乡村自我建设和发展能力[11][12]，推进乡村治理的现代化[13][14]，促

---

[1] 参见燕连福、郭世平、牛刚刚《新时代乡村振兴与共同富裕的内在逻辑》，《西北农林科技大学学报》（社会科学版）2023 年第 2 期。

[2] 参见郭占锋、蒋晓雨《道义经济：村庄共同富裕的实践表达——以陕西省袁家村为例》，《中国农业大学学报》（社会科学版）2023 年第 4 期。

[3] 参见杜志雄《共同富裕思想索源及农民农村实现共同富裕的路径研究》，《经济纵横》2022 年第 9 期。

[4] 参见高鸣、魏佳朔《促进农民农村共同富裕：历史方位和实现路径》，《中国软科学》2022 年第 8 期。

[5] 参见陆雷、赵黎《共同富裕视阈下农村集体经济的分配问题》，《当代经济管理》2022 年第 10 期。

[6] 参见张龙、张新文《新型农村集体经济与乡村共同富裕：逻辑关联、实践过程与路径选择——基于"战旗道路"的经验观察》，《西北农林科技大学学报》（社会科学版）2023 年第 4 期。

[7] 参见王乙竹、朱忆天《"大国中农"：实现乡村共同富裕的现实选择及路径建构》，《理论月刊》2023 年第 5 期。

[8] 参见王亚华、关长坤《全面推进乡村振兴促进共同富裕中的政府与市场关系》，《中国农业大学学报》（社会科学版）2023 年第 3 期。

[9] 参见林万龙、马新宇、何禄康《农民农村共同富裕的阶段性目标和总体政策框架——收入视角的探讨》，《中国农业大学学报》（社会科学版）2023 年第 3 期。

[10] 参见郭忠华、王榕《集体经济与村庄有效治理：基于河北省 X 村的分析》，《江苏社会科学》2020 年第 1 期，第 86—98 页。

[11] 参见贺雪峰《乡村振兴与农村集体经济》，《武汉大学学报》（哲学社会科学版）2019 年第 4 期。

[12] 参见温铁军、刘亚慧、唐溧等《农村集体产权制度改革股权固化需谨慎——基于 S 市 16 年的案例分析》，《国家行政学院学报》2018 年第 5 期。

[13] 参见张立、王亚华《集体经济如何影响村庄集体行动——以农户参与灌溉设施供给为例》，《中国农村经济》2021 年第 7 期。

[14] 参见丁波《乡村振兴背景下农村集体经济与乡村治理有效性——基于皖南四个村庄的实地调查》，《南京农业大学学报》（社会科学版）2020 年第 3 期。

进物质与精神的双重富裕①。

通过以上的梳理可以看出，学界对于集体产权权能拓展与共同富裕都已形成了较为完善的体系化研究。根据马克思主义理论和学界先行研究可知，共同富裕应具备全面性、均衡性和持续性等特征。集体产权的权能拓展是促进农村农民共同富裕的关键环节，也是共同富裕由宏观理论落实到微观实践的重要一步。目前学界的多数研究关注了集体产权改革对共同富裕的正向促进效应。但随着改革的推进，权能拓展对共同富裕的正向促进也可能转为反向阻碍。众所周知，西方现代产权理论多是关注产权的界定及其对资源配置与经济效率的影响等②，难以将集体产权与共同富裕相连接。相比之下，集体所有制和共同富裕是马克思产权理论中密切关联的两大内容。前者为手段，后者是目的。基于此，本章将在马克思产权理论框架下深入分析集体产权的权能拓展与共同富裕之间的逻辑关联，并探讨权能拓展促进共同富裕的实践路径。

第一节 权能拓展对共同富裕的正向促进效应

共同富裕是马克思批判资本主义社会的剥削本质后，对未来社会所提出的应然构想。农村共同富裕的"富裕"是指农村经济的高质量发展，而"共同"则指全体人民共享发展成果③。集体产权的权能扩张可有效盘活闲置或低效利用的集体资源。而权利主体的变动性和发展性可使外部主体受让集体产权的部分权能，提升自身收益。总体而言，权能拓展对农村共同富裕具有明显的正向促进效应。

一 对内的共同富裕效应

发展集体经济、赋予农民更充分的财产性权利是坚持社会主义公有制主

---

① 参见邹宝玲、彭素《中国农村土地制度变迁、权能拓展与共同富裕》，《贵州师范大学学报》（社会科学版）2022 年第 4 期。
② 参见王文华、陈文《马克思产权理论与现代西方产权理论比较分析》，《理论月刊》2007 年第 6 期。
③ 参见周文、杨正源《高质量发展与共同富裕：理论逻辑和现实路径》，《西安财经大学学报》2023 年第 3 期。

体地位，实现共同致富的重要保证①。近年来，集体产权的权能拓展不仅促进了集体经济的发展，也促进了成员权利的实现，在集体内部产生了明显的共同富裕效应，具体来看，有以下几种表现。

第一，权能拓展促进了成员财产性权利的实现。财产性权利是农民集体成员权利的核心。"赋予农民更加充分的财产性权利"是集体产权改革的重点。一方面，清产核资、成员界定和股权量化等改革步骤使权能细化、权利更加对应。农民获得更加充分的财产性权利。成员可根据自身实际需求，选择所持股份的利用方式，从而提升自身收益。另一方面，集体产权的结构由"总有"变为"共有"，成员份额以股份化的形式得以明确。集体成员对于所持份额可以行使收益、继承和退出权利，有些地区还进一步赋予了成员抵押、担保等权利②。通过上述举措，即使在人地分离的情况下，成员也可通过权能的扩张和让渡，获得较为稳定的收益。集体成员的财产性收入显著增加③，促进了集体内部"共有"的实现。

第二，权能拓展有利于集体经济的壮大，为农民农村共同富裕奠定了物质基础。权能拓展过程中通过清产核资明晰了集体资产的内容和数量，并在合理估价之后登记造册。与此同时，各集体根据实际情况，经过民主决策等方式确定本集体的成员资格界定标准。以此确定权利人的范围。改革后，集体成员与集体产权之间形成一一对应的关系。上述举措不仅增加了成员参与集体经济运营的积极性，也盘活了闲置或低效利用的集体资源。从实践看，权能拓展促进了集体经济的发展，增加了集体收入④。集体与成员之间是相互依存、相互融合的辩证统一关系⑤。因此，集体经济的发展壮大可以增加成员

---

① 参见习近平《摆脱贫困》，福建人民出版社1992年版，第142—143页。
② 从第一批29个集体产权改革试验区来看，有18个赋予了成员占有、收益、有偿退出和继承等权利，还有18个试验区赋予了成员抵押和担保权。
③ 例如，改革之后，浙江德清县、广东南海区、广西长洲区、云南大理市、山东昌乐县等完成改革后，集体经济总收入都明显增加（参见四川省社会科学院《农村集体资产股份权能改革试点评估报告》、中国农业科学院农业经济与发展研究所《闽、赣、陕、鲁、晋五省农村集体资产权能改革终期评估报告》、农业部农村经济体制与经营管理司《全国农村集体资产股份权能改革试点工作交流座谈会材料汇编》等资料，以上资料皆为未刊稿）。
④ 天津市宝坻区、山西省潞城市、辽宁省海城市、上海市闵行区和福建省闽侯县等试验区的改革试点方案都对此作出了相关规定。
⑤ 参见申始占《公有制实现形式下农地权能分置理论的反思与重构》，《农业经济问题》2019年第9期。

的实际收益，从而促进"共享"的实现。

第三，权能拓展完善了集体治理架构。产权的重要功能在于规范不同主体间的权利界限。在产权关系的互动过程中可以形成化解利益冲突的程序和规则。在此基础上，可构建具有内在协调性与自我执行性的社会关系[①]。对于权能拓展的基本原则、改革目标和具体实施方案，中央到地方政府的相关部门制定了详细的改革方案和指导意见。在推进阶段，各集体通过民主参与、民主决策等程序，制定改革的具体细则和规则，完善了集体的治理架构。据此，集体制度供给能力、成员互信度和成员监督意识等方面显著改善[②]，促进了集体内部"共建"的实现。

二 对外的共同富裕效应

产权功能的释放都需面对次序选择的问题。综观之，中国农地产权功能的释放经历了重视集体利益、到满足个体需求、再到惠及外部的变迁过程。

一方面，权能拓展增强了集体产权的扩张性和发展性，有利于集体内外共同富裕的实现。众所周知，1949年以后，农村社会经历从"人地同体"到"人地分离"的变化过程。在合作化和集体化时期，农民集体的封闭性高。集体成员没有进入或退出集体的自由。并且，"集体至上"的理念之下，财产性权利受到集体的严格制约。在此背景下，集体产权的扩张和发展性等难以充分释放。集体产权的效能也难以惠及外部主体。20世纪80年代开始，农民获得了从集体土地所有权中分离出的承包经营权，与此同时也逐步获得离开土地的自由。特别是近年来的集体产权制度改革，促使农村土地的产权权能进一步拓展。如此一来，集体产权的扩张、发展等特性得以释放。集体产权的经济效应在满足集体内需求的同时也可惠及外部主体，有利于集体内外共同富裕的实现。

另一方面，权能拓展增强了集体产权的变动性，有利于集体内外的要素流动、城乡共同富裕的实现。产权实践中参与者之间的互动，可使既有规则

[①] 参见耿鹏鹏、罗必良《产权制度的社会关系效应——来自农民村社交往格局的微观考察》，《财经问题研究》2023年第6期。

[②] 参见秦国庆、马九杰、史雨星等《"财散人聚"还是"人财两散"：股份合作制改革对村庄集体行动的影响——来自河南省381宗农村集体经营性资产的经验证据》，《中国农村经济》2023年第1期。

不断进行调整，从而构建出新的规则。这些新规则又会推动形成新的社会形态。如恩格斯所言①，大力发展生产力以满足社会全体成员的需要。随着社会形态的不断创新，最终阶级和城乡对立都将消失。只有这样，社会成员的才能得到全面发展。从中国实践看，随着集体产权改革的不断推进，农民集体由封闭变开放。成员的股份可以继承，甚至还可以抵押、担保。并且股权的转让会导致成员权的丧失。这意味着附于土地之上的身份性权利与财产性权利相分离。集体产权的变动性得以释放。农村劳动力等资源可以流向城市。而外部主体可以通过权能的受让，参与集体产权的经营、共享集体产权的发展成果。可以说，权能拓展促进了集体内外要素的互通，有利于城乡共同富裕的实现。

第二节 权能拓展背景下共同富裕的阻点分析

通过以上分析可知，集体产权的权能拓展促进了集体内外、城乡共同富裕的实现。但随着权能拓展的深入，集体产权的扩张性、发展性和变动性等特点更加突显，对共同富裕的正向促进抑或演变为反向阻碍。

一 实践维度：个体权利遮蔽

马克思和恩格斯认为"生产资料归社会占有"②。也就是说，发展成果的享有应该具有全面性。但从实践看，权能拓展是发展的、动态的过程，影响了共同富裕的全面性。

首先，从个体角度看，集体产权的权能拓展重塑了集体成员权的权利结构，增加了成员权内容的复杂性。集体成员的财产性质与身份性质的权利明显分离。随着权能拓展的推进，村民自治权、集体成员权与股东权间的区别日益显现。并且股份流转增多后，股东与集体成员间的重合度降低。例如，

---

① 参见［德］恩格斯《共产主义原理》，载《马克思恩格斯选集》第1卷，人民出版社2012年版，第302页。

② 参见［德］恩格斯《法德农民问题》，载《马克思恩格斯选集》第4卷，人民出版社2012年版，第363页。

因继承、赠与等原因获得股份的外部主体，只享受经济性的收益权，而不享有集体内的身份性权利。最极端的情况可能会导致集体资产的受益者与管理者完全不重合。那么，集体产权的扩张和变动，或将导致集体内的均衡富裕难以实现。

其次，个体—家户的角度，以户固权导致成员个体权利虚化。实践中，权能拓展多是以户为单位推进工作，且以户为单位固化股权。虽然上述举措可以降低行政成本、提高工作效率，但不利于个体意志的表达，影响成员自主性的发挥①。固化到户的静态管理模式容易激化户内成员间的利益争夺，特别是加剧了新旧成员间的矛盾。加之，集体产权的扩张、发展和变动都将使上述问题更加复杂化，影响家户内部共同富裕的实现。

最后，从个体—集体角度看，按人投票的表决方式导致成员表决权的虚化。根据课题组调研可知，目前各地多是采用按人投票的表决方式。虽然股份受让人的股权增加，其财产性权利随之增加。但一人一票的表决方式之下，股份受让人参与集体管理和决策等方面的权利却并未增加。相反，因为利益关联的弱化出让股份的集体成员势必降低参与集体事务的积极性。加之，多数试验区采取多数决的表决原则，少数人的利益将难以顾及。总体来看，集体成员难以成为集体经济真正的管理、决策主体。按人投票的表决方式之下，股份受让人并不会因为占股多而具有更多决策权，容易陷入"无知之幕"，导致股份权虚化的问题突出，势必影响集体内外全面富裕的实现。

二 空间维度：多元主体分化

马克思产权理论主张，社会的每一位成员不仅能参加社会财富的生产，也能参加社会财富的分配和管理。只有这样才能保证社会上每个人的合理需要都能得到最大程度的满足②。由此可知，暂且不论整个社会，至少村庄场域这一小规模范围的多元主体应均衡地分享集体产权的发展成果。但从实践看，

---

① 根据华中师范大学中国农村研究院对改革试验区的问卷调查可知，仅七成村民对产权制度改革的内容"一般"或"比较理解"（参见华中师范大学中国农村研究院关于山东诸城市蔡家沟村的调研资料）。

② 参见［德］恩格斯《卡尔·马克思》，载《马克思恩格斯文集》第3卷，人民出版社2009年版，第460页。

产权权能的扩张性加剧了多元主体的双层分化，场域内多层次的均衡性被打破。集体产权的扩张性主要体现在横向量的扩张与纵向质的扩张这两个维度。当经济发展需要产权必须和一定身份相关联时，这种身份也会产生与之相对应的产权关系。旧的产权关系也会随着经济的发展而被重新配置[①]。那么，集体产权上述两个维度的扩张，势必导致同一场域内各权利主体之间呈现以下"双层分化"趋势。

其一，成员间权利差距的扩大。在集体所有制之下，身份权优先原则是集体利益转化为个体利益的前提和必要条件。但权能拓展之后，集体成员的身份并不能保证其在集体中可获得平等的财产权益。并且对于股份在集体内的转让，成员拥有自主决定权。由此导致股份的持有可能越来越集中，也可能越来越分散。最极端情况是所有股份集中在极少数人手中，成员间的权利分化日渐增大。并且，由于成员经营能力、外部环境和机遇条件等多方面的影响，成员间的收益差距也将进一步扩大。可以说，集体产权权能的扩张加剧了成员间的分化。

其二，同一场域内不同性质的主体之间的权利明显分化。随着权能拓展的推进，集体外的主体可因继承等原因受让股份。但成员权是集体成员基于身份资格所享有的一种基础性权利，具有典型的身份性特征。这意味着，成员即使转让股权也并不导致身份资格的丧失。那么，受让股份的外部主体只可享有财产性权利。随着股份的流转，集体内无决策、管理等身份性权利的股东会越来越多。并且，同一场域内成员兼股东、股东非成员和成员非股东等主体间的分离愈加明显。长此以往，农村社会不再是一个功能自洽、有序运转的整体，而是分裂为由多个碎片组成的机械联合体。随着权能拓展的推进，即使是村庄这一小规模的空间场域内也会出现明显的分化。其结果是，不仅是村庄这一小规模场域，更大规模乃至全社会的共同富裕也将难以实现。

三 时间维度：成效难以持续

如恩格斯所言，未来社会不仅可保证一切社会成员有富足的物质生活，

[①] 参见杨遂全、耿敬杰《论农村集体成员身份和土地产权相对分离——以成员土地资格权的收回或转让及继承为视角》，《中国土地科学》2022年第7期。

而且还能保证所有社会成员都能获得充分的、自由的全面发展[1]。因此，共同富裕应该是持续的、全面的共同富裕。并且，从时间维度看，共同富裕不仅是当代的共同富裕，也包括未来社会的共同富裕。但从实践看，产权权能和权利主体的变动性，导致权能拓展的共同富裕效应难以持续，并且带来以下不利影响。

其一，新成员权利难以实现。"生不增、死不减"的土地调整政策，以及当前股权固化的管理模式，其共同目的都是解决集体成员身份变动所导致的权利频繁调整问题。但随着权能拓展的推进，流转财产性权利的成员越来越多。产权权能和权利主体的变动性都将增加。加之，集体经济发展进程中，集体资产总量的变动不大，且多是以户为单位固化股权。但由于生老病死、成员资格得丧等原因，集体成员与户内成员的数量一直处于动态变化的状态。如此一来，新增成员的财产性权利如何实现？更有甚者，若既有成员流转部分权能，新成员的权益将更加难以实现。因此，以户固权加剧了户内的争夺战，严重影响农村社会的稳定。不仅如此，在股份化改革地区，股权流转易损害后代成员的权益，容易陷入"当代流转股权、后代无股可分"的困境，导致新成员权益难以实现。

其二，影响农村的可持续发展。一方面，产权权能和权利主体的变动加剧，可能会瓦解集体产权的共有性和共享性。例如，产权部分权能流转后，权能出让人不可避免地会降低参与集体资产经营管理的积极性。而权能受让者想要实现收益的保值增值，由于身份资格的限制难以行使相应的管理权。并且，在按人投票的表决方式之下，即使是集体内部的受让者，其参与集体表决的权利也并未增加。总体而言，集体成员的权利总量呈现"实质性缩减"的趋势，导致管理权集中在少数成员手中。权能拓展最终将会演变为变相分割集体资产，动摇集体所有权的社会保障功能，甚至危及社会主义公有制的地位。另一方面，权能拓展会给集体资源造成不可逆的永久性损害。受让权能的外部主体大多以利益最大化为目标，与集体所有权的生存者保障功能有一定的冲突。权能拓展引入外来资本、允许企业短期经营。而外部主体为了追求短期利益，易忽视农村土地等资源的可持续性利用。例如，在权能受让

---

[1] 参见［德］恩格斯《反杜林论》，载《马克思恩格斯文集》第9卷，人民出版社2009年版，第299页。

的期限内，为了利益的最大化，投入大量的化肥、农药，给土地资源造成不可逆损害。并且，外来资本的过度介入，会破坏小农经济的生产结构，加剧农村固有资源的流失和浪费，不利于农村的可持续发展。在此趋势下，未来社会的共同富裕何以实现？这是理论和实践都不得不重新审视的重要问题。

第三节　权能拓展促进共同富裕的实现路径

如前所述，集体产权的权能拓展对内对外都产生了明显的共同富裕效应。但也暴露出诸多问题。尤其是权能拓展使集体产权的扩张、发展和变动等特性进一步释放出来，且有进一步强化的趋势。上述变化将会导致对共同富裕的正向促进演变为反向阻碍。为此，需基于马克思产权理论，从多层次、多角度寻求化解之策，实现全面、均衡且持续的共同富裕。

一　强化权利主体的自主性

马克思和恩格斯主张个人是"有个性的个人"。个体可基于共同利益实现联合，并通过这种联合获得自己的自由和发展[①]。个体的自由发展是全体社会成员自由发展的前提和条件[②]。可以说，权利主体的自主性是应对产权关系变动的重要支撑。因此，要从以下两个层次强化权利主体的自主性，以应对权能拓展带来的冲击。

一是集体层的自主性。集体土地所有权具有对内、对外的公共性和排他性特征。成员集体公共意志在上述两项特征前保持一定的自主性。首先，通过充分的"意思自治"保持集体的自主性和对外排他性。成员大会是成员表达意志和行使决策、管理等权利的组织。因此，其应在法律允许范围内拥有充分的自主权。例如，自主选择大会的召开时间、召开方式，自主决定审议内容。其次，政府的相关机构不应主动干涉集体事务，从而充分发挥内生主体的自主性治理机能。再次，对内排他性的关键在于保持集体与个体之间的

[①] 参见［德］马克思、恩格斯《德意志意识形态》，载《马克思恩格斯选集》第1卷，人民出版社2012年版，第199页。

[②] 参见［德］马克思、恩格斯《共产党宣言》，人民出版社2018年版，第51页。

独立性，以及多元主体彼此间的独立性。因此，可通过集体决议决定股权管理方式和集体表决方式，实现集体的对内排他性。最后，通过民主协商、民主表决决定股权的管理方式、集体议决方式等，保持成员个体的自主性和独立性。并且，权能拓展的具体方案和内容，应由各集体自主决定。政府相关部门不宜自上而下地强制性拓展①。通过以上举措在集体内部实现"共有、共建"的目标，缓解集体产权的发展性和扩张性带来的冲击。

二是个体层的自主性。培育和激发农民主体意识对农村发展至关重要②。为此，一方面，明确界定集体成员知情权的内涵与外延。农民集体为成员行使知情权提供必要的便利，并在职责范围内，有效、及时且完整地对集体事务的相关信息进行披露和公示。集体经济组织作为农民集体的对外表意机构，及时将集体的决议、运营状况和收益分配等向利害关系者公示。若集体层的各负责人拒绝公开信息或消极不作为，立法中应进一步明确其应承担的法律责任，以及权利者的救济途径。另一方面，拓展户内成员权利的实现路径。在法律层面，须明确户内成员共有权的法律性质。在此基础上才能明晰户内成员间的权利与义务关系。不仅如此，实践中还须完善"户"的对外代表制，以应对产权变动性带来的风险。如此，成员个体的权利即使被禁锢在户团体内，也可突破团体的限制，充分发挥个体的自主性和能动性。通过以上举措缓解集体产权的扩张性和变动性带来的冲击，实现"共有、共建"的目标。

二 维持多元主体的均衡性

只有确保公有制的主体地位，才能有效避免贫富分化，实现共同富裕。集体产权的权能拓展为外部主体介入集体公共事务打开了突破口。并且，权能拓展从横向和纵向等多个维度打破了场域内的均衡性。为此需从以下多个层次维持多元主体的均衡性。这是确保公有制主体地位、实现"共有、共建"目标的关键之所在。这也是由小规模到大范围进而到全社会共同富裕的前提

---

① 参见肖盼晴《集体产权制度改革推动了乡村治理的现代化吗？——基于产权科层的视角》，《内蒙古社会科学》2023年第1期。

② 参见刘娟、王惠《谁是乡村振兴的主体？——基于农民视角的考察》，《中国农业大学学报》（社会科学版）2023年第2期。

和基础。

一是集体层的均衡性。区分场域内不同组织的性质和职能,以此应对集体产权发展性的冲击。最重要的是在集体层通过明晰主体功能、权力性质、职责范围等内容,在此基础上平衡农民集体、集体经济组织和村民委员会三者的关系。其一,农民集体与集体经济组织之间是表与里的关系。从利益分配原则看,前者主张公平,而后者偏重效率。从利益主体看,两者的成员的重合度逐步降低。相比之下,集体经济组织的利益主体、成员范围和权利结构等方面的开放性更强。农民集体的决策对集体经济组织的经营、运行和收益分配等事项具有重要影响。而集体经济组织的运营状况又会反作用于农民集体。其二,农民集体和集体经济组织的运行状况也会对行政村的政治、经济以及社会保障等方面产生影响。可以说三者相互嵌套、密切关联。其三,即使可取得法人资格,其"特殊性"也明显不同。一方面,区分村民自治法人、集体经济组织法人等各类特殊法人的职能范围。另一方面,在法律层面完善其组织架构和运行机制。通过以上举措可明确同一场域内多元主体的权利性质及其实现渠道等内容。

二是个体层的均衡性。恩格斯认为通过共产主义原则组织起来的社会,成员可以全面发挥和发展自己的才能[1]。那么,在村庄这一小规模的空间场域内,各类主体也应该有机会发挥和发展自己的才能,行使自身权利。产权改革进一步明确了集体成员参与集体公共事务的内容和渠道。而成员的个人需求与利益导向也会影响产权规则的落地和制度绩效的发挥。并且,权能拓展导致同一场域内不同主体间的权利分化愈加明显。为使多元主体在同一场域内可以充分发挥和发展其才能,需对不同主体进行类型化赋权。即,不同的权利主体承担不同内容的责任。为此,在个体层清晰划分同一场域内多元主体的权利性质、范围、行使方式以及主体间关系。例如,具有成员身份而出让股份者则只享有农民集体的身份性权利。受让股份但未取得成员资格者只享有集体经济组织的财产性权利。相比之下,在该场域内既无成员资格也未受让集体股份者,则可在政策允许的范围内行使行政村的村民自治权。此外,如恩格斯所言,未来社会应该是全体成员为了共同的利益、按照共同的计划,

---

[1] 参见 [德] 恩格斯《共产主义原理》,载《马克思恩格斯选集》第1卷,人民出版社2012年版,第308页。

并且是全体成员参加的社会①。因此，为了防止权利的过度集中，也为了提升同一场域内全体成员的参与度，多元主体共同承担"共建"的责任。其中最重要的是同一场域的各类主体都应平等地共享知情、监督等类型的权利。并要共同承担监督集体运行的责任。据此，不仅可满足个人的需要和私利，也能增强集体产权的内外衔接性，促进集体内外共同富裕的实现。

三是成员权内部的均衡性。在个体层内部区别集体成员的身份性权利与财产性权利，可有效应对集体产权权能的变动性所带来的冲击。集体所有制的主要目的在于保障集体成员生存与发展等基本权益。并且，集体内部的每个成员的权利义务都是平等的，农民集体主要发挥协调和保障功能。成员可基于身份资格享受集体资产的收益。但成员对集体资产却不享有可分割的特定份额。在此制度框架下，集体成员权是实现集体产权生存保障功能的关键之所在。为应对权能拓展所导致的成员权复杂化趋势，在个体层内部区别集体成员的身份性权利与财产性权利。以此，减小农民集体的对外排他性与产权权能开放性之间的张力，从而使共同富裕效应既可惠及外部主体，又不损害集体内成员的利益。

三 增强权利实现的可持续性

按照马克思恩格斯的相关理论可知，与旧的所有制关系不相适应新的生产力的产生和发展，会促使社会制度和所有制关系发生调整和变革②。即，生产力的发展会导致产权关系不断进行调整。而所有制及产权关系的调整又会推动生产力的发展。那么，为应对生产力的发展对产权关系的冲击，进而构造良性循环系统，需从利益分配、权利分配以及内外关系协调等方面增强权利实现的可持续性，从而强化产权安排的有效性。

其一，完善集体利益的分配机制，贯彻生存保障和实质公平的原则。实质公平是分配社会资源时所追求的主要价值目标之一③。从微观视角看，实质

---

① 参见[德]恩格斯《共产主义原理》，载《马克思恩格斯选集》第1卷，人民出版社2012年版，第302页。
② 参见[德]恩格斯《共产主义原理》，载《马克思恩格斯选集》第1卷，人民出版社2012年版，第303页。
③ 参见向玉乔《社会制度实现分配正义的基本原则及价值维度》，《中国社会科学》2013年第3期。

性利益的获得是集体成员最为关注的内容。集体层和成员之间并非上下级的隶属关系,而是相互依存、相互融合的辩证统一关系。集体成员的利益分配不仅要考虑全体成员财产性利益的保护以及对特殊成员的保护,还要考虑农民集体的可持续发展。为此,集体经济组织的利益分配主要遵循"效率"这一目标。但农民集体的利益分配,公平的重要性大于效率,须贯彻生存保障和实质公平的原则。如上,通过完善其分配机制,增强共同富裕效应的全面性和持续性。

其二,采用"动静结合"的权利分配方式,协调集体内新旧成员之间的利益关系。例如,已进行股份权能改革地区对于保障股实行动态管理,复合型股权实行静态管理。未进行股份化改革的农民集体,对于承包地等与现行法律的规定相一致,采用"生不增、死不减"的管理模式。而对于集体分红、福利分配等,采用动态的调整模式。并且,每隔一段时间对集体成员的资格重新进行审核。这样可为新成员提供一定的社会保障,保证既有成员与未来成员之间公平发展,也可为未来社会的共同富裕奠定基础。

其三,明确外部资本介入的限度和效度,协调集体内外主体间的关系。国家层加强对产权交易的监管和约束。集体层以新内生发展为导向,以缩小农民集体的封闭性与权能拓展的开放性之间的张力。此外,还应加强精神文明层面以及思想道德层面的建设和治理水平[1],由里而外地提升共同富裕效应的均衡性和持续性。

综合本章的考察可知,集体所有制和共同富裕是马克思产权理论的重要内容。集体产权的权能拓展是促进农村农民共同富裕的关键环节,也是共同富裕由宏观理论落实到微观实践的重要一步。按照马克思主义理论及学界相关研究可知,共同富裕应该是全面、均衡且持续的共同富裕。而集体产权的扩张、发展和变动等特性,在权能拓展过程中被释放出来,并且有进一步强化的趋势。从实践看,集体产权的权能拓展赋予了成员更多选择权、盘活了低效利用的集体资源、有利于集体经济的发展壮大。但产权权能的扩张加剧了主体权利的双层分化,多元主体的均衡性被打破。加之,产权权能和权利主体的变动性,导致权能拓展可能危及未来社会共同富裕的实现。为此,需

---

[1] 参见陈云龙《共同富裕背景下乡村治理的道德路径——以当代浙北乡村为例》,《中国农业大学学报》(社会科学版) 2023 年第 1 期。

从宏观和微观两个层面探求共同富裕的实现路径。

在宏观层面，明确权能拓展与共同富裕间的逻辑关联。首先，集体产权的权能拓展使农民获得了更多的选择权，促进了成员财产性权利的实现。这有利于短时间、小范围内共同富裕的实现。但随着以户固权、权利流转等的推进，新成员的权利将难以实现。并且，外部主体通过集体产权的权能拓展介入乡村，多是追求短时间的收益。在利益驱使下，损害农村社会可持续发展的事例并不少见。可以说，权能拓展的发展性影响了共同富裕的持续性。其次，产权权能的扩张导致同一场域内各权利主体之间呈现"双层分化"趋势。集体层和个体层也产生了权利虚化和主体性弱化等问题，影响共同富裕全面性的实现。最后，权能的变动性导致多元主体的均衡性被打破。集体成员将财产性权利流转后，势必会降低对集体的关注度。受让财产性权利的外部主体想要参与集体的经营决策，以实现增值的目的。但受到身份资格的限制，难以行使与身份相关的权利，这将影响共同富裕均衡性的实现。

在微观实践层面，权能拓展的各层次间具有相互嵌套性关系。因此，需从多层次探讨权能拓展促进共同富裕的实现路径。第一，集体和个体两个层面强化权利主体的自主性。通过充分的意思自治和集体决议实现集体的对外排他性和对内排他性。此外，还要明确界定集体成员知情权的内涵与外延，并拓展户内成员权利的实现路径。第二，不仅要维持多层次间的均衡，还需维持同一层次多元主体间的均衡。为此，在集体层清晰界定行政村、农民集体以及农村集体经济组织等不同主体的职能。权责清晰可应对集体产权的发展性所带来的冲击。同时，在个体层区分多元主体的权利内容和权利性质。例如，农民集体成员集体经济组织股东、成员非股东、既非成员也非股东的村民等主体享有性质、内容都不同的权利，且行使渠道各异。只有这样才能应对集体产权的扩张性所带来的冲击。在个体层内部区别集体成员权所包含的身份性与财产性这两类不同性质的权利，以应对集体产权权能的变动性所带来的冲击。第三，增强权利实现的可持续性。集体层的完善相关利益分配机制，协调集体内新旧成员之间的利益关系，保证既有成员与未来成员之间公平发展。国家层的政策法律还应以新内生发展为导向，从而协调集体内外主体间的关系①。通过以上举措增强共同富裕效应的持续性。

综上所述，本章尝试在马克思产权理论的框架下，解析集体产权的权能拓展与共同富裕间的逻辑关联。虽然为权能拓展背景下突破共同富裕的阻点提供了大体的方向。但集体产权的扩张性、发展性和变动性等特性并非一成不变，而是处于不断变化之中。如何利用权能拓展这把"双刃剑"，实现全面、均衡且持续的共同富裕？此问题的解决须根据实践发展的需要，在大规模、深度调研的基础上，不断对理论和相关政策进行完善。这是未来研究需继续关注和深入探讨的重要问题，也是马克思主义理论中国化进程中必须予以明晰的重大课题。

---

① 参见肖盼晴、姚玉凤《农村集体产权制度改革与可持续发展——以新内生式发展论为视角》，《农林经济管理学报》2022 年第 5 期。

第十三章
集体产权改革与公共服务供给的互塑协同*

治国有常，利民为本。党的二十大报告强调要健全基本公共服务体系，深化农村土地制度改革①。2023年政府工作报告进一步强调提升基本公共服务能力，并巩固提升农村集体产权制度改革成果，赋予农民更加充分的财产权益。这表明集体产权改革与农村公共服务供给必须同时推进，共同促进农民农村共同富裕。作为巩固社会主义公有制、完善农村基本经营制度的重大改革，集体产权改革必将对农村公共服务供给的质量产生重大冲击。实现集体产权改革与农村公共服务供给的互塑协同，是新发展阶段贯彻新发展理念、促进共同富裕必须回应的时代命题。

学界既有研究主要从效率与公平方面分析了集体产权改革与公共供给之间的关系。其一，"效率说"关注集体产权改革背景下的资源利用及供给效率。"购买式改革"提升了集体经济组织的执行效率②。但由于缺少资金和人才的支撑，其持续经营能力不足③。在多数未实行"政经分离"的村庄，村两委与集体经济组织交叉任职，容易削弱集体经济的发展能力④。其二，"公

---

* 本章以《互塑协同：集体产权改革与公共服务供给》为题，发表于《山西农业大学学报》（社会科学版）2024年第2期。

① 参见习近平《高举中国特色社会主义伟大旗帜　为全面建设社会主义现代化国家而团结奋斗——在中国共产党第二十次全国代表大会上的讲话》，人民出版社2022年版。

② 参见乔翠霞、王骥《农村集体经济组织参与公共品供给的路径创新——大宁县"购买式改革"典型案例研究》，《中国农村经济》2020年第12期。

③ 参见孔祥智、高强《改革开放以来我国农村集体经济的变迁与当前亟需解决的问题》，《理论探索》2017年第1期。

④ 参见夏英、钟桂荔、曲颂、郭君平《我国农村集体产权制度改革试点：做法、成效及推进对策》，《农业经济问题》2018年第4期。

平说"强调集体产权改革对城乡贫富差距和农民权利的影响。发展集体经济是缩小城乡差距、实现共同富裕的重要举措①。新型农村集体经济以保障农民权益为起点，持续优化公共服务供给②。但相反观点认为，集体产权改革促进共同富裕的作用有限，可能影响社会公平的实现。集体经济发展对缩小城乡收入差距的作用还不明显③。并且面临着资产性质差异大④、发展不均衡⑤等问题。且集体产权从"公有"到"共有"，破坏了农民的公平感⑥。比如，股权固化使股份收益永久化，放大了股东身份差异带来的收益差距⑦。由于成员身份资格确认的困难，损害了部分特殊群体的权益⑧。其三，"效率与公平兼顾说"认为集体产权改革能否兼顾效率和公平是影响乡村治理能力的关键。集体产权改革通过明晰产权，提升了村庄公共物品供给能力⑨。但同时，成员的共益权难以实现，公共事务治理面临权责主体不一致的困境⑩。此外，学界对高质量公共服务供给的基本内涵进行了研究。公共服务的高质量发展以优化供给结构、实现均衡共享和提升供给效率为核心内涵⑪。资源积累、协同合

---

① 参见崔超《发展新型集体经济：全面推进乡村振兴的路径选择》，《马克思主义研究》2021年第2期。

② 参见尹呐、张克俊、郭祥《新型农村集体经济治理体系的理论阐释与构建策略》，《改革》2023年第7期。

③ 参见丁忠兵、苑鹏《中国农村集体经济发展对促进共同富裕的贡献研究》，《农村经济》2022年第5期。

④ 参见陈锡文《充分发挥农村集体经济组织在共同富裕中的作用》，《农业经济问题》2022年第5期。

⑤ 参见张应良、杨芳《农村集体产权制度改革的实践例证与理论逻辑》，《改革》2017年第3期。

⑥ 参见桂华《产权秩序与农村基层治理：类型与比较——农村集体产权制度改革的政治分析》，《开放时代》2019年第2期。

⑦ 参见温铁军、刘亚慧、唐溧《农村集体产权制度改革股权固化需谨慎——基于S市16年的案例分析》，《国家行政学院学报》2018年第5期。

⑧ 参见任大鹏、王俏《产权化改革背景下的妇女土地权益保护》，《妇女研究论丛》2019年第1期。

⑨ 参见赵一夫、易裕元、牛磊《农村集体产权制度改革提升了村庄公共品自给能力吗？——基于8省（自治区）171村数据的实证分析》，《湖南农业大学学报》（社会科学版）2022年第2期。

⑩ 参见肖盼晴《农村集体产权改革背景下成员共益权的实现困境与出路》，《南京农业大学学报》（社会科学版）2021年第4期。

⑪ 参见王震《共同富裕目标下促进公共服务高质量发展的重点问题》，《经济纵横》2023年第2期。

作以及多方参与者的共同价值取向是影响高质量服务的重要因素①。"交互畅通—协调平衡—城乡融合"的层层递进是高质量公共服务的核心内容②。供需平衡、质量适配、城乡协调是高质量公共服务应遵循的客观规律③。高质量公共服务供给以高质量发展和高效能供给为途径,实现从"兜底民生"到"品质生活"的功能转变④。

根据以上梳理可知,目前已有研究分析集体产权改革对村庄公共物品供给能力的影响,但对集体产权改革与高质量公共服务供给的研究尚处于较为分离的状态,并且两者之间的互动机制尚不清晰。然而,集体产权改革与农村公共服务供给作为两个高度耦合的系统,存在着一定程度的相关性。两个关系主体在结构和功能上保持互动状态,呈现"互塑"关系⑤。协同学关注整个环境中的子系统通过怎样的合作才能产生有序的空间、时间或功能结构⑥。20世纪90年代,基于协同学和治理理论,形成了协同治理理论。协同治理理论本质上就是在开放系统中寻找有效治理结构的过程⑦。基于此,互塑协同是指以经济增长为基础,公共服务供给主体及其责任明晰,充分整合农村内部资源并吸引外来主体参与的协同模式。为构建互塑协同模型,本章有两个研究重点:一是探求集体产权改革与高质量公共服务供给之间存在何种联系;二是分析集体产权改革背景下能否实现、如何实现高效能治理及高质量发展,并满足农民对高品质生活的追求。这是推进共同富裕、增进民生福祉的重大问题。

---

① 参见何继新、郑沛琪《居民参与如何提升服务供给效能——以数智化公共服务平台为例》,《学习与实践》2022年第11期。

② 参见陈浩、王皓月《农村公共服务高质量发展的内涵阐释与策略演化》,《中国人口·资源与环境》2022年第10期。

③ 参见李燕凌、高猛《农村公共服务高质量发展:结构视域、内在逻辑与现实进路》,《行政论坛》2021年第1期。

④ 参见姜晓萍、吴宝家《人民至上:党的十八大以来我国完善基本公共服务的历程、成就与经验》,《管理世界》2022年第10期。

⑤ 参见王崇《"互塑"理论视阈下民族地区乡村治理中的非正式制度研究》,《广西民族大学学报》(哲学社会科学版)2022年第3期。

⑥ 参见[德]郝尔曼·哈肯《高等协同学》,郭治安译,科学出版社1989年版,第1页。

⑦ 参见李汉卿《协同治理理论探析》,《理论月刊》2014年第1期。

第一节　价值域互塑：促进共同富裕的时代坐标

虽然集体产权改革与农村公共服务供给关注的重点不同，但两者都聚焦于农村发展，在内在根源与外显机理两个方面呈现"互塑"关系。以产权与治权的关系为逻辑起点，集体产权改革与公共服务供给在内部展现一致的目标、手段和要素；在外部呈现出相互促进、相互协同的发展趋势。为实现高质量发展，既要在经济发展的基础上"做大蛋糕"，又要通过社会公共服务等手段"分好蛋糕"。因此，集体产权改革与公共服务供给作为农村经济社会发展的"一体两翼"，标示着促进共同富裕的时代方位。

一　集体产权改革与公共服务供给协同的内在根源

集体产权改革与农村公共服务供给之间的关系，从本质上反映出产权与治权的关系。集体产权改革通过产权安排，变革产权关系和产权秩序，影响包括公共服务供给在内的村庄公共事务治理。农村公共服务供给对农民参与改革的积极性和主动性，以及农民与集体之间的利益联结、信任和认同等具有重要作用，从而影响产权改革的治理效果。

基于理论梳理和实践考察，集体产权改革与农村公共服务供给在目标、手段、要素层面具有内在一致性。首先，集体产权改革和公共服务供给是实现共同富裕的重要途径。集体产权改革通过促进规模经营等增加农村家庭收入[1]。村集体发展新型农村集体经济，为促进农民共同富裕提供了经营条件[2]。而公共服务供给通过积累人力资本、赋权赋能等方式，为促进共同富裕提供内在动力[3]。其次，新发展阶段推进共同富裕需在高质量发展中实现效率

---

[1] 参见江帆、李崇光、邢美华等《中国农村集体产权制度改革促进了农民增收吗——基于多期DID模型的实证检验》，《世界农业》2021年第3期。

[2] 参见张龙、张新文《经营村庄：村集体促进农民共同富裕的实践过程与内在机制——基于川西Z村的个案分析》，《探索》2023年第5期。

[3] 参见胡志平《基本公共服务促进农民农村共同富裕的逻辑与机制》，《求索》2022年第5期。

与公平的统一①。我国农村产权制度改革必须坚持公平与效率的平衡②。而政府提供公共服务，是保障社会公平、增进人民福祉的"最后一公里"③。最后，两者的构成要素高度重合。其一，集体经济组织是集体资产管理和运营的核心主体。"政经分离"尚未完全实现的情况下，集体经济组织承担着部分公共职能④。其二，集体资产的折股量化是集体产权改革推进股份合作制的关键环节，盘活了农村闲置资源与资产⑤。资产和资源既是集体产权改革的对象，也是改善农村公共服务的基础条件。其三，集体产权改革事关农民的根本利益，农村公共服务供给以农民需求为本位⑥。

二 集体产权改革与公共服务供给协同的外显机理

集体产权改革与公共服务供给之间相互塑造、相互影响。一方面，集体产权改革为农村公共服务供给提供经济基础和社会力量。集体经济发展作为集体产权改革的重要成果，能够为农村公共服务供给提供物质来源和经济支撑。其一，集体产权改革通过集体资源资产的集中利用，激发了集体经济的内在活力，增加了集体收入。而集体收入是公共服务支出的重要来源，为农村公共服务供给提供了重要物质基础。集体属性使村庄将部分集体经营收入投入基础设施建设和公益事业中，有助于提升农村公共服务供给水平。其二，集体产权改革通过创新集体经济发展形势，推动农业生产发展。通过土地经营权的流转实现土地集中，外来主体进入乡村，促进农业生产技术化、机械化方面的服务供给。集体经济组织通过组织

---

① 参见文丰安《以中国式现代化扎实推进共同富裕的辩证关系与创新路径研究》，《西南大学学报》（社会科学版）2023年第1期。

② 参见李萍、田世野《论马克思产权思想与我国农村产权改革的深化》，《马克思主义研究》2020年第6期。

③ 参见郭威、王声啸、张琳《改革开放以来我国公平观与效率观的政治经济学分析》，《经济学家》2018年第10期。

④ 在有经营性资产的村庄，经营、管理和监督职能仍由村两委交叉任职，致使集体经济组织的成员选举、机构职能和财务核算等未能实现实质性分离（参见华中师范大学中国农村研究院关于山东省农村集体产权的评估材料）。

⑤ 参见张洪波《论农村集体资产股份合作中的折股量化》，《苏州大学学报》（哲学社会科学版）2019年第2期。

⑥ 参见汤资岚《数字化转型下农村公共服务整体性供给：思路与进路》，《农林经济管理学报》2022年第1期。

农民来提高生产效率,从耕种到销售全过程的生产性服务供给逐渐加强。

集体产权改革有助于调动多方力量参与农村公共服务供给。一是外来企业和个人通过产权交易平台进入乡村,为乡村发展带来新的人力资本和资金资源。农村集体经济组织与其他市场主体的合作,为农村公共服务供给汲取城市经验提供了契机。二是不同集体经济组织之间的合作,有利于促进不同农村地区公共服务供给的资源共享和优势互补。三是集体产权改革过程中,集体产权结构从"总有到共有"[1],从理论上来说,个人财产性权利的保障能够为农民发挥民主性权利提供空间和机会。基于产权改革与农民利益的相关性,农民群体的身份定位从集体事务的旁观者转变为参与者[2]。而且股份化改革加强了个人和集体的利益联结[3],激励农民以个人或家庭身份参与到农村公共服务供给中。尤其是对于农村剩余劳动力人口,通过社会动员和权益保障促使其参与农村公共服务供给。调研发现,F村留守妇女在村妇联的主导下逐步建立起兼具经济发展和公共服务功能的合作组织,在集体产权改革中阶段性地形成了一些保障妇女权益的系统做法,进而形成促进女性内在动力激发的发展模式[4]。

另一方面,农村公共服务供给为集体产权改革提供内生动力。农村公共服务供给与集体产权改革之间的相互作用,形成"利益—情感—参与—动力"的良性循环。如前所述,发展集体经济,能够增加对农村公共服务的投入。公共服务支出的扩大促进公益福利事业的发展,为农民的个人利益提供现实保障。而且,农民服务需求的满足有助于强化农民对集体的认同感、归属感,增强其对集体产权改革的信心。这些情感因素能够激励农民参与集体经济发展和乡村建设,进而实现农民在公共服务中的自我供给。

乡村公共服务治理现代化能够优化公共服务资源配置,是乡村治理现代

---

[1] 参见肖盼晴《从总有到共有:集体产权权能重构及治理效应》,《财经问题研究》2020年第2期。

[2] 参见陆雷、赵黎《从特殊到一般:中国农村集体经济现代化的省思与前瞻》,《中国农村经济》2021年第12期。

[3] 参见张新文、杜永康《集体经济引领乡村共同富裕的实践样态、经验透视与创新路径——基于江苏"共同富裕百村实践"的乡村建设经验》,《经济学家》2022年第6期。

[4] 参见华中师范大学中国农村研究院关于山东省农村集体产权的评估材料。

化评价体系的重要指标①。从长远来看，农村公共服务供给水平的提升能够推动乡村治理现代化。而乡村治理现代化为集体产权改革提供更好的经济社会环境。农村公共基础设施的不断完善，为集体产权改革提供更好的生产和经营条件。农村公共服务供给机制的完善还包括教育、医疗条件的改善等方面。在此基础上，能够培养和留住更多更高素质的农民，甚至吸引离村农民的回流。人才是乡村治理现代化中的关键因素，为集体产权改革提供了动力和智力支撑。因此，人才回流能够有效缓解乡村的封闭性，在长远发展中推动集体产权改革。综上，集体产权改革与农村公共服务供给在理想状态下保持一致并相互促进。但在集体产权股份化、资本化的持续推进下，农村公共服务供给是否会出现新的矛盾，是亟须结合现实改革予以探讨的问题。

第二节　现实性运行：割裂协同关系的治理困境

从以上分析可知，集体产权改革与农村公共服务供给的良性互动是一种较为理想化、无差异化的状态。但通过对 S 省、H 省的调研，发现集体产权改革与公共服务供给的协同机制在现实运作中面临诸多挑战。因此，集体产权股份化、资本化的条件下，能否通过公共服务供给实现高效能治理、高质量发展和高品质生活，是亟须结合现实改革予以探讨的问题。

一　责任分散：政经不分的后果

集体产权改革试验区并未完全实现"政经分离"，避免了利益群体和经济基础的分化②。然而，村委会和集体经济组织无法在自主且有限的范围内提供公共服务，供给责任趋于分散、混乱。因"政经不分"导致的职责不分、交叉任职、缺少监督等，使公共服务供给主体难以实现高效能治理。

---

① 参见冯献、李瑾《乡村治理现代化水平评价》，《华南农业大学学报》（社会科学版）2022 年第 3 期。

② 参见李博阳、吴晓燕《政经分离改革下的村治困境与生成路径》，《华中师范大学学报》（人文社会科学版）2019 年第 6 期。

首先，集体经济组织与村委会之间事权与财权的不匹配，隐藏了农村公共服务的真正供给主体。农村集体经济组织与村委会是两个独立组织，两者在性质、服务对象和功能上存在差异，所承担的公共服务职能也不同。村委会在村庄范围内实行自我管理和自我服务，而农村集体经济组织依据其法人资格发挥服务职能，主要是为其成员提供包括生产和经营在内的生产性服务。"政经不分"模式忽略了两者职能差异，过多强调集体经济组织的社区性。集体经济组织的经营收入过多用于公共服务支出中，导致成员所获股份分红减少，降低其承担公共责任的积极性①。同时，村委会掌握过多财权，可能会加剧村委会的官僚化和行政化，不利于其实现从"管理者"到"服务者"的身份转变。

其次，村干部和集体经济组织成员交叉任职。虽然通过减少人员节省了开支，但财务混淆、账目不清、收支不透明等，容易诱发经济发展与公共服务的不平衡。股份经济合作社资金实行村财代管，与村委会账户还未完全分开，不利于客观反映公共管理服务资金使用情况，也不利于村务监督委员会和村股份社监事会履行监督职责②。"政经合一"状态下，村委会掌握着本属于集体经济组织的收益分配权。集体收益过多流向村委会的服务功能中，一定程度上消解了村委会应当承担的经济职能③。且这种经济功能与其对土地的监督、管理功能混合在一起④，为村干部谋取私人利益、侵害农民利益提供了可能，易加剧农民与集体间的不信任。在此基础上，村委会掌握过多权力资源，权力资源的集中削弱了村庄共同体内部的信任和认同，而松散的农民难以实现高效能治理。

最后，集体产权改革后，中央引导并支持集体经济组织参与农村公共品供给²。政府对集体经济组织的赋能和动员，能够有效提升公共品供给效率⑤。

---

① Z村集体收入归村集体统一管理使用，村民无法享受到集体经济发展的红利，无法感受到自己是产权主体，产生了"市场是村里的，不是我的"想法，并认为"村里的事耽误我的事"，对村庄公共事务不关心、参与不积极（参见华中师范大学中国农村研究院关于山东省农村集体产权的评估材料）。

② 参见华中师范大学中国农村研究院关于山东省农村集体产权改革的调研资料。

③ 参见徐冠清、崔占峰《从"政经合一"到"政经分离"：农村集体经济治理的一个新逻辑》，《农业经济与管理》2021年第5期。

④ 参见王慧斌、董江爱《产权与治权关系视角的村民自治演变逻辑——一个资源型村庄的典型案例分析》，《中国行政管理》2018年第2期。

⑤ 参见严红《农村公共品的"赋能型供给"：价值内涵、逻辑机理与运作机制——以开镇小微项目的创新实践为例》，《湖南农业大学学报》（社会科学版）2023年第1期。

然而，这种自发式的公共服务供给主要由权力主导，缺乏农民对公共服务供给的自主监督与参与治理。当村委会游离于监督系统之外时，可能会弱化公共服务供给能力。在情况复杂的农村地区，还可能诱发腐败[1]。

二 资源零碎：股权设置与管理的弊端

一般来说，政府的财政支持力度有限。而市场作为追求利益最大化的经济组织，较少提供公共服务。因此，农村公共服务供给主要依赖于农村内部资源。然而，在农村内生动力不足的情形下，只能通过其他方式为农村公共服务供给筹集资金和吸引人才，导致资源供给碎片化。

集体资产的股权配置，是保障集体功能和发挥个人积极性，逐步实现共同富裕的重要基础[2]。然而集体产权改革后，原本由集体承担的公共服务支出转移到集体股上，公共品刚性供给成为集体股的退出壁垒[3]。实践中，股权设置主要有两种做法。一是设置集体股，并确定其比例。虽然为公共服务提供了经费，但违背了集体产权改革"还权于民"的初衷。对于还未实现分红或少量分红的村庄，无法在集体经济组织与村民间建立常态化、制度化和长效化的利益联结机制，成员参与公共服务供给的内生动力严重不足。并且集体股的设置使农民的分红减少，可能阻碍以人民为中心的高质量发展，并制约共同富裕。二是以提取公积金、公益金代替集体股。这种处理方式能规避集体股设置的弊端。然而，目前集体股退出存在壁垒，公积金、公益金的设置尚不完善。公共服务支出主要来源于集体收益，使公共服务供给对集体经济产生一定程度的依赖。由于不同地区的集体经济发展之间存在着较大差距，公共服务供给难以实现均衡化发展[4]。例如，在集体经济不发达的地区，募集

---

[1] 参见陈荣卓、刘亚楠《农村集体产权改革与农村社区腐败治理机制建构》，《华中农业大学学报》（社会科学版）2017年第3期。

[2] 参见董帅兵、邱星《改革主体、改革逻辑与农村集体资产股权配置模式——以T市农村集体产权制度改革为例》，《农村经济》2021年第8期。

[3] 参见朱莹莹《农村集体经济产权改革中集体股的退出壁垒——一个公共产品供给的视角》，《改革与战略》2016年第4期。

[4] C市的村级集体经济发展不平衡，地理位置处于县城、乡镇所在地、交通要道和厂矿企业附近的村，集体经济收入相对较高，而处于偏僻地理位置的村，集体经济发展空间较小。总体来看，集体经济收入5万—10万元的村266个，占总数的73%，而50万元以上的村仅有5个，约占总数的2%（参见常宁市农村经营服务中心关于村级集体经济发展情况的汇报，未刊稿）。

资金的有限性导致公共服务水平的不确定性。集体经济发达地区也由于持续盈利能力缺乏，影响公共服务供给的稳定性。

此外，股权固化明晰了集体资产归属，但同时放大了股东身份带来的差异，不利于集体经济组织公平地提供生产和社会化服务。集体成员具有排他性，不愿向外来主体提供公共服务①。随着集体产权改革的深入推进，集体成员与集体经济组织成员不再完全重叠。农民群体不断分化，衍生出成员股东、成员非股东和股东非成员等多种不同身份的个体。由此，村内成员结构日益复杂，农村内部公共服务供给也出现了割裂的趋势。而且，"增人不增股、减人不减股"的静态管理模式为推动农民进城提供了新的契机，加剧了劳动力的稀缺化②。总之，集体股以"显性"或"隐性"方式存在，增大了集体收益与个人利益之间的张力，导致公共服务供给的资金资源零散化。股权静态管理模式不仅导致了服务对象的差异化，而且加剧了农村劳动力资源的零碎化，削弱了农村高质量发展的基础和动力。

三　利益失衡：外来主体的挤压

农民在乡村发展中的主导地位是保证其生活质量的关键因素③。集体产权改革通过将股权量化到个人，彻底改变了过去那种集体资产"人人有份、人人没份"的状态。从农村内部来看，集体产权由"总有到共有"的产权秩序变革，有利于保障个人财产性权利。但集体产权改革长期强调个人收益权，潜移默化地改变了村民们的整体性观念。集体与个人间仅依靠集体资产收益分配产生弱利益联结，在股份分红较少的情况下，农民缺乏参与公共服务供给的动机。调研发现，P县、Z区、L县、Z市中大部分村庄还未实现分红或少量分红（不超过集体资产总量的10%）。由于目前股份经济合作社还未真正产生效益，难以在集体经济组织与村民间建立常态化、制度化和长效化的利益联结机制，成员参与公共服务供给的内生动力严重不足④。长此以往，村

---

① 参见陈亚辉《政经分离与农村基层治理转型研究》，《求实》2016年第5期。
② 参见肖盼晴、姚玉凤《农村集体产权制度改革与可持续发展——以新内生式发展论为视角》，《农林经济管理学报》2022年第5期。
③ 参见[荷]杨·杜威·范德普勒格《新小农阶级：世界农业的趋势与模式》，潘璐、叶敬忠等译，社会科学文献出版社2016年版，第190页。
④ 参见华中师范大学中国农村研究院关于山东省农村集体产权改革的调研资料。

民难以通过自筹资金的方式参与公共服务供给，因而降低了其参与建设高品质生活的积极性。

只有引进外来人口，才能发挥乡村高品质生活空间的功能[①]。公共服务供给需要多元主体参与。"熟人社会"为农村公共服务供给营造了良好环境，农民之间的互助合作使他们互相提供服务，降低了交易成本。而产权交易的背景下，外来主体介入后与农民主体地位之间的矛盾逐渐突出，影响农民对高品质生活的参与度。一是由于集体产权结构的封闭性，外来主体进入乡村后，很难与农民建立相互信任的合作机制。熟人社会的声誉机制也很难对外来主体产生约束作用，公共服务供给的隐性成本由此增加。二是由于生产的需要和利润最大化的动机，外来主体实行大规模经营。为服务于规模农业的发展，地方政府通过强干预作用将惠农资金向规模经营主体倾斜，从而弱化了对小农业的服务[②]。三是产权交易中，乡村精英掌握着大部分农村资源，存在与外来资本合谋的可能性[③]。由于农民与农民集体之间、外来主体与农民之间、农民与农民之间存在对资源掌控的不对等关系，有时政府会忽视真正的困难群体对高品质生活的追求。

由以上分析可知，集体产权改革由于政经分离的滞后、股权设置的弊端以及外来主体的挤占，农村公共服务供给中出现了新的矛盾。如何破解责任分散化、资源零碎化和利益冲突与失衡等困境，使集体产权改革与农村公共服务供给在互相塑造的基础上协同合作，是集体产权改革背景下构建农村高质量公共服务供给机制、实现共同富裕这一最终目标所面临的重要问题。

第三节 互塑式协同：高质量公共服务供给的核心路径

针对集体产权改革与公共服务供给的协同困境，在集体产权改革过程中

[①] 参见叶兴庆《迈向 2035 年的中国乡村：愿景、挑战与策略》，《管理世界》2021 年第 4 期。

[②] 参见孙新华《地方政府干预与规模农业发展——来自皖南河镇的经验》，《甘肃行政学院学报》2017 年第 2 期。

[③] 参见朱冬亮《农民与土地渐行渐远——土地流转与"三权分置"制度实践》，《中国社会科学》2020 年第 7 期。

进一步推进政经分离，促进资源要素整合和多元主体参与，构建以主体责任协同为基础、以发展要素协同为核心、以价值协同为目标的"互塑协同"模型，为实现高质量发展、促进共同富裕奠定基础。

一 以政经分离为内涵的主体责任协同

为实现集体产权改革与农村公共服务供给的互塑协同，应首先明确经济自治与社会自治的关系。具体地，应主张村委会与集体经济组织适度分离，从而明确农村公共服务的供给主体。并完善公共服务供给中的监督机制，使多元主体共同发挥监督性责任、实现高效能治理。村委会作为主要供给主体，承担村庄内大部分公共服务职能。而集体经济组织以集体资产为基础，主要为其成员提供综合性服务，保障成员股东的身份性福利[1]。村委会与集体经济组织应共同承担村庄公共服务支出，并梳理公共服务项目清单，建立起费用分摊机制[2]。由此改变以集体经济收益支付村庄公共支出的行为，维护村庄内部稳定。

除了明确公共服务供给主体及其职能外，还应加强对供给主体的监督。一是外部监督。主要是完善集体经济组织与村委会之间的相互监督。实行"政经分离"后，集体经济组织掌握了集体资产支配权，从而避免权力过度集中于村干部手中而导致的腐败问题。集体经济组织将集体收益部分用于农村公共服务供给中。对这一运转过程应加以监督，避免农民利益受损。同时，应加强对集体资产收益分配过程的监督，缩小集体公共积累与个人财产权利之间的张力。建立对集体经济组织管理和经营集体资产的监督和长效追责机制，为农村公共服务供给提供长远的经济基础保障。二是内部监督。即农民自身对农村公共服务供给的监督。农民承担监督性责任，培养其主人翁意识，使其在农村公共服务供给中发挥自主性作用。

二 以资源整合为基础的发展要素协同

集体产权改革所依赖的生产要素与农村公共服务供给所需的发展要素相

---

[1] 参见杨一介《合作与融合：农村集体经济组织法律规制的逻辑》，《西南民族大学学报》（人文社会科学版）2022年第4期。

[2] 参见高强、曾恒源、张云华《农村"政经分开"改革：挑战、重点与建议》，《中州学刊》2021年第6期。

一致，这构成了两者"互塑"关系的基础。集体产权改革与农村公共服务供给的互塑协同主要体现在资金和人才供给等方面。协调并整合这些资源，是实现公共服务高质量发展的重要途径。

首先，应平衡好集体收益和个人所得，合理抽取部分集体收益用于公共服务支出。既保障农村公共服务供给，又能激励农民参与公共事务治理。在股权设置方面，以公积金、公益金取代集体股。并在多数同意的民主决策条件下，根据因地制宜和差异化的原则明确公积金、公益金的提取比例。即在集体经济发达的地区，稳定公共服务支出比例，使集体成员共享集体经济发展成果。在集体经济欠发达地区，应将大部分收益用于再投入，着力发展壮大集体经济，夯实公共服务供给的物质基础。

其次，为吸引优秀人才参与农村公共服务供给，应完善集体经济组织法人化治理机制。以股权为纽带强化集体经济组织与其成员间的利益联结，促使成员实现自身股权价值并增强其对集体的认同，进而激发其参与农村公共服务供给的潜能；鼓励乡村能人将其掌握的资源和经验用于公共服务供给中，使服务更加专业化、先进化。构建乡村内部的信任机制，使乡村能人及时获取、整合信息并积极传达农民的服务需求。

最后，完善股权有偿退出制度，探索股权流转的市场化改革方向，以此促进生产要素双向流动。待条件成熟时，突破股权只能在集体经济组织内部转让的瓶颈，以股权的流动促进生产要素的转移。股权流转为城市的资金、人才进入乡村打开切口，有助于形成"外助＋内生"式的农村公共服务供给新模式。

三 以多元主体参与为条件的价值协同

乡村社会实现协同治理，关键在于各参与主体的行为及互动[1]。从价值层面看，集体产权改革与公共服务供给的"互塑"式协同，建立在多元主体并存的基础上。首先，公共服务高质量供给以坚持农民主体地位为首要条件，要求减少服务对象的异质性、增强不同主体的利益联结，以价值协同实现农民对高品质生活的追求。并在服务对象的同质化和不同主体的利益联结的基

---

[1] 参见高原《乡村多元主体协同治理格局的演进：基于"社会中的国家"视角》，《东南学术》2023年第3期。

础上，促进自我供给、降低供给成本，应以集体产权改革为契机，积极培育农民专业合作社等新型农业经营主体，恢复农民之间互帮互助的良好风气，扩大农村公共服务的非正式供给。积极探索入股、联营等多种经营方式，激发农民参与集体产权改革的自主性。并在集体资产的管理和运营中强化农民与集体之间的信任和认同，进而为农村公共服务供给提供稳定的社会环境。

其次，提升农村公共服务对象的同质性，降低供给成本和难度。一方面，由于集体成员的身份权和财产权出现分离，集体经济组织内部出现了多种成员身份。对于"外嫁女"、新生儿等特殊群体，政府应尽快出台相关法律保护其在集体经济组织中的权益，使其平等地享有集体经济组织提供的服务。另一方面，随着集体产权由封闭到开放，人口流动性增强，增大了城乡公共服务均等化的难度。为解决这一难题，既要保障进城人口平等的公共服务需求，又要推动外来主体融入乡村发展，保障在乡企业和个人平等享受农村公共服务。

最后，社区共同体的共识和凝聚力更强，更易于提供公共服务。基于此，应避免不同利益目标的外来主体对村庄共同体的破坏，使其融入村庄共同体中。提高准入门槛，允许有公益精神的企业和个人进入村庄，并与其签订协议；防止外来主体与乡村精英的合谋行为，避免其破坏公共服务供给的经济基础；建立外来主体与农民之间的利益联结机制，实现熟人社会对外来主体的约束，降低农村公共服务供给成本。并在集体资产的管理和运营中强化农民与集体间的信任和认同，进而为农村公共服务供给提供稳定的社会环境。

综合本章的考察可以得出以下结论。基于集体产权改革和农村公共服务供给两个独立系统间的相互塑造、相互作用，用"互塑"来描述两者之间的关系。集体产权改革与农村公共服务供给之间形成了深刻的"互塑"基础，共同标示着农民农村共同富裕的时代进路。从两者的协同作用来看，集体产权改革为高质量公共服务供给提供经济基础和社会力量。高质量公共服务供给为集体产权改革提供内生动力。然而，政经不分、股权固化和外来主体介入等因素，使集体产权改革与公共服务供给之间的协同面临阻碍。其一，集体经济组织与村委会职能交叉，导致农村公共服务供给主体模糊、供给责任分散，影响公共事务的高效能治理。其二，集体股的设置及股权静态管理，制约了高质量发展。其三，农民主体性地位下降及外来主体介入乡村，消解了农民对高品质生活的价值追求。

共同富裕视域下集体产权改革与公共服务供给具有目标一致性，鉴于集体产权改革面临的治理困境，应在责任、要素与价值层面协同推进集体产权改革与公共服务供给。具体而言，明确供给主体及其责任内容，实现监督性责任共担的高效能治理；探索合理的股权配置机制和股权管理机制，以经济高质量发展为公共服务供给提供物质支持；增强不同主体之间的价值一致性，提升农民对高品质生活的满意度进而降低供给成本。可以说，集体产权改革是提升农村高质量公共服务供给水平、增进民生福祉，进而实现共同富裕的重要契机和关键环节。虽然如此，本章的研究只是在共同富裕视域下，为实现农村高质量公共服务供给提供了基本的方向，对于其具体实施方案，还需进一步研究和探讨。

第十四章
农村集体产权制度改革与可持续发展[*]

2022 年中央一号文件提出要巩固提升农村集体产权制度的改革成果。然而，农村集体产权制度改革在取得重要成效并进一步推进的同时，也面临一些困境。其中，比较显著的问题是股权配置的封闭性与产权交易的开放性之间的张力逐渐增大。在此过程中，农村内生动力不足和外部资本介入的矛盾日益凸显。长此以往，农民与农业、土地之间的关系将渐渐疏远，必然会导致农村可持续发展危机[①]。另外，从农村可持续发展的角度来看，"产权虚置"容易诱发农民利益受损、生态环境污染、土地资源浪费等问题[②]，对实现农业农村现代化造成现实阻碍。因此，农村集体产权制度改革背景下完善产权制度设置，对处理好农村发展与环境的协调问题、助力乡村振兴具有重要意义。

学界既有研究主要从政治、社会和经济等方面分析农村集体产权制度改革的治理效应。一是从乡村治理和村民自治方面分析农村集体产权制度改革的政治效应[③]。村民自治是乡村治理体系的核心内容，为实现有效乡村治理夯

---

[*] 本章以《农村集体产权制度改革与可持续发展——以新内生式发展论为视角》为题，发表于《农业经济管理学报》2022 年第 5 期。

[①] 参见朱冬亮《农民与土地渐行渐远——土地流转与"三权分置"制度实践》，《中国社会学》2020 年第 7 期。

[②] 参见闵桂林、祝爱武《农村经济可持续发展的产权障碍探微》，《求实》2008 年第 12 期。

[③] 例如，产权秩序观认为，不同地区在农村集体产权制度改革的作用下分别形成公有秩序和共有秩序，产生不同的政治效应。权能重构观认为，农村集体产权制度改革通过成员资格界定、权利配置和"政经分离"，重构乡村治理模式。"机制—条件观"认为农村集体产权制度改革通过优化结构、能力和监督、政府干预和村民参与等为实现有效乡村治理提供重要条件（关于上述观点及参考文献，本书中多次提及，在此不再赘述）。

实了基础。农村集体产权制度改革促进集体产权与公共权力形成良性竞争，从而将村民自治的重心转移到村庄公共事务中①。通过利益规则的建立和明晰，激励村民参与改革和管理②。然而，管理集体事务的责任主体与拥有实际权利的主体相分离，阻碍了成员共益权的行使③。二是农村集体产权制度改革对村庄社会秩序的影响。土地产权的属性和归属是农村土地纠纷爆发④、村民上访⑤的深层原因。但也有观点认为农村集体产权制度改革有利于增强农村社会团结，能提升农民组织化水平⑥。此外，有部分研究分析农村集体产权制度改革对农民收入、集体资产增收、集体经济发展等经济方面的影响。农村集体产权制度改革影响农村居民收入结构⑦，能增加农民的工资性、财产性和家庭经营性收入⑧。集体资产的保值增值功能得以发挥，为集体资产持续创收夯实基础⑨。农村集体产权制度改革体现经济的包容性增长⑩，增强集体经济活力⑪。

综上所述，目前学界的研究多集中于对农村集体产权制度改革积极效应的阐释，而忽视了其消极效应的探讨。并且当前关于农村集体产权制度改革

---

① 参见王慧斌、董江爱《产权与治权关系视角的村民自治演变逻辑——一个资源型村庄的典型案例分析》，《中国行政管理》2018 年第 2 期。

② 参见邓大才《利益、制度与有效自治：一种尝试的解释框架——以农村集体资产股份权能改革为研究对象》，《东南学术》2018 年第 6 期。

③ 参见肖盼晴《产权改革背景下农村集体成员权的权利结构与功能实现》，《华中农业大学学报》（社会科学版）2021 年第 3 期。

④ 参见黄鹏进《产权秩序转型：农村集体土地纠纷的一个宏观解释》，《南京农业大学学报》（社会科学版）2018 年第 1 期。

⑤ 参见黄增付《资本下乡中的土地产权开放与闭合》，《华南农业大学学报》（社会科学版）2019 年第 5 期。

⑥ 参见方帅《农村产权改革制度安排、社会联结与乡村振兴——基于山东省东平县的实证研究》，《江汉大学学报》（社会科学版）2018 年第 6 期。

⑦ 参见江帆、李崇光、邢美华等《中国农村集体产权制度改革促进了农民增收吗——基于多期 DID 模型的实证检验》，《世界农业》2021 年第 3 期。

⑧ 参见孔祥智、穆娜娜《农村集体产权制度改革对农民增收的影响研究——以六盘水市的"三变"改革为例》，《新疆农垦经济》2016 年第 6 期。

⑨ 参见徐冠清、崔占峰《从"政经合一"到"政经分离"：农村集体经济治理的一个新逻辑》，《农业经济与管理》2021 年第 5 期。

⑩ 参见梁春梅、李晓楠《农村集体产权制度改革的减贫机制研究》，《理论学刊》2018 年第 4 期。

⑪ 参见夏英、张瑞涛《农村集体产权制度改革：创新逻辑、行为特征及改革效能》，《经济纵横》2020 年第 7 期。

效应和农村可持续发展的研究在理论上处于相对分离的状态。然而，两者在实践中具有密不可分的联系。农村集体产权制度改革是乡村振兴布局中的重要一环，实现乡村振兴又以农村可持续发展为必要途径。在乡村振兴的时代背景下，如何将农村集体产权制度改革与农村可持续发展实现有机结合，从而推进农村集体产权制度改革以驱动农村可持续发展，是学界亟须研究的课题。为此，本章立足于新内生式发展论，围绕内部资源与外来资本之间的关系，从股权配置和产权交易两个方面反思农村集体产权制度改革，以期对"农村集体产权制度改革是否有利于农村可持续发展"这一问题进行深入剖析，为实现农村可持续发展目标提供新的思路。

第一节 股权配置的封闭性：影响可持续发展的内因

一 成员资格固化：劳动力弱质化

为维护集体产权的保障功能，体现集体公有制的本质要求，多数农村集体产权制度改革试点单位实行股权固化的管理方式。集体经济组织成员资格的确认体现了集体成员的身份性特征，并成为使其享有集体财产的前提条件。成员资格的固化却会直接影响代际公平的实现。从第一批和第二批农村集体产权制度改革试点的情况来看，多数试点县（市、区）采用静态化管理模式[①]。集体经济组织以户籍为基本条件，赋予新生儿成员资格，但其成员资格权却无法产生现实价值。长此以往，农村集体经济组织的成员界定将未来的农村主体排除在外[②]。因此，静态管理模式会直接影响后代公平地获取股权收益，破坏代际公平原则。

股权固化到户后，虽然能实现农村集体资产从"人人没份"到"人人有份"的转变，但也会加剧劳动力资源的流失。一方面，股权固化会推动农民

[①] 参见韩长赋《国务院关于农村集体产权制度改革情况的报告》（2020年5月12日），http：//www.npc.gov.cn/npc/c2/c30834/202005/t20200512_305808.html，2024年3月15日。

[②] 参见高飞《农村集体经济组织成员资格认定的立法抉择》，《苏州大学学报》（哲学社会科学版）2019年第2期。

进城，引发农村人口减少、农业生产技术受限、土地资源撂荒等困境。首先，股权固化意味着农民即使股权转让，仍不改变其集体经济组织成员身份。这样一来，进一步推动了农村人口的外流。其次，"农民荒"等问题引发中坚农民减少、培养新型职业农民困难、农业生产技术的发展受限等困境。最后，成员资格的排他性将非集体成员排除在集体经济发展之外。这就意味着，在身份条件的限制下，土地潜在耕种者缺乏获取更多土地的机会和途径，从而导致部分地区土地资源"撂荒"现象日益严重。

另一方面，股权固化突出了农业劳动力弱质化的特点。随着年轻劳动力外流，老年人和妇女成为集体经济发展中的"主力军"。从事非农生产活动的集体成员由于职业重心转移，将土地承包权转让给农村剩余劳动力，阻碍农业生产效率的提高。比如，老年人减少劳动供给，并逐渐丧失劳动能力，股权面临着"谁来继承"的问题。留守妇女由于传统性别角色的固化和强化，其在劳动中发挥的作用和潜能往往被忽视。这些剩余劳动力无法实现内部资源利用效率的最大化，容易造成农村耕地资源浪费、农业生产效率低下、农产品安全无保障等问题。

如上所述，集体经济组织成员身份确认和股权固化到户加剧了劳动力断层和弱质化的趋势。而避免劳动力的稀缺和弱质化是农村可持续发展的底线。从新内生式发展视角来看，劳动力资源不足和土地低效利用使内生发展受到制约，进而导致农村可持续发展缺乏基础条件和动力支撑。

二 股权流转受限：农业发展低速

集体所有权是以保障本集体成员的生存和发展为目的，使集体成员受益的一项基本权利①。集体资产股份份额限定在集体经济组织内部流转充分发挥了集体所有权保障成员权益的功能，然而股权流转的有限性阻碍优质资源进入农村，不利于农业的可持续发展。

一方面，股权的内部流转未能充分发挥股权的现实价值，有限的集体经济收入对进城农民的吸引力不足，阻碍了外出务工人口回乡发展。而且，集体经济组织具有排外性，非集体经济组织成员难以主动获得股份收益（只能

---

① 参见韩松《我国民法典物权编应当界定农民集体所有权类型的本质属性》，《四川大学学报》（哲学社会科学版）2019年第3期。

通过继承获得），也无法拥有集体事务的决定权和管理权。这种排他性导致优秀的外来主体难以被吸引到集体经济组织中并发挥积极作用。

另一方面，股权的有限流转致使资金资源单向流动。农民在不退出承包权的前提下，仍然能从土地中获取一定的收益，这使得农村资金单向流入城市。股权自由交易缺乏相关政策和平台的支持，即使农民拥有较为清晰的产权，也难以将其手中的资产转变为资本，阻碍了资本在城乡之间的双向流动[①]。

在新内生式发展理论视角下，内外资源的相互促进是实现农村可持续发展的关键。因此，农业发展需要城市源源不断地提供人力、资金、技术等要素。然而，农村集体产权制度改革过程中，农村生产要素不仅单向外流，还未能吸引城市资源的反哺，从长远来看，会加剧百业凋敝和农村衰败。因此，股权转让的封闭性不仅不利于农业高质量发展，也影响农地可持续利用。

三 权能拓展欠缺：土地利用低效

农村可持续发展要求集约、高效地利用农村现有资源。然而，股份权能拓展的不完备会导致土地的低效利用，阻碍相关发展红利的释放。股份权能拓展以股权确认为基础，以股权退出、继承和收益分配为主要内容。股权确认实行"确权确股不确地"，使集体成员由农民变成股民。这种身份的转变在增加农民收入的同时，意味着农民自主承包经营难以实现。农村集体产权制度改革前那种积极投入土地耕作，全身心从事农业生产的"动力"可能会随之弱化。农民与土地"渐行渐远"，从而影响土地利用的质量和效率。

从目前来看，股权退出只能在集体经济组织内部进行[②]。这对于防止外部资本控制集体资产具有重要作用，但同时也产生了一些不利影响。农民退出集体股权后，意味着其不再拥有股东身份，故不可享受经营性资产所带来的利益。同时，股权退出并不改变农民的集体成员身份，无法帮助其

[①] 参见唐丽霞、张一珂《从股权配置看集体经济组织的封闭性与开放性——基于昆明市农村集体产权制度改革的调查》，《西北农林科技大学学报》（社会科学版）2022 年第 3 期。

[②] 现阶段，各地对于股份的退出保持较为谨慎的态度。即农民行使股份退出权有两种方式：内部转让或本集体赎回，但不得突破本集体经济组织的范围。

完成农民到市民身份的实质性转变。对于进城务工的农民而言，其有两种理性选择：一是将土地闲置，以保证自己在城市无法生存时仍拥有"最后的退路"；二是农民将股份收益权转让给内部成员。然而大部分村民由于精力和财力有限，不愿意接受股权的有偿转让。以上两种情况均可能会导致土地的低效利用。

从农村集体产权制度改革试点区的现实情况来看，多数试点县（市、区）对股权继承采取较为审慎的态度。在人口流动的背景下，户内继承和集体收回虽短期内有利于维持农村社会内部稳定，但不利于其长远发展。一方面，户内继承可能会进一步导致人地分离。若继承人是集体经济组织成员，由于外出务工等原因，而将土地经营权流转出去，则会成为"不在场地主"。若继承人为非集体经济组织成员，则只享受股份的财产性权利，但并不享有民主权利。如此，成员的身份权和财产权进一步分离，农民对农村的归属感、获得感下降，被迫离开农业生产领域。另一方面，退出承包权的农民，其土地若没有承继人，则只能采用集体经济组织收回的方式进行回收。然而，因资金不足和股权价值的不确定性，集体经济组织缺乏回购农民股权的能力和意愿[①]。股权无人继承的状况阻碍了资源利用目标的实现。

权能拓展的不完善还体现在股权收益分配方面。集体收益分配权掌握在集体经济组织手中，农民只能被动地接受分红，甚至有时候，集体经济组织并未将股份作为收益分配的唯一依据。比如一些地方继续采用改革前的分配办法，这使得农民的财产权利虚置，农户的利益遭到损害。农民作为理性经济人，在利益受损的情况下，从事农业生产的积极性也会随之下降，从而导致土地的低效利用。

从以上分析可知，农村集体产权制度改革中的拓权赋能在一定程度上有利于实现成员权利。但从改革试点的实际情况来看，集体成员对集体资产的占有、有偿退出、继承、收益等权利难以充分实现，导致土地利用的低效率。在新内生式发展视角下，内部资源利用不足致使农村发展潜能未得到充分激发，制约了农村可持续发展。

---

① 参见卓娜、柴智慧《农村集体产权制度改革的实践探索及启示——来自试点典型地区的案例证据》，《当代经济管理》2022年第1期。

第二节 产权交易的开放化：
影响可持续发展的外因

一 短期经营弊端：忽视生态效益

为了提高资产利用效率、实现股份所蕴含的价值，集体产权的股份化改革逐渐由封闭走向开放，原本属于农民的土地经营权，将逐渐向外来主体转移。相较于长期从事精耕细作的农民，外来市场主体更注重追求短期利益的获得。

在短期逐利的行为下，生产经营活动经常以牺牲生态环境为代价。例如，外来企业和个人往往在有限的租用时间内投入大量的化肥、农药进行生产，以获取最大收益。这不仅严重影响被占用农地的质量，还会破坏土壤肥力和土壤结构。交易完成后，原本土质优良的农业种植地可能会变成土质贫瘠的废弃地，极易造成土地资源的浪费。并且，短期租赁经营过度追求农业机械化和生产技术化，传统农业耕作方式被摒弃。然而，农村集体产权制度改革之前，农户根据长期的田野观察和操作经验不断改良耕作技术，有利于推动农业的良性、可持续发展。可见，以小农为主体的经营方式是我国农业农村可持续发展的正确选择。而短期租赁经营更倾向于资本主义农业的发展道路，过急过粗的改革容易破坏小农经济的生产结构，导致资源的极大浪费。

如前所述，新内生式发展理论强调，提升内生发展能力必须立足于本地资源的充分利用，以实现可持续发展。然而，大面积的生态污染和资源浪费，会破坏土地可持续利用的前提。对传统小农生产方式的排斥，盲目追求技术化、机械化，更是会直接破坏农地可持续发展的条件。

二 外来资本介入：支配乡村资源

农村集体产权制度改革在促进成员财产权实现的同时，也为外来资本进入乡村创造了条件。如扩权赋能之后，集体成员可以将其享有的股份进行抵押、担保，从而获得外部金融主体的资金支持。村集体通过将集体经营性资产的经营权流转，使其他企业和个人进入村庄。外来主体可以通过购买股权的方式，获得集体股份份额并享有相应的分红。由此，外来资本进一步介入农村生产和生活[①]。虽然这在一定程度上能缓解集体封闭性所带来的自身资本不足的矛盾，但同时有可能导致外来资本控制甚至支配乡村等问题。

首先，农民逐渐放松了对土地和技术的控制权。一方面，农村集体产权制度改革后农民变为股民。这种身份的转变使农民从村庄公共事务中抽离出来，与村落的"共生"关系被打破。农民除了得到股份资产收益以外，事实上已经失去了土地的使用价值和实际支配权。另一方面，用于农业生产的机械和设备可以参与流转交易过程，原本由普通小农掌握的土地和其他生产工具可能会逐渐转移到外来资本手中，农民也将逐步失去技术方面的主体性。其次，外来企业对一般劳动力的需求较低，农民面临着被资本抛弃的危险[②]。留守老人和农村妇女由于生产的剩余价值有限，未能公平受雇于企业，被排挤在集体经营之外。更严重的是，外来资本的介入逐渐破坏了传统农民对乡土社会的依恋情结，原来从事农业生产的农民被进一步边缘化。最后，股份经济合作社、工商大户等社会资本进入农村，并依靠乡村资源进行生产经营。这一过程中，社会资本影响甚至改变乡村内生秩序，借此达成对村庄的整体性支配[③]。而且，土地集中于少数乡村能人手中，乡村精英掌握着大部分生产资源、知识和技能。外来资本在进入乡村过程中与乡村精英直接接触和谈判，乡村精英可能与企业合谋从土地中牟取私利。这与可持续发展的以人为本的理念相违背。

总之，新内生式发展论认为外来资本应对农村发展起辅助作用。然而，农村集体产权制度改革未能平衡好内外部力量之间的关系。外部力量渗入乡村内部甚至逐渐支配乡村发展，农民主体性地位下降导致其利益受到损害，这显然不符合新内生式发展的运行逻辑，不利于农村可持续发展。

三 规模生产冲击：挤压小农经营

外来资本进入乡村并实行规模化生产，在一定程度上能提高生产效率，也会减少农民直接从事土地经营的机会，引发一系列现实问题。

---

① 参见赵燕菁、宋涛《地权分置、资本下乡与乡村振兴——基于公共服务的视角》，《社会科学战线》2022年第1期。

② 参见李云新、阮皓雅《资本下乡与乡村精英再造》，《华南农业大学学报》（社会科学版）2018年第5期。

③ 参见黄增付《脱嵌与重嵌：村落秩序中的农业经营及治理》，《中国农村观察》2018年第3期。

首先,规模化经营对乡村内生秩序下的小农经营造成一定的冲击。小农家庭规模经营的特点是机械化程度低、所花费的劳动和时间成本较高。然而,股份合作制企业开展大规模经营,机械化程度高,成本低廉。一旦大规模生产的农产品进入市场流通领域,由于比较优势不足,小农经营的农产品就有失去市场的可能性,小农户利益被挤压。其次,农民可以从经营活动中获取收益,降低了直接参与生产的积极性。一方面,发展集体经济后,农民对收益较低的种地活动的需求进一步降低,对土地的依赖也随之降低。另一方面,"中坚农民"从事小农耕作的技能被埋没,在生产经营中发挥的作用越来越小。由此,规模化经营导致小农或主动或被动地退出土地耕作环节,威胁国家粮食安全[1]。最后,农业的规模化经营以提高生产效率和实现利润最大化为主要目标,农民的生产活动、生活需求、可持续发展等问题很难被考虑在内[2]。简单化、资本化的农业由于缺乏对普通农户参与集体农业的信心,最终会失败。在规模化经营下,农民劳动的效用与意义逐渐淡化,可持续发展对农村资源和环境的意义也就失去了它的价值。

　　综上来看,规模化经营对原本的小农生产秩序造成了冲击,农民主体性地位进一步下降。而新内生式发展论认为农民才是农村发展的主体,只有农民参与,才能实现农村可持续发展。由此可见,产权交易的开放化招致外来主体并使其进一步介入乡村社会,挤占了小农生产空间,导致小农离土地越来越远,制约农村可持续发展。

第三节　产权改革进程中"内生式发展"的困境及突破路径

一　"内生式发展"困境背后的逻辑症结

　　股权配置的封闭性是集体所有权这一权利的必然要求,这种封闭性由于

---

[1] 参见武舜臣、刘晨曦《再议规模经营中的粮食安全问题:争议回应与政策启示》,《西北农林科技大学学报》(社会科学版) 2020 年第 6 期。

[2] 参见[美]詹姆斯·C. 斯科特《国家的视角:那些试图改善人类状况的项目是如何失败的》,王晓毅译,社会科学文献出版社 2012 年版,第 346 页。

内部资源利用不足可能会阻碍农村内在发展潜力的释放。而农村集体产权制度改革中的拓权赋能以及人户分离、人地分离的趋势又需要开放的产权交易。集体资产在交易过程中引入外来资本,致使农村发展目标偏失。在此基础上,内生动力不足和发展目标偏失破坏了农村内源式发展的基础,不利于农村可持续发展。

一是在股权配置的封闭作用下,劳动力断层和弱质化的现象更加严重,土地资源未能得到充分利用,导致农村可持续发展缺乏内生动力。具体而言,股权固化会加剧农村劳动力资源的稀缺,进而阻碍土地资源的最大化利用。股权退出、继承和收益分配的不完善也导致土地的低效利用。另外,在劳动力、土地等内生资源利用不足的情况下,股权流转的有限性阻碍了城市资源的输入,加剧了资源的匮乏。各种资源要素的不足,致使农村发展动力未得到充分激发。然而,农村内生发展是农民集体利用内部资源实现自我发展的过程。内生发展的动力来自乡村内部的农民主体及其对资源的开发和利用。农村集体产权制度改革过程中,农村劳动力不足使得农村内生发展缺乏稳定主体。土地资源浪费,且农业生产缺乏人才和技术支撑,致使农村内生发展动力不足。因此,股权配置和管理的封闭性制约了农村的可持续发展。

二是在产权交易的背景下,外部主体携带资本进入乡村,并实行短期租赁经营和大规模经营。在此过程中,农村发展目标偏离了可持续发展轨道。一方面,人们更注重土地的经济价值,而生态价值、文化价值、社会价值未引起足够重视。其一,追求利润最大化者对土壤质量、耕地保护、生态农业等的忽视,抑制了土地生态功能的发挥。其二,企业与农民之间极易陷入信任危机,传统的稻作文化和村庄共同体精神面临消逝的风险。其三,由于资本的介入,农民与土地在距离和情感上逐渐疏离。并且扩权赋能之后的股权不再受制于原有的经营权与农民之间的关系,农民与土地的社会联结减弱。另一方面,外来资本支配乡村资源,农民对生产资料的管理和控制权逐渐减弱。最终将导致普通农户在生产过程中缺乏话语权、逐渐弱化其主体性地位。因此,在外来资本的控制下,土地的多功能性和农民的主体性遭到忽视,破坏了农村内生式发展的基础。因此,产权交易的开放性是导致农村可持续发展受限的另一重要原因。

二 "新内生式发展"：内外融合的逻辑

"新内生式发展"在内生发展的基础上，更注重内外资源的平衡。新内生发展式的农村集体产权制度改革需要同时满足两个条件：一个条件是依靠农村内部力量来推进和参加农村集体产权制度改革，充分利用农村地域内的劳动力和土地资源；另一个条件是禁止外来资本破坏农村土地的多样化价值，引导外来企业和个人发挥正确作用。具体来说，农村集体产权制度改革的"新内生式发展"主要有三条路径。

首先，必须走内生增长之路，帮助农民、培育农民。农村集体产权制度改革要推动农村可持续发展，必须解决劳动力不足和土地低效利用两大难题。一方面，充分吸引和培育农村优质劳动力。其一，实行"静态+动态"相结合的股权管理模式，保障新生儿、外嫁女等特殊群体的成员权益。并利用集体经济发展的良好态势，吸引年轻劳动力留在农村、发展农村。其二，加快培育农民专业合作社，提高农民的组织化程度。充分利用农村闲散劳动力，实现适度规模经营。同时促进农民之间的互助合作，激发农村发展潜力。另一方面，实现对农村现有土地资源的充分利用。一是以农村集体产权制度改革为契机对闲置资源进行有效盘活和改造经营，增强村集体经济发展动力。二是发展股份经济合作社，通过土地股份合作和承接政府项目，解决土地抛荒问题。探索股权流转市场化改革方向，完善股权有偿退出、继承和收益分配机制，实现土地资源物尽其用。三是进一步挖掘和利用乡村特色资源，创造难以替代的独特价值。

其次，在利用内部资源的同时，明确外部资本介入的限度和效度。其一，加强政府对产权交易的监管和约束，找准下乡企业和个人的定位。禁止资本干预农户种植决策，防止企业和乡村精英合谋侵害农户利益。其二，培育外来主体对乡村的认同感和荣誉感，在企业和农户之间建构信任机制，使外来主体更好地融入乡村。同时坚持小农家庭规模经营，使大规模经营和小农生产并向而行。外来企业和个人在实行大规模经营的同时，也要扶持小农户，分享先进经验，帮助小农顺利进入市场。其三，完善双向激励机制。对于取得资产经营权的企业，若在资本输入过程中，不仅能带动农村经济发展，还能改善乡村生态环境，便能够获得相应的政策和资金激励。相反，那些实行粗放经营、破坏信任机制的企业和个人，则被拉入合作"黑名单"。

最后，缩小内部资源利用和外部资本介入之间的张力，促进内外联动。为此，更重要的是协调好农村与外来主体之间的关系，实现从"弱内生发展—强资本介入"到"强内生发展—弱资本介入"的转变。这样一来，农村内部更加强调整体性发展，实现对人、地资源的最大化利用。外来资本携带资金、技术等生产要素有条件地进入农村，为农村可持续发展提供要素支撑并发挥协同作用。

综合而言，本章所主张的"新内生式发展"，在超越传统内生发展理论的基础上，更加强调对内部资源的利用，同时注意防范外部资本对农村内生发展的破坏，形成一种"内生＋外助"的发展模式。新内生发展理论强调内外资源的融合和相互促进，以实现可持续发展。同时主张保护生态环境，禁止经济社会的膨胀型发展[1]。从新内生式发展理论视角来看，农村集体产权制度改革制约了农村的可持续发展。其中，股权配置和管理的封闭性导致农村内生动力不足，是制约可持续发展的内因。一是成员身份资格的固化导致代际公平难以实现。二是股权流转的有限性使资源单向流动，阻碍农业高质量发展。三是股份权能拓展的不完善导致土地低效利用。产权交易开放导致发展目标偏失，是制约可持续发展的外因。一方面，短期租赁经营忽视生态效益，不利于土地可持续利用。另一方面，外来资本支配乡村资源，破坏以人为本的发展观念。在短期租赁经营和外来资本介入的共同作用下，小农逐渐受到大规模经营的排挤，国家粮食安全面临挑战。也就是说，农村集体产权制度改革过程中，以人为本、代际公平、耕地保护、资源节约等可持续发展理念逐渐遭到忽视和抛弃。对此，应注重内外资源的协调利用，发挥农民主体性作用并以此提高农村土地利用效率。同时防范外部资本介入的风险，明确其辅助性定位并激活乡村人口、土地、产业等要素活力，从而提升农村可持续发展能力。

"新内生式发展"为农村集体产权制度改革进路提供了基本方向，是实现农村可持续发展的现实选择。以"新内生式发展"为指导，实现农户利益、农业发展和土地利用的有机结合。一是以农户利益为核心，实现代际公平。坚持农民主体地位，始终以尊重农民意愿为主线开展集体产权改革。二是坚

---

[1] 参见闫宇、汪江华、张玉坤《新内生式发展理论对我国乡村振兴的启示与拓展研究》，《城市发展研究》2021年第7期。

持发展高质量农业，保障粮食安全。保证农业生产的要素供给，采取精细化、生态化的生产经营方式。三是将最关心土地可持续发展的农民留在土地上，实现土地的可持续利用。可以说，维护当代和后代的农户利益是农村集体产权制度改革实现可持续发展目标的核心，而农业高质量发展和土地集约利用是走出当前改革困境、实现农村可持续发展的关键。虽然如此，本章仅仅是为农村集体产权制度改革如何实现农村可持续发展目标提供基本思路，对于新内生式发展理念在农村集体产权制度改革中的具体运用，还需未来在理论上进一步探讨和深化。